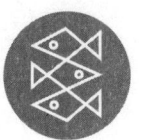

Henriettes Leben verläuft nach Plan: Karriere, check. Finanzen, check. Als ihr gekündigt wird, ist sie überzeugt, dass ihr Arbeitgeber sie zurückholen wird. Schließlich geht in der Firma nichts ohne sie! Bis es so weit ist, fährt sie zu ihrer Schwester Charly, die mal wieder dabei ist, sich kopfüber in ein Abenteuer zu stürzen. Sie, die keine Ahnung von Backen hat, möchte in Frankreich eine Patisserie aufmachen – ausgerechnet im Geburtsort der weltberühmten Tarte Tatin. In Henriettes Augen eine Schnapsidee. Aber ehe sie sich's versieht, steckt sie mit drin in diesem Vorhaben – und bekommt Backstunden von dem attraktiven Kuchenbäcker Julien …

Lucie Beaumont ist eine deutsche Autorin, deren Leben seit frühster Kindheit eng mit der »Grande Nation« verwoben ist. Sie wuchs direkt neben der französischen Grenze auf und studierte später unter anderem in Aix-en-Provence. Vor allem die Patisserie hat es ihr angetan: Bis heute drückt sie ihre Nase an den Schaufenstern der Zuckerbäcker platt, weil sie von Eclairs und Madeleines nicht genug bekommen kann.

Weitere Informationen finden Sie auf www.fischerverlage.de

LUCIE BEAUMONT

JEDEN TAG EINE GUTE TARTE

Roman

FISCHER
TASCHENBUCH

Originalausgabe
Erschienen bei FISCHER Taschenbuch

© 2025 S. Fischer Verlag GmbH,
Hedderichstr. 114, 60596 Frankfurt am Main
Die Nutzung unserer Werke für Text- und Data-Mining im
Sinne von § 44b UrhG behalten wir uns explizit vor.
Redaktion: Katrin Fillies
Satz: Dörlemann Satz, Lemförde
Druck und Bindung: CPI books GmbH, Leck
ISBN 978-3-596-70567-2

Kontaktadresse nach EU-Produktsicherheitsverordnung:
produktsicherheit@fischerverlage.de

Das Glück ist süß wie Kuchen.
Und schön wie ein Gedicht.
Du musst es aber suchen.
Sonst findet es dich nicht.

FRANTZ WITTKAMP[1]

1

Die Sonne ging gerade auf, als Henriette die Tür des Taxis zuschlug, den Griff des Rollkoffers umklammerte und auf den Haupteingang des Frankfurter Bahnhofs zusteuerte. Obwohl bereits Ende Juni, war die Luft um halb fünf in der Früh noch kühl, doch der Tag versprach warm und sommerlich zu werden.

Was Henriette jedoch herzlich egal war. Nicht, weil sie wie normalerweise so gut wie all ihre wachen Stunden, ob am Wochentag oder am Wochenende, im Büro des Immobilienbüros verbringen würde und von dem herrlichen Sommertag rein gar nichts mitbekäme. Und auch nicht, weil sie selbst an den Tagen, an denen sie offiziell Urlaub nahm, nehmen *musste*, in ihrer Wohnung im Europaviertel saß und Mails abarbeitete. Henriette scherte sich in der Regel nicht um die Wetterbedingungen oder Jahreszeiten, denn sie lebte für die Arbeit.

Bis vor zwei Tagen. Bis zur Tortenschlacht.

Bei dem Gedanken daran schüttelte es Henriette, und sie bemerkte, wie ihr allein die Erinnerung daran die Röte in die Wangen schießen ließ. Zum Glück war am Bahnhof nicht viel los, so dass niemand ihr schamrotes Gesicht mitbekam. Es war wie ausgestorben um sie herum.

Nur die Rollen des Koffers zerrissen die ungewöhnliche Ruhe, die sich auf dem Bahnhofsvorplatz ausgebreitet hatte. 4 Uhr 30 war nun wirklich keine Zeit, an der man besonders viele Menschen hier antraf, oder eher: wache Menschen. Und es war noch nicht einmal Henriettes Zeit, weshalb sie sich zusätzlich wie runtergeschluckt und wieder hochgewürgt fühlte. Das war nun einmal der Preis, den man zahlte, wenn man sich am Abend vorher spontan für eine Zugreise nach Frankreich entschied, aber alle Verbindungen zu erträglichen Zeiten bereits ausgebucht waren.

Vorbei an zwei in gelbe Warnwesten gekleideten Ordnungsbeamten, die weit ab vom gekennzeichneten Bereich eine Zigarette rauchten, und an einer Gruppe junger, müder Frauen mit verlaufener Mascara unter den Augen und in denselben Motto-T-Shirts, die das Ende der Freiheit von Sabrina verkündeten, die in Bälde offensichtlich einen gewissen Maik zu ehelichen gedachte, bahnte sich Henriette den Weg ins Innere des Bahnhofs. Der Zug nach Köln ging in einer Viertelstunde. Dort würde sie vierzig Minuten auf den Anschluss nach Paris warten müssen.

Noch wusste sie nicht, wie sie von der französischen Hauptstadt in die kleine Gemeinde Lamotte-Beuvron, irgendwo im Nirgendwo südlich der Stadt der Liebe, kommen würde. Einen Bahnhof hatte das Kaff, das schon. Aber Henriette hatte keine Lust auf zwei weitere Umstiege, weshalb sie mit dem Gedanken spielte, sich in Paris einfach einen Mietwagen zu nehmen und die knapp 180 Kilometer zu fahren. Das Auto hätte immerhin den

Vorteil, dass sie jederzeit wieder abreisen konnte, wenn die Situation mit ihrer Schwester eskalierte. Was leider viel mehr im Bereich des Möglichen lag, als Henriette zugeben wollte. Auch in dem Fall, dass sich das Unternehmen, dem sie zehn Jahre ihres jungen Lebens, genau genommen sogar die beste Dekade, geschenkt hatte, an ihre bis dato hervorragende Leistung erinnerte und sie bat, schnellstmöglich wieder im Büro zu erscheinen und die Arbeit fortzusetzen. Weil man ohne sie nicht zurechtkam. Weil sie unersetzbar war.

Wie bisher.

Das hoffte sie zumindest.

Vier Tage. Länger würden sie es ohne sie nicht aushalten. Heute war Samstag, also rechnete sie mit keinem Anruf vor Montagmittag. Dann jedoch, wenn es im Office brodelte, wenn wieder einmal niemand wusste, wo die Unterlagen für das Projekt A oder die Abrechnungsdaten für das Unternehmen B lagen, würde man sie anrufen. Spätestens am Dienstag. Und wenn der neue Chef, der Junior, der, der die Torte mitten ins Gesicht bekommen hatte, nicht am Mittwoch weinend das Telefon in die Hand nahm und sie auf Knien anflehte, zurückzukehren, dann würde Henriette selbst da anrufen und denen die Meinung geigen.

Aber darüber würde sie sich jetzt keinen Kopf machen. Überhaupt hatte sie sich vorgenommen, in den kommenden Tagen so wenig wie möglich an die Firma zu denken, vor allem nicht an Hans Pflockinger, den Senior. Allein wenn sie seinen Namen im Geiste aussprach, spürte Henriette die Wut in sich aufbrodeln. Also schob sie den

Gedanken an ihn so weit wie möglich weg und konzentrierte sich auf das Hier und Jetzt, genau wie es in den Achtsamkeitsbüchern stand, die sie sich manchmal auf den E-Book-Reader lud und dann doch nur kapitelweise las, wenn sie mit der Tram ins Büro fuhr.

Ich mache das Beste draus, endlich habe ich Zeit, um zu lesen, und zwar nicht nur die Zusammenfassungen auf Blinkist!, sagte sie sich, während sie auf der großen Anzeigetafel im Inneren des Hauptbahnhofs nach dem richtigen Gleis Ausschau hielt. Ihr Blick wanderte über die Destinationen, die am heutigen Morgen ab Frankfurt angefahren wurden. Berlin, Prag, Wien. Zürich, Brüssel, Hamburg, Kiel. Wann hatte sie das letzte Mal eine private Reise unternommen? Sie war viel unterwegs, in der ganzen Republik, aber immer nur geschäftlich und selten mit dem Zug. Pflockinger hasste die öffentlichen Verkehrsmittel, weshalb sie stets mit der großen Mercedes-Limousine unterwegs gewesen waren, natürlich mit eigenem Chauffeur. Doch sosehr sie den Lifestyle genossen, sich sogar irgendwie stark und besonders durch ihn gefühlt hatte, so sehr wusste sie auch, dass sie ihn mit ihrem Einsatz, ihrer Zeit und mit viel Verzicht zu einem großen Teil mitfinanziert hatte. Sie hatte dazu beigetragen, dass die Kassen klingelten – und zwar laut. Pflockingers Firma kaufte seit den achtziger Jahren im großen Stil noch größere Areale in deutschen Städten und baute schicke, nichtssagende Wohnkomplexe darauf, in denen alleinstehende Yuppies oder gut verdienende kinderlose Paare ein kleines Vermögen für die moderne Eigentumswohnung bezahlten. Die Appartements waren mit allem

Schnickschnack ausgestattet, auf den Menschen ab einem Jahresgehalt von 80 000 Euro aufwärts Wert legten, es gab Sushi-Restaurants und Coffeeshops in den Geschäftsräumen im Erdgeschoss, Tiefgaragenstellplätze und einen Hausmeisterservice, damit sich die Anwohner der Viertel um nichts selbst kümmern mussten, sondern den ganzen Tag in Investmentbanken, Anwaltskanzleien oder Werbeagenturen verbringen konnten. Die wiederum waren immer häufiger mit Kickern, Chill-out-Zones und Fitnessräumen ausgestattet, damit der Übergang zwischen Beruflichem und Privatem möglichst fließend war und man das eine vom anderen im Grunde nicht mehr unterscheiden konnte.

Henriette hatte manchmal den Eindruck, Pflockinger baue seine Wohnsilos in Stuttgart, Düsseldorf und Leipzig für Menschen wie sie: Mitte dreißig bis Anfang vierzig, Single, verheiratet mit dem Job, keine nennenswerten Hobbys, keine Haustiere, lediglich ein paar wenige, ausgesuchte Freunde und ausreichend Kohle auf der hohen Kante, um sich die überzogenen Mieten oder Raten überhaupt leisten zu können.

Sie blieb irritiert stehen und schüttelte den Kopf. Nun hatte sie schon wieder an die Arbeit gedacht! Verdammt nochmal. Seufzend sah sie sich um und entdeckte den einzigen Kaffeekiosk, der um diese Uhrzeit schon geöffnet hatte. Der Stand mit dem italienischen Namen war in goldenes Licht getaucht, hinter der gläsernen, halbhohen Vitrine stand ein dickbäuchiger Mann und hantierte mit einem Siebträger.

»*Buongiorno, bella,* was kann ich Gutes für dich tun?«,

begrüßte er Henriette, die sich über das Kompliment jedoch nicht freuen konnte. Ihre Augenringe hingen bis in die Kniekehlen, sie hatte nur drei Stunden geschlafen, und dass der Typ sie duzte, sogar »bella« nannte, stieß ihr ebenfalls auf. Wahrscheinlich kam er nicht mal aus Italien.

»Einen Vanilla Latte«, sagte sie kurz angebunden und zückte das Handy, auf dem die Kreditkarte hinterlegt war.

»*Scusi, bella*, so etwas habe ich leider nicht. Wie wäre es mit einem Cappuccino? Oder einem Milchkaffee?«

Henriette schnaubte. In dem Gebäude, in dem sie wohnte, befand sich im Erdgeschoss ein amerikanischer Kaffeeröster, bei dem sie sich jeden Morgen einen Vanilla Latte orderte. Der Laden machte um sieben auf, genau um die Uhrzeit, wenn Henriette zur Arbeit aufbrach. Weil man sie mittlerweile schon kannte, musste sie die Bestellung nicht mehr aufgeben. Sie marschierte einfach an den Tresen, hielt das Handy an den Scanner und bekam eine Minute später einen Kaffee in die Hand gedrückt, wie sie ihn haben wollte.

»Dann ein Milchkaffee«, antwortete sie knapp. »Mit fettarmer, laktosefreier Milch.«

Der Mann verzog bedauernd das Gesicht. »*Scusi,* ich habe nur normale Milch da.«

Henriette sog tief die Luft durch die Nase ein und sah sich im Inneren des Bahnhofs um. Ob nicht doch irgendwo noch ein anderer Laden offen war, bei dem sie bekam, wonach es sie verlangte? Natürlich nicht.

»Gut. Dann mit *normaler* Milch«, erwiderte sie und betonte das Wort extra genervt.

»Vielleicht ein Croissant dazu?«

Oh, wie gern hätte sie sich dieses Croissant gegönnt. Zarte, hauchdünne Teigblätter, luftig übereinandergelegt, mit einer knusprigen Außenschicht ummantelt. Es gab wenig, was in Konzeption und Wirkung für Henriette vollkommener war als ein Croissant. Allein der Gedanke daran machte sie glücklich – und das konnten nicht viele Dinge in ihrem Leben. Ihre düstere Stimmung wurde ein paar Grad heller, das Wasser lief ihr im Mund zusammen, und sie spürte ein angenehmes Kribbeln durch den erschöpften Körper wandern. Denn Henriette liebte alles, was aus Zucker und Butter war, feine Patisserie, leckere Törtchen, und wenn Schokolade ins Spiel kam, verlor sie sowieso jede Selbstbeherrschung. Genau das war auch der Grund, warum sie meistens einen möglichst großen Bogen um all diese Köstlichkeiten machte. Nicht, weil sie es sich nicht leisten konnte – sie rannte am Tag so viele Kilometer durch das Büro, dass sie sich selbst manchmal wunderte, wie fit sie mit einundvierzig Jahren war. Aber sie hatte immer ein dezent schlechtes Gewissen, wenn sie sich mal wieder an den Süßspeisen bedient hatte. Man konnte doch nicht nur von Bienenstich und Windbeuteln leben. Man brauchte doch auch Vitamine. Und Ballaststoffe. Und überhaupt, Süßes sollte ein seltener Genuss bleiben, ein Sichgönnen, kein alltägliches Vergnügen, ansonsten würde es auch gar nicht mehr so lecker schmecken. Jedenfalls vermutete Henriette das. Aber wenn es nach ihr gegangen wäre, hätte sie all die hastig hinuntergeschlungenen Lunches und Salate aus Plastikbehältern, die sie um die Mittagszeit ins Büro liefern ließ, gegen ein einziges Macaron oder ein Biscotto eingetauscht.

Allein: Sie brachte es nicht übers Herz, diese süßen Köstlichkeiten aus Zimt, Zucker, Kardamom und Tonkabohne in derselben Geschwindigkeit und Gedankenlosigkeit zu inhalieren, wie sie es mit Energy Bowls oder proteinreichen Salaten tat. Meistens aß sie sogar das Sandwich am Schreibtisch oder schaufelte die Pasta gedankenlos in sich hinein, während sie mit der freien Hand an einer Präsentation arbeitete oder den Terminkalender des Chefs aktualisierte. Für Baisers, Madeleines oder Zimtschnecken musste man sich Zeit lassen, alles andere war Frevel. Und da Henriette vieles hatte, aber niemals Zeit, versuchte sie den süßen Köstlichkeiten in der Regel gleich ganz aus dem Weg zu gehen.

»Nein, kein Croissant. Danke«, sagte sie deswegen.

»Sind im Angebot.«

»Nein.«

»Oder ein Eclair?«

Sie funkelte den Mann an. »Auch nicht!«

Er musterte sie, während er den Siebträger ausschlug und ihn unter die Kaffeemühle hielt. Das Krachen der Bohnen war glücklicherweise so laut, dass die nervige Konversation dadurch ein Ende fand.

Henriette blickte auf das Handy und öffnete das Mailprogramm. Keine neuen Nachrichten. Das war seltsam, eigentlich hatte sie schon in den frühen Morgenstunden das Postfach voll. Aber gut, es war Samstag, da ging es erfahrungsgemäß ruhiger zu.

»Fährst du in den Urlaub?«, wollte der Kaffeeverkäufer wissen.

Henriette verneinte, ohne aufzublicken.

»Wohin geht es denn?«

Sie schloss ergeben die Augen, seufzte und antwortete: »Frankreich.«

»Ahh. Schön. Besuchst du deinen Freund?«

»Können Sie sich vielleicht einfach aus meinen Angelegenheiten raushalten?«, bat Henriette so höflich sie konnte und hob das Handy an den Scanner, um zu bezahlen.

Der Mann sah sie wieder an, in seinen dunklen Augen blitzte ein Lachen. Er stellte den Pappbecher mit dem Milchkaffee darin auf den Tresen und legte eine Papiertüte daneben.

»Geht aufs Haus.«

Sie stutzte. »Warum?«

»Du bist meine erste Kundin heute und bezahlst nichts. Es ist dein Glückstag.«

»Ich bestehe darauf.« Henriette wedelte mit dem Handy. »Und was ist in der Papiertüte da? Ich will es nicht.«

»Ein Croissant. Nimm es, genau wie den Kaffee. Mein letztes Wort, *bella*.« Und dabei lächelte er sogar.

Henriettes Schultern sackten nach unten. Sie wollte sich keinen Kaffee ausgeben lassen, sie wollte kein Croissant geschenkt bekommen, und am allerwenigsten wollte sie »bella« genannt werden. Vor allem deswegen nicht, weil sie in diesem Moment bedauerte, dass sie so unfreundlich zu ihm war. Der Mann hatte ihr nichts getan und wusste nicht, dass sie die beschissenste Woche des Lebens hinter sich hatte, während er von einem Glückstag sprach. Gleichzeitig spürte sie, dass die freundliche Geste sie tief im Inneren berührte … was ihr im selben Augenblick ein bisschen unangenehm war.

»Du fährst nach Frankreich«, sagte der Mann augenzwinkernd und drehte sich weg. »Wenn das kein Grund zur Freude ist!«

Schön wär's, dachte Henriette, nahm Kaffee und Croissant und stürzte, ein gemurmeltes Dankeschön ausstoßend, ans Gleis.

*

Es waren nur wenige Passagiere im Zug, was Henriette ausgesprochen recht war. Als sie einen Platz gefunden, das Gepäck verstaut und den Kaffeebecher samt dem Croissant vor sich abgestellt hatte, sank sie in den Sitz und atmete tief durch. Sie war müde. So unendlich müde. Und das lag nicht nur an der kurzen Nacht.

Ein Ruckeln ging durch den Zug, und Henriette öffnete die Augen, die sie für einen Moment geschlossen gehabt hatte. Langsam setzte sich die Bahn in Bewegung, und wie immer stellte sich Henriette für eine Sekunde vor, dass es auch das Gleis sein konnte, das gemächlich davonfuhr, wie eine Filmkulisse, die aus dem Studio gerollt wurde. Dann fiel ihr Blick auf die Papiertüte vor sich. Das Croissant war noch warm und hatte einige fettige Flecken auf dem weißen Papier hinterlassen. Henriette öffnete die Tüte. Der Geruch des buttrigen Blätterteigs stieg ihr in die Nase, und sie inhalierte das feine Aroma. In einer perfekten Welt würde sie jeden Tag mit einem warmen Croissant beginnen. Leider war die Welt nicht perfekt, und die vergangene Woche schon dreimal nicht, also konnte es ab jetzt nur besser werden. Es lagen zwei Stunden Zugfahrt und ein duftendes Croissant vor ihr, das die ideale Temperatur hatte und auf der Zunge schmelzen würde. Vielleicht ist heute wirklich ein wenig mein Glückstag, dachte Henriette, zumindest kulinarisch, und zog das Backwerk aus der Tüte. Sie öffnete den Mund, schob das knusprige Ende des Croissants hinein und biss ab. Das Aroma der Butter explodierte auf der Zunge. Henriette schloss die Augen und atmete tief durch die Nase ein. Die Vorstellung, dass sie für vier Tage täglich ein solch leckeres Teilchen essen konnte, und sogar ein frisch gebackenes, kein Tiefkühlrohling, der einfach in den Ofen geschoben worden war, ließ sie für eine Sekunde die Sorgen vergessen und völlig im Genuss aufgehen.

Selbst der Kaffee konnte sich sehen lassen, auch wenn Henriette jetzt schon befürchtete, dass die Milch mit Laktose ihren Tribut zollen würde. Sei's drum. Ihre Mutter hatte immer gesagt: Man lebt nur einmal. Und leider hatte sie damit recht gehabt, denn soweit Henriette es mitbekommen hatte, war sie nach ihrem viel zu frühen, tragischen Tod vor acht Jahren nicht auf die Erde zurückgekommen, um einen zweiten Anlauf zu starten.

Ihr Blick fiel wieder auf das Croissant. Am liebsten hätte sie noch einen Bissen genommen, aber wenn Henriette eines im Leben gelernt hatte, dann, sich in Zurückhaltung zu üben. Damit war sie das Gegenteil ihrer Schwester. Charlotte, die von allen seit der Kindheit Charly genannt wurde, hob sich nie etwas für den Rückweg auf, und zwar nicht nur im wörtlichen Sinne.

Henriette musste unweigerlich den Kopf schütteln, als sie an die vielen Urlaubsfahrten dachte, die sie in ihrer Kindheit unternommen hatten. Ihre Mutter hatte jedem von ihnen immer eine Proviantbox gerichtet, aber Charly war bei jeder einzelnen Reise das Kunststück gelungen, alles bereits vor Erreichen der ersten Autobahnauffahrt verputzt zu haben. Brote, geschnittene Äpfel, Milchschnitten – es hatte nie länger als zehn Minuten gedauert, in denen der Vater meist noch einmal das Auto getankt, das Wischwasser nachgefüllt und den Reifendruck geprüft hatte, und Charly leckte sich die letzten Krümel von den Fingern, während ihre sechs Jahre ältere Schwester meist nur den Deckel der eigenen Box angehoben und den Inhalt geprüft hatte, um ihn sich für die gesamte Fahrt einzuteilen.

Charly war schon immer mit einem unendlichen Appetit gesegnet gewesen. Vielleicht war ihr Weg deswegen so verschlungen und anders verlaufen als derjenige der großen Schwester und schien bis heute kein erkennbares Ziel zu haben. Das hatte die Mutter, als sie noch lebte, verwundert, den Vater besorgt und Henriette, seitdem sie denken konnte, verärgert. Denn wer auf verschlungenen Pfaden wandelte, der nahm auch gern mal einen Umweg, und manche dieser Umwege hatten sich retrospektiv sogar als Abkürzung herausgestellt. Was Henriette schon immer fürchterlich aufgeregt hatte. Während sie der Meinung war, dass sich harte Arbeit auszahlte, dass es sich lohnte, für ein gutes Abi zu büffeln, ein sinnvolles Studium aufzunehmen und einen zukunftsfähigen Job zu ergreifen, mäanderte Charly traumtänzerisch durch den

Alltag und kam dabei oft ins Straucheln, landete überraschenderweise aber immer wieder auf den Füßen.

Henriette verschloss die Tüte mit dem Croissant ordentlich, sie würde sich den Rest für später aufheben. Ihre Gedanken wanderten zum gestrigen Nachmittag. »Komm vorbei«, hatte die Schwester am Telefon vorgeschlagen, als Henriette sich in der Not nicht anders zu helfen gewusst hatte, als sie anzurufen. »Ich bin gerade in Frankreich. Ist doch nur ein Katzensprung von Frankfurt aus.« Und obwohl es eigentlich nicht Henriettes Art war, Hals über Kopf eine Reise zu buchen, hatte sie im Internet nach einer Zugverbindung gesucht und den kurzen Trip übers Wochenende tatsächlich in Erwägung gezogen. Als sie dann gesehen hatte, dass es über die französische Bahn keine Zugtickets zu vernünftigen Uhrzeiten mehr gab, hätte sie beinahe das Handtuch geworfen. War doch eh eine Schnapsidee, für drei, höchstens vier Tage zu verreisen. Sie war nicht spontan, sie hasste Überraschungen. Denn immer dann, wenn sie sich zu etwas hinreißen ließ, wenn sie impulsiv reagierte, ging die Sache so richtig in die Hose. Genau wie in dem Moment, als sie dem Sohn Hans Pflockingers, diesem Widerling Markus, der von nun an ihr neuer Chef sein sollte, die Torte ins Gesicht geworfen hatte, die sie Hans Pflockinger zu seinem 65. Geburtstag hatte backen lassen.

Es war der Moment vor zwei Tagen gewesen, in dem Henriettes Leben, das bislang auf einem schnurgeraden Weg zielgenau in Richtung finanzielle Sicherheit gelaufen war, eine eindeutig falsche Abbiegung genommen hatte.

2

Sie hatten die falsche Torte geliefert. Henriettes Hand, mit der sie den Deckel der Pappschachtel aufhielt, zitterte vor Entrüstung, während sie auf den Schriftzug aus bordeauxfarbenem Fondant blickte, der sich quer über die Oberseite des Backwerks zog, garniert von dunkleren Musiknoten. »Primadonna« war in verschwurbelten Lettern auf dem blutroten Marzipanüberzug zu lesen, und wenn die Situation eine andere gewesen wäre, hätte Henriette vielleicht sogar gelacht. Denn ihr Chef, Hans Pflockinger, war, wenn man es genau nahm, tatsächlich eine Primadonna. Oft zickig, immer eigen und an den meisten Tagen völlig irrational in seinem Handeln.

Als Henriette zehn Jahre zuvor die Stelle als seine Assistentin der deutschlandweit agierenden Immobilienfirma angetreten hatte, war sie nicht nur einmal mit den Nerven am Ende gewesen. Im Gegenteil, Pflockinger und seine Allüren hatten sie bereits nach einer Woche an seiner Seite über eine vorzeitige Vertragsauflösung nachdenken lassen. Leider wechselte der Chef seine Ansichten und Meinungen schneller als Henriette die Unterhosen. Am Morgen wollte er dies, am Nachmittag das, und wenn man ihm noch drei weitere Stunden ließ, kam er mit einer dritten Option um die Ecke, die für Henriette in der Regel Nachtschichten bedeutete. Das ging ein paar Monate gut, bis sie das Gefühl hatte, gar nicht so viel Kaffee trinken zu können, wie sie ihn benötigte, um die fortwährende Müdigkeit in den Griff zu bekommen. Als sie eines Tages zum vierten Mal ein Exposé für einen gigantischen Wohnkomplex in Frankfurt-Sachsenhausen überarbeitete, weil Pflockinger bei seiner nachmittäglichen Sitzung (auf der büroeigenen Toilette, natürlich) den genialen Einfall gehabt hatte, mit einem völlig neuen Konzept bei der Stadt aufzuschlagen, beschloss Henriette: Es reicht.

Sie marschierte in Pflockingers Büro, das Kündigungsschreiben fein säuberlich gefaltet und in einen wattierten Umschlag gesteckt, klatschte dem Chef das Kuvert auf die Schreibtischplatte und rief, ganz entgegen ihrer ansonsten eher bedachten und diplomatischen Art: »Genug ist genug. Ich gehe!«

Woraufhin Pflockinger sie derart ungläubig ansah, als hätte sie sich vor seinen Augen in eine grüne Kuh auf Rollschuhen verwandelt. »Wie meinen Sie das?«

»Ich kündige«, donnerte Henriette im Brustton der Überzeugung, während sie entschieden mit dem Zeigefinger auf den Umschlag deutete. »Ihre ständigen Meinungswechsel machen mich wahnsinnig. Ich halte es nicht länger aus! Sie sind, mit Verlaub, ein Scheusal, Herr Pflockinger.«

Erschrocken von der eigenen Courage (und in der festen Überzeugung, dass sie sich das Kündigungsschreiben nach der Ansage hätte sparen können) zuckte Henriette zusammen. Der Gesichtsausdruck des Chefs wechselte von überrascht zu erfreut. Dann stand er aus seinem ledernen Sessel auf, breitete die Arme aus und sagte zufrieden: »Na, endlich zeigen Sie mal, was in Ihnen steckt.«

Damit war das Eis gebrochen. Von diesem Tag an behandelte Pflockinger Henriette wie seine Tochter. Er erzählte ihr alles, was er über Unternehmensführung wusste, weihte sie in Interna ein, verriet seine besten Tricks und sogar, welcher seiner Aktenordner im Regal keine Unterlagen, sondern eine Flasche Brandy verbarg, die er für Notfälle immer bereithielt.

Vor allem aber schüttete er ihr das Herz über seinen Taugenichts von Sohn aus, Markus, der gefühlt seit der Wiedervereinigung BWL studierte und auf wirklich gar keinen grünen Zweig zu kommen schien.

»Er ist wie seine Mutter«, raunte Pflockinger von Zeit zu Zeit, während er enttäuscht den Kopf schüttelte. »Durchsetzungsschwach und mit einer Leidenschaft für Pferdewetten.« Dann fiel sein Blick stets auf Henriette. »Wenn Sie meine Tochter wären ... «

Es war ein stilles Agreement. Nie hatte Pflockinger es wirklich ausgesprochen, nie hatte Henriette das Thema auf den Tisch gebracht. Aber allen Beteiligten war immer klar gewesen, dass sie eines Tages in seine Fußstapfen treten würde. Nicht als Inhaberin der Firma, Gott bewahre, aber als Chefin oder CEO, wie es heute hieß. Sie hatte die Ausbildung, das Format und die Kenntnisse. Sie wusste alles, genau genommen sogar mehr als jeder andere in dem Laden. Und nach den ersten Monaten, ab dem Moment, als sie Pflockinger mit der Kündigung konfrontierte, waren sie ein unzertrennliches, perfekt aufeinander abgestimmtes Zweiergespann. Henriette wusste, wie Pflockinger seinen Kaffee trank und welche Temperatur das Mineralwasser haben musste. Sie kannte die Lieblingsdüfte seiner Frau und erinnerte Jahr für Jahr an den Hochzeitstag. Sie hatte sogar Kenntnis darüber, dass Pflockinger ein paar seiner Millionen auf vermutlich nicht ganz legalem Weg in die Schweiz geschafft hatte, wo er ein hübsches Chalet in den Alpen besaß, in das er einmal im Monat fuhr. Ohne seine Frau, natürlich, denn im Wallis traf er sich immer mit Fabienne, einer durchgeknallten Künstlerin, die in eben jenem Haus lebte, das er für sie gekauft hatte, und merkwürdige Skulpturen aus leeren Raviolidosen und Holzspänen baute.

Henriette kannte, da war sie sich sicher, jedes noch so schmutzige Geheimnis ihres Vorgesetzten. Umso größer war der Schock an seinem Geburtstag vor zwei Tagen gewesen, als er vor versammelter Mannschaft verkündet hatte, sein Sohn werde in einer Woche in das Unternehmen einsteigen und die Geschäftsführung übernehmen. Henriette, die wie immer einen halben Meter hinter Pflockinger gestanden hatte, während er seine kleine Ansprache hielt, wäre beinahe in Ohnmacht gefallen. Sie spürte, wie ihr die Gesichtszüge entglitten – und nicht allein deshalb, weil natürlich sie die geeignetere Kandidatin, ja genau genommen die einzige Kandidatin für den Posten war. Sondern vor allem, weil sie allem Anschein nach gar nicht mitbekommen hatte, dass Pflockinger seinen Ausstieg plante. Und viel schlimmer noch, er hatte sogar vor ihr verheimlicht, dass er ausgerechnet für diesen Aufschneider Markus mit seinen viel zu eng sitzenden italienischen Anzügen (für die er nicht die Figur hatte), den zurückgegelten Haaren (für die seine Stirn eigentlich zu hoch war) und der Kompetenz einer Büroklammer (für die man ihm auch noch ein völlig absurdes Gehalt bezahlen würde) den Platz hinter dem großen Schreibtisch aus Mahagoniholz mit Blick über die Frankfurter Skyline räumen würde.

Es war absurd. Es war lächerlich. Und es war himmelschreiend unfair.

Wie konnte dieser Lackaffe ihr neuer Vorgesetzter werden? Er wusste nichts über die Immobilienbranche, nichts übers Bauen, nicht einmal wo die Kaffeeküche war, wusste er. Insofern war es auch kein Wunder, dass er sich als erste Amtshandlung nach der großen Verkündung, als sich die leitenden Angestellten im großen Konferenzraum trafen, direkt an Henriette wandte und, ohne ihr in die Augen zu sehen, sagte: »Einen doppelten Espresso, aber sorg dafür, dass er heiß ist.«

Henriette starrte ihn an. »Ich koche hier keinen Kaffee«, sagte sie und brachte dabei so viel Selbstbeherrschung auf, wie sie finden konnte.

Markus Pflockinger hielt erstaunt inne. Blickte in ihre Richtung und bedachte sie mit einem schmierigen Lächeln. »Wie ist doch gleich der Name?«

»Henriette Süßkind.«

»Ab heute, Hetty, wirst du hier Kaffee kochen. Und zwar für mich.« Als sie nicht reagierte, nur ihr Mund vor Entrüstung aufklappte, fügte er hinzu: »Ich darf dich doch Hetty nennen.« Und er meinte es nicht als Frage.

Was danach passierte, wusste Henriette nur, weil man es ihr später erzählte. Sie drehte sich offenbar zur Seite, beugte sich über die bordeauxfarbene Torte (auf der natürlich nicht mehr der Schriftzug »Primadonna« stand, den hatte sie eigenhändig vorher abgepult, während sie den Kuchenbäcker am Telefon in Grund und Boden schimpfte), hob sie an und pfefferte sie diesem aalglatten Widerling mit so viel Schmackes ins Gesicht, dass die Kirschfüllung nur so spritzte.

Eine geradezu beängstigende Stille legte sich über den Konferenzraum. Henriette betrachtete mit einigem Erstaunen die Hand, die die Torte geworfen hatte. Hans Pflockinger musterte mit versteinertem Gesicht seine Assistentin. Selbst Markus hielt für einen Moment den Mund, von dem das süffisante und selbstgerechte Lächeln endlich verschwunden war.

Die Augen des Seniors wurden hart. »In mein Büro«, sagte er knapp, erhob sich von seinem Stuhl und verließ den Raum.

Henriette straffte die Schultern und ging mit klopfendem Herzen hinterher. Was zur Hölle war das gewesen? Was war da bitte in sie gefahren? Das war doch gar nicht ihre Art.

»So, Henriette«, sagte Pflockinger seufzend, kaum dass sie sein Büro erreicht hatten. Er bot ihr keinen Sitzplatz an, stattdessen ließ er sie vor seinem Schreibtisch stehen wie ein Schulmädchen, das zum Direktor zitiert wurde.

»Ich kann das erklären«, beeilte Henriette sich zu sagen, obwohl sie keine Ahnung hatte, was sie zur Verteidigung vorbringen sollte.

Pflockinger hob die Hand und brachte sie sofort zum Schweigen. »Ich will nichts hören.« Dann blickte er zum Fenster hinaus. »Das war Ihrer nicht würdig.«

Die Degradierung aber auch nicht!, wollte Henriette rufen, biss sich aber rechtzeitig auf die Zunge. »Schade um den Kuchen«, sagte sie stattdessen.

»Schade um Ihre Karriere«, entgegnete Pflockinger, und Henriettes Herz begann wie wild zu galoppieren.

Okay. Eine Torte im Gesicht des neuen Chefs war kein Kavaliersdelikt. Aber doch noch lange kein Grund, um sie nach zehn Jahren, die sie sich den Allerwertesten aufgerissen hatte, rauszuwerfen. Vor allem weil es den Richtigen getroffen hatte.

Leider sah Pflockinger das anders. Er öffnete eine Schublade seines Schreibtischs und holte ein Kuvert heraus. Henriette erkannte es sofort. Es war die Kündigung. Die von vor zehn Jahren. Sie taumelte. Pflockinger hatte das Schreiben aufgehoben?!

»Die … die ist doch längst nicht mehr gültig«, stammelte sie. »Die ist verjährt. Und ich habe es doch damals auch gar nicht so gemeint.«

»Ach so?« Pflockinger sah sich den Umschlag nachdenklich an, dann blickte er wieder zu Henriette. »Dann habe ich ihn wohl aus reiner Nostalgie aufgehoben.« Er wirkte beinahe heiter, als er den Brief in den Papierkorb warf. »Wie auch immer, Sie sind freigestellt. Nächste Woche können Sie Ihr Zeugnis abholen. Danke für Ihre Dienste.« Pflockinger erhob sich und wischte ein paar nicht vorhandene Krümel von seinem Schreibtisch. »Zeit für einen Neuanfang.« Der Chef nickte ihr zu und ging in

Richtung des Regals, in dem er den Ordner mit der Brandyflasche versteckte.

Henriette stand wie angewurzelt da. Sollte das ein Witz sein? Das meinte er nicht ernst. Das *konnte* er nicht ernst meinen. Sie wartete darauf, dass er sich in ihre Richtung drehte, das Brandyglas hob und ihr zuprostete, ein schelmisches Grinsen im Gesicht. Pflockinger war eine Diva, ein Unternehmer der ganz alten Schule, aber unfair war er nicht.

Eigentlich.

Denn anstatt die Situation aufzulösen, Henriette nach ihrem Befinden zu fragen, von ihr aus vielleicht auch zu tadeln, kippte er den Brandy in sich hinein und fragte über die Schulter: »Ist noch was, Frau Süßkind?«

»Ich … ich meine … das ist doch …« Henriette suchte nach Worten. Sogar eine Entschuldigung zog sie in Betracht.

»Dann wünsche ich Ihnen noch einen schönen Tag.« Er drehte sich zu ihr um. »Machen Sie mal Urlaub. Sie sind ein bisschen blass um die Nase.«

Und das war's.

Henriette verließ das Büro, die Blicke der Mitarbeiter im Rücken, das hasserfüllte Funkeln des neuen Chefs im Nacken, der sich noch Kirschmarmelade aus den Haaren klaubte. Trotzdem hielt sie das Kinn oben und gab sich redlich Mühe, die Tränen, die ihr in die Augen gestiegen waren, nicht über die Ufer treten zu lassen. Doch als sie in der Tram saß, konnte sie sich nicht länger zusammennehmen. Sie hockte da, schaute aus dem Fenster und ließ zu, dass die Mascara in schwarzen Linien über ihr Gesicht lief. Erst als die ältere Frau, die Henriette gegenübersaß und eine mitfühlende Miene machte, ein Taschentuch hervorkramte und es Henriette mit den Worten »Er ist es nicht wert!« in die Hand drückte, kam sie wieder zu sich. Sie schnäuzte sich, setzte sich aufrecht hin und atmete tief durch.

Das konnte Pflockinger nicht ernst meinen. Und selbst wenn er jetzt gerade, in diesem Moment, der Meinung war, dass man bei Pflockinger Immobilien ohne Henriette Süßkind auskam, in weniger als vierundzwanzig Stunden würde der Senior seine Meinung geändert haben, genau wie er es immer tat.

Doch am darauffolgenden Tag meldete sich keiner bei ihr. Den ganzen Vormittag checkte Henriette Mails und schlich um das Handy herum, doch niemand schrieb oder rief sie an. Und zwar wortwörtlich gar *niemand*. Niemand von der Arbeit, aber auch niemand aus dem Privatleben. Letzteres lag vermutlich daran, dass Henriette alles Private auf größtmögliche Distanz geschoben hatte, um im Job optimal zu performen.

Als es Nachmittag wurde, hielt Henriette es nicht länger aus. Möglicherweise war ja das Handy kaputt oder es gab eine Störung des Anbieters. Sie schrieb dem einzigen Menschen, mit dem sie zumindest ab und zu noch losen Kontakt hatte: Charly.

Kannst du mich mal kurz anrufen? Danke.

Es dauerte eine halbe Stunde, in der Henriette sich in der Gewissheit wog, dass das Smartphone wirklich nicht mehr funktionierte. Dann zerbarst ihre Hoffnung mit einem Klingeln.

»Hetty«, stieß ihre Schwester etwas atemlos keuchend aus, »das klingt ja ernst. Ist alles okay?«

»Was soll denn nicht okay sein?«, erwiderte Henriette. »Und nenn mich nicht Hetty.«

Charly lachte. »Ich weiß, du magst den Namen nicht. Schwamm drüber. Was gibt es?«

»Ich wollte einfach mal wieder von mir hören lassen.«

Am anderen Ende der Leitung wurde es still. »Hetty, bist du krank?«

»Nein. Warum fragst du?«

»Du rufst nie einfach so an! Maximal wenn ich deinen Geburtstag vergessen habe oder wenn du wissen willst, ob ich an Weihnachten zu Papa komme, damit er nicht allein feiern muss, während du durcharbeitest.«

»Das stimmt doch überhaupt nicht!«, ereiferte sich Henriette, aber Charly lachte nur wieder.

»Nun spuck es schon aus. Wo drückt der Schuh?«

Henriette zögerte. Ob sie ihrer Schwester sagen sollte, was passiert war? Dass sie eine Torte geworfen hatte – und man sie deswegen gefeu… Nein. Das Wort wollte sie nicht mal denken. Man hatte sie freigestellt, kurzfristig.

»Wo steckst du gerade?«, wollte sie von Charly wissen, um vom Thema abzulenken. »Ich habe ein paar Tage frei, und da dachte ich … also, ich dachte …«

Charly quiekte. »Du willst mich besuchen kommen? Das wäre der Hammer, Hetty! Wir haben uns ewig nicht gesehen.«

Das war nun nicht exakt das, was Henriette wollte, viel lieber würde sie ins Büro gehen und sich um die Arbeit kümmern, bevor sie sich wie der Mount Everest auftürmen konnte und ihr mehr Überstunden bescherte, als sie in einem Leben abfeiern konnte. Aber wenn sie nun doch wirklich mal ein paar Tage frei hatte, konnte sie auch wegfahren. Alles besser, als zu Hause in ihrer Mietwabe zu hocken und auf das Handy zu starren. Wenn Henriette nicht arbeitete, wusste sie nämlich herzlich wenig mit sich anzufangen, und dieser halbe Tag ohne Beschäftigung hatte sie schon ganz kribbelig in den Fingern gemacht.

»Ich könnte dich wirklich besuchen kommen. Das heißt, wenn du nicht in Australien bist. O Gott, bitte sag, dass du nicht in Australien bist, dann würde das Telefonat nämlich jetzt schon ein Vermögen kosten.«

Charly lachte wieder dieses für sie typische Mädchenlachen. »Ich bin nicht in Australien. Ich bin in Frankreich! Südlich von Paris.«

»Und was machst du da?« Henriette zog die Augenbrauen zusammen. Ihre Schwester hatte in der Vergangenheit bereits die merkwürdigsten und abenteuerlichsten Jobs gehabt. Mal hatte sie auf Schafe, mal auf Kinder aufgepasst, und ein anderes Mal war sie als Nixe in einem Aquarium aufgetreten. Charly hatte in Amsterdam Fahrräder aus den Grachten geholt, auf Mallorca über den Winter Häuser gehütet und in Malmö Zimtschnecken verkauft. Es gab nichts, was Charly nicht mindestens einmal ausprobierte, wenn man so wollte, war das ihr Lebensmotto.

»Das erzähle ich dir, wenn du da bist. Schickst du mir deine Ankunftszeit? Wir holen dich vom Bahnhof ab.«

»Wir?« Henriettes Stimme ging eine Oktave nach oben. Ach du Scheiße, Charly hatte doch nicht etwa in einer Nacht- und Nebelaktion geheiratet? War sie schwanger? In Henriettes Kopf sausten die Gedanken umher.

Charly lachte. »Hör auf, dir Sorgen zu machen, und komm her! Du wirst es hier lieben.«

Davon war Henriette alles andere als überzeugt. Dass ihr ein Tapetenwechsel jedoch guttäte, dessen war sie sich gewiss. Also buchte sie den Zug für den nächsten Tag, holte den Rollkoffer aus dem Schrank und fing an zu packen.

3

Der Regionalzug kam rumpelnd zum Stehen, und einer der Zugbegleiter rief laut: »Lamotte-Beuvron!«

Henriette schrak aus dem Dämmerschlaf hoch und rappelte sich auf. Natürlich hatte sie in Paris am Bahnhof so spontan keinen Mietwagen bekommen. Die Frau am Schalter hatte in der typisch französischen Art die Backen aufgeblasen und die Augenbrauen hochgezogen, den Kopf hin und her gewiegt und schließlich gesagt, dass die meisten verliehenen Wagen erst gegen Nachmittag zurückgebracht und gereinigt wären. Und so lange wollte Henriette nicht warten.

Sie hatte mit den Fingern einen kleinen Marsch auf den Tresen der Autovermietung getrommelt und die Frau gefragt, was sie nun tun solle. Die zuckte aber nur (auch sehr französisch) mit den Schultern und sagte: »Was weiß denn ich? Nehmen Sie den Zug.«

Was sie dann eben auch getan hatte. Und jetzt war sie hier, irgendwo am Ende der Welt in der französischen Pampa.

Henriette schnappte den kleinen Rollkoffer, klaubte ihre Habseligkeiten zusammen und hastete zur Tür. Im letzten Moment, gerade als die Trillerpfeife des Schaffners erklang, sprang sie auf den Bahnsteig, eine Sekunde später klatschten die Türen hinter ihr zusammen, und der Zug rollte los.

Sie sah sich um. Vor ihr ragte das Schild mit der Aufschrift Lamotte-Beuvron auf, ansonsten war der Bahnsteig leer. Niemand außer ihr war ausgestiegen. Und keiner war da, um sie in Empfang zu nehmen. Das wusste sie mit Sicherheit, denn dieses Kaff hatte nur ein einziges Gleis, dahinter ein winziges Bahnhofsgebäude, das genauso verwaist aussah, wie Henriette sich fühlte. Es hätte sie nicht gewundert, wenn in diesem Moment einer dieser vertrockneten Büsche aus dem Wilden Westen vorbeigerollt wäre.

Henriette ließ den Kopf auf die Brust sinken und spürte, wie sich etwas in ihr zusammenknüllte. Sie fühlte sich müde, abgekämpft, ausgelaugt. Warum war sie auf diese blöde Reise gegangen? Weshalb hatte sie gedacht, dass ausgerechnet ein paar Tage bei Charly, der chaotischen, unzuverlässigen, sprunghaften Schwester, dafür sorgen würden, dass sie wieder zu Kräften kam? Was für ein Himmelfahrtskommando, dachte Henriette und hätte am liebsten angefangen zu weinen.

In diesem Moment rief jemand ihren Namen. Henriette drehte sich um, kniff die Augen gegen das helle Sonnenlicht und den unverschämt blauen Himmel zusammen und erkannte zwei Gestalten, die von der Straße in Richtung Bahnsteig eilten. Eine der Personen saß in einem Rollstuhl, es war ein alter Mann, vielleicht achtzig Jahre alt, in einem lavendelblauen Hemd und mit einer Schieberkappe auf dem Kopf. Die Frau dahinter wirkte jung und dynamisch, die rotblond schimmernden Locken hüpften auf und ab, während sie den Rollstuhl, in dem der ältere Mann saß, geschickt an den steinernen Blumenkästen vorbeimanövrierte, die den Bahnsteig von der Straße davor trennten.

»Hetty! Wir sind schon da!«, rief Charly und hob einen Arm, um Henriette zuzuwinken. Der Rollstuhl kam daraufhin ins Schlingern, der Mann krallte sich an einer Armlehne fest, lachte, Charly fiel ein, fand die Balance wieder und stemmte sich gegen das Gefährt. »Oh là là!«, rief sie vergnügt, und Henriette konnte nicht anders: Sie musste lächeln.

Charlotte, sechs Jahre jünger als ihre Schwester, war einfach eine Marke. Und alles an Charly, von den Locken bis zu den Socken (mit Löchern, immer, es war wie ein physikalisches Gesetz), war auf eine Art und Weise unaufgeräumt, die Henriette richtiggehend nervös machte. Egal, wie hübsch die Mutter sie früher angezogen hatte, nur fünf Minuten später hatte sich auf der weißen Bluse, dem gebügelten Kleidchen oder der sauberen Hose ein Fleck befunden. Charlys Klamotten waren immer irgendwo kaputt, es fehlte ein Knopf oder der Saum ging auf. Und obwohl ihre Handschuhe stets mit einer Kordel durch die Ärmel miteinander verbunden waren, verlor Charly mindestens einen bei tollkühnen Schneeballschlachten und wahnwitzigen Rodelfahrten ... wenn nicht gleich beide, was an und für sich gar nicht möglich war.

Die Haare waren unmöglich zu bändigen, ihr Gesicht war im Sommer von zarten Sommersprossen übersät.

An der kleinen Lücke zwischen den Schneidezähnen hatte sich einmal ein Kieferorthopäde versucht, doch kaum hatte Charly die Spange bekommen, hatte sie sie auch schon wieder irgendwo liegenlassen, und so war aus dem perfekten Fernsehlächeln nichts geworden, genau wie aus dem spitzenmäßigen Abitur und der erfolgreichen Karriere. Charly war eben Charly, weshalb es Henriette auch nicht wunderte, dass sie heute ein viel zu großes, zartrosafarbenes Herrenhemd trug, das natürlich falsch geknöpft und vermutlich ein Farbunfall aus der Waschmaschine war, ihrer kurvigen Figur aber durch den Knoten am Bauch schmeichelte. Dazu hatte sie khakifarbene Shorts an, die Henriette für Charlys zugegebenermaßen schön gebräunte Beine eigentlich zu kurz fand, da ihre Schwester nun wirklich keine schlanken Oberschenkel hatte. Das schien ihr aber herzlich egal, genau wie alle anderen modischen Konventionen. Charly trug, was ihr gefiel, egal, ob es eine Nummer zu groß oder eine Nummer zu klein war, ob es ihr schmeichelte oder sie verunstaltete – bei Charly gab es immer etwas zu sehen, und die furchteinflößendsten Teile buddelte sie aus Secondhandläden aus. Dagegen sah sie heute regelrecht gesittet aus.

Das Einzige, was die Schwestern äußerlich verband, waren ihre blauen Augen, die hatten sie von ihrer Mutter geerbt. Ansonsten waren sie grundverschieden.

Henriette blickte an sich hinunter und kam sich sofort langweilig vor. Sie trug eine cappuccinofarbene Chino, einen leichten, cremeweißen Strickpullover und flache Mokassins in Dunkelblau. Die blonden Haare hatte sie heute in einen Pferdeschwanz gebunden, eine schmale goldene

Uhr, ein Erbstück der Großmutter, trug sie am Handgelenk, ansonsten kein Schmuck, kein Chichi, nichts, was ablenkte.

»Siehst du, Gabriel, ich habe gesagt, wir kommen rechtzeitig. Der Zug aus Orléans hat immer Verspätung!«, erklärte Charly keuchend, wahrend sie die letzten Meter auf ihre Schwester zuhastete.

Der alte Mann lachte. Sein Gesicht war von Falten zerfurcht, vor allem dort, wo sich das Lachen über Jahrzehnte tief in die Haut eingegraben hatte. Die Augen waren von einem strahlenden Blau, die buschigen weißen Brauen bogen sich darüber. Die Nase war groß, genau wie die Ohren (die, wie Henriette wusste, ein Leben lang weiterwuchsen, weshalb alte Leute oft riesige Blumenkohlohren bekamen, vielleicht war es aber auch so, dass alles an Greisen schrumpfte, außer eben die Ohren und die Nase, warum sie irgendwann viel größer wirkten als der Rest des Menschen), und bog sich an der Spitze leicht nach unten, als wollte sie auf den zum Grinsen verzogenen Mund deuten.

Etwas abrupt kam der Rollstuhl knapp vor Henriettes Schuhspitzen zum Stehen, der Mann, der offenbar Gabriel hieß, kippte kichernd nach vorn, fing sich, ließ sich zurück in das Gefährt fallen und brach in Gelächter aus. Charly sprang um den Rollstuhl herum, breitete die Arme aus und fiel Henriette um den Hals. »Ich freu mich so, ich freu mich so!«

Henriette, immer noch zerknautscht von der Zugfahrt, die mitten in der Nacht begonnen hatte, vor allem aber völlig zermürbt von den letzten Tagen in der Firma, war versucht, einen Schritt nach hinten zu machen. Die Energie, die von ihrer Schwester und dem alten Mann ausging, war erschreckend. Wer war das überhaupt? Warum verstand er Deutsch? Was hatte er mit Charly zu schaffen? Und wieso sah die aus, als wäre sie Mitte zwanzig, während Henriette sich in diesem Augenblick, vielleicht auch schon länger, fühlte, als wäre sie nicht Anfang, sondern Ende vierzig ... oder noch älter?

»Wie war die Fahrt? Ging alles gut? Hast du den Anschluss rechtzeitig bekommen? War viel los in Paris? Hast du schon was gegessen?« Charly bombardierte ihre Schwester mit Fragen, aber allem Anschein nach waren die Antworten egal. »Du siehst müde aus. Hast du geschlafen? Ich kann ja nie schlafen vor solchen Reisen. Jetzt gehen wir erst mal nach Hause und frühstücken.«

»Es ist halb zwei«, antwortete Henriette matt und ärgerte sich im selben Moment, dass ihre Stimme diesen altklugen Tonfall angenommen hatte. Das schien Charly aber gar nicht zu bemerken, oder sie ignorierte es einfach.

»Frühstücken kann man immer. Gabriel und ich hatten letzte Woche abends um acht ein hervorragendes *petit, mais très grand déjeuner*, nicht wahr, Gabriel?«

Der alte Mann nickte. »Oh ja, ganz vorzüglich, mit selbst gemachter Kirschmarmelade und Baguette frisch aus dem Ofen, es war ein Gedicht.« Dann beugte er sich in seinem Rollstuhl vor und hielt Henriette die Hand hin. »Ich heiße Gabriel, Mademoiselle, und es ist mir ein ... Charly, wie sagst du das immer?«

»Ein inneres Blumenpflücken.«

»*Exactement.* Es ist mir ein inneres Blumenpflücken,

Mademoiselle 'enriette, dass wir uns endlich kennenlernen. Charly hat schon so viel von Ihnen erzählt. Und nur Gutes, wenn ich das anfügen darf.«

Henriette fühlte sich völlig überfordert von dem Enthusiasmus, der wie eine Tsunamiwelle über sie hinwegrollte. Wo hatten diese beiden Menschen, die zusammengerechnet mehr als einhundert Jahre alt waren, so viel Energie her – wohingegen Henriette sich fühlte, als würde sie bald mumifiziert werden?

Während Charly munter weiterplapperte, und Gabriel ihre Erzählungen lachend in seiner etwas verschwurbelten, aber durchaus charmanten Art und mit starkem französischem Akzent kommentierte, schob sie den Rollstuhl in derart flottem Tempo in Richtung der Straße, dass Henriette einen Zahn zulegen musste, wenn sie den Anschluss nicht verpassen wollte. Immerhin eine Sorge war sie nun los, nämlich dass Charly und sie sich nach der Begrüßung vielleicht nichts zu sagen hätten. Über ein Jahr hatten sie sich nicht gesehen und nur sporadisch voneinander gehört, meist an den Geburtstagen oder wenn es irgendetwas in Bezug auf ihren alleinlebenden Vater zu besprechen gab, der immer kauziger und schrulliger wurde. Auch wenn Charly in solchen Fällen keine besonders große Hilfe war, denn meistens reagierte sie mit einem Schulterzucken, wenn Henriette sich über einen neuen Spleen des Vaters aufregte.

Seit einigen Monaten benutzte er beispielsweise nur noch einen bestimmten Teller und einen Becher und aß ausschließlich mit einer winzig kleinen Kuchengabel. Außerdem wurde er immer pedantischer, was die Reihenfolgen in seinen Abläufen anging, egal ob im Laufe des Tages oder beim Verzehren seiner Mahlzeit, und er wurde fuchsteufelswild, wenn jemand diese Routinen unterbrach. Wie Henriette, die bei den seltenen Besuchen den Tisch falsch eindeckte oder beim Kaffeekochen nicht exakt die Zubereitungsschritte und Mengen einhielt, die ihr Vater als einzig richtig definiert hatte. Dann gab es meistens Knatsch, vor allem deshalb, weil Henriette so vieles vom Vater (vor allem das Pedantische, Eigenbrötlerische, Marottige) an sich wiedererkannte und es sie häufig gruselte, wie sehr die merkwürdigen Eigenschaften eines Menschen sich verstärkten, wenn er älter wurde und allein lebte, ohne ein fleischgewordenes Korrektiv, das manchmal auf den Tisch haute oder – wie Charly – das andauernde Gefühl der eigenen Unzulänglichkeit einfach weglächelte. »Unrat muss man vorbeischwimmen lassen«, pflegte ihre Schwester immer zu sagen, wenn Henriette sich nach einem Besuch in der alten Heimat am Telefon auskotzte, weil ihr Vater die Spülmaschine komplett wieder aus- und neu eingeräumt hatte, nachdem Henriette das dreckige Geschirr darin untergebracht hatte. Und das, obwohl sie nun wirklich nicht unordentlich war und sich redlich Mühe gab, seinen Bedürfnissen gerecht zu werden. Ob sie auch mal so werden würde? Oder … vielleicht schon so war, zumindest in Grundzügen?

»Das ist also Lamotte-Beuvron«, plapperte Charly weiter und zeigte mit einem Arm undefiniert um sich herum. »Wir sind jetzt schon im Zentrum, also auf dem Marktplatz. Da vorn ist die Boulangerie, daneben der kleine Laden von Yathavan, dem Inder, der hat das beste

Obst und Gemüse. Das ist das Rathaus«, sie deutete auf ein hübsches, hellgelbes Gebäude mit Blumenkästen vor dem Eingang, »und das ist die Bar, in der Gabriel und ich abends manchmal einen Aperitif trinken.«

»Manchmal?« Der alte Mann drehte den Kopf in ihre Richtung. »Charly, du beliebst zu scherzen. Wir sind jeden Tag hier. Und nicht erst am Abend.«

Sie schlug ihm zärtlich tadelnd auf die Schulter. »Ja, aber das musst du meiner Schwester ja nicht verraten.«

Henriette blieb unvermittelt stehen. So viele Informationen waren auf sie eingeprasselt, sie kam kaum hinterher, das alles zu verarbeiten. »Entschuldigung. Woher kennt ihr euch noch mal?«

Gabriel und Charly blickten sich an und zuckten gleichzeitig mit den Schultern.

»Vom blauen Föhn«, sagte er, als ob damit alles erklärt sei.

»Wie bitte?«

»Er meint die Theatergruppe. Mit der ich durch Frankreich getourt bin.« Charly machte ein Gesicht, das wohl sagen sollte: Hab ich dir doch erzählt.

Aber Henriette hatte keine Ahnung, wovon ihre Schwester sprach. »Du warst bei einer Theatergruppe?«

»Ja, für ein paar Monate. Gabriel, willst du 'enriette verraten, wie wir uns begegnet sind?« Charly zwinkerte dem alten Mann zu, und der strahlte noch ein paar Watt mehr.

»Gern. Lasst uns doch bei Hugo einen kleinen Aperitif einnehmen.« Er nickte in Richtung der Brasserie auf der anderen Straßenseite.

Sie sah aus wie aus einem verdammten Bilderbuch. Rot-weiß gestreifte Sonnenmarkise, darunter ein Dutzend Tische mit geflochtenen, schwarz-weißen Stühlen drum herum. Einige der Tische mit hübsch marmorierter Steinplatte waren besetzt, an einem saß ein Mann über Papiere gebeugt und schien konzentriert zu schreiben, zu seinen Füßen lag ein Hund und döste in der Mittagssonne. Zwei ältliche Frauen, die sich erstaunlich ähnlich sahen, hockten in größtmöglichem Abstand voneinander auf der anderen Seite der Terrasse und stierten in entgegengesetzte Richtungen. Ein Kellner in weißem Hemd und schwarzer Weste trat in diesem Moment aus dem Lokal, auf der Hand balancierte er ein Tablett mit Flaschen und Gläsern.

»Ist es nicht ein bisschen zu früh für einen Aperitif?«, gab Henriette zu bedenken, auch wenn sie sich dabei so spießig fühlte, dass es fast weh tat.

»Irgendwo auf der Welt ist jetzt gerade 17 Uhr, und damit ist es Zeit für einen kleinen Umtrunk«, erwiderte Charly und wischte Henriettes Einwand einfach beiseite.

Sie und Gabriel machten sich in Richtung Brasserie auf und blieben auf der Terrasse neben dem schreibenden Mann stehen, der prompt errötete, als er Henriettes Schwester erblickte.

»*Bonjour*, Charlotte«, stammelte er. »Wie schön, dich zu sehen.« Sein Blick fiel auf Gabriel, den er offenbar nicht bemerkt hatte. »Ich meine, *euch*. *Salut*, Gabriel.«

Ach herrje, dachte Henriette. Der arme Kerl ist verknallt in meine Schwester.

»Was macht das Schreiben, François? Kommst du gut voran?«, fragte Charly ihn mit einem Strahlen.

»Mark Twain hat einmal gesagt, Schreiben sei leicht. Man müsse nur die falschen Wörter weglassen«, erklärte er mit belegter Stimme, und sein Blick saugte sich an Charly fest wie der Arm eines Oktopus. »Ich glaube, ich mache es genau falsch herum. Ich produziere nur Müll.«

»Ach, du bist zu kritisch«, erwiderte Charly lächelnd. »Ich bin mir sicher, jedes deiner Worte trifft die Leserin mitten ins Herz.«

François wurde, wenn das überhaupt möglich war, noch röter und schlug die Augen nieder.

Die Reaktion kannte Henriette nur zu gut. Charly hatte etwas an sich, was nur wenige Menschen besaßen, eine Gabe, ein Talent, wenn man so wollte, nämlich dass sie von aller Welt geliebt wurde. Kinder sprangen ihr auf den Schoß, Katzen rieben sich an ihren Beinen, Hunde schlabberten ungebeten ihre Hände ab, Frauen wollten ihre Freundin sein, und Männer ... na ja. Wenig überraschend, dass sich die meisten stante pede in Charly verliebten.

»War nett, dich zu treffen, François«, sagte Charly in diesem Moment und schob Gabriels Rollstuhl schwungvoll an einen Tisch in einiger Entfernung. Dann blieb sie plötzlich stehen. »Ach ja. Das ist übrigens meine Schwester. Sie ist zu Besuch.«

Henriette konnte dem Mann ansehen, wie schwer es ihm fiel, sie und Charly einer Familie zuzuordnen. Kein Wunder, sie waren sich nicht nur charakterlich ausgesprochen unähnlich, sie sahen nicht einmal aus, als kämen sie vom selben Planeten. Henriette hatte glattes, feines Haar, war schmal gebaut und besaß eine Blässe, mit der sie in der Zeit, in der die Romane von Jane Austen spielten, vielleicht gepunktet hätte. Im Gegensatz zu Charly wurde sie im Sommer nie braun, sondern changierte nur in den unterschiedlichsten Rottönen – und wurde nach dem Abklingen des Sonnenbrands wieder quarkweiß.

Sie spürte einen Stich in den Eingeweiden. Wieder einmal hatte eine Situation mit Charly ihre Eitelkeit verletzt. Dafür konnte die Schwester nichts, das war Henriette durchaus bewusst. Trotzdem war sie – tief in sich drin – gekränkt, dass ihr wie immer nur ein nichtssagendes Nicken zuteilwurde, während die meisten Menschen Charly binnen eines Wimpernschlags die Welt, das Herz und das halbe Leben zu Füßen legten.

Henriette rief sich zur Räson. Es war albern, auf Charly eifersüchtig zu sein, weil sie etwas hatte, was Henriette manchmal an sich vermisste. Dafür gab es andere Qualitäten, mit denen Henriette aufwarten konnte. Verlässlichkeit, zum Beispiel. Integrität. Und eine private Altersvorsorge.

Als sie saßen und wenige Minuten später eine Karaffe mit Weißwein und drei Gläser vor ihnen auf dem Tisch standen, prostete Henriette Gabriel und Charly zu. »Also, wie habt ihr euch denn nun kennengelernt?«

Charly zog sich die Sonnenbrille aus den lockigen Haaren und schob sie sich auf die Nase. »Ich überlasse Gabriel die Geschichte. Er kann besser erzählen als ich.«

Henriette schaute etwas skeptisch zu dem alten Mann und war sich nicht ganz sicher, ob sie sich auf die Erzählung freuen oder eher auf einiges gefasst machen sollte. Wie auch immer, sie war neugierig und wollte endlich wissen, mit wem sie und insbesondere mit wem ihre kleine Schwester es zu tun hatte.

»*Merveilleux.* Wir befinden uns an exakt dem Ort, an dem ich Charlotte das erste Mal begegnete«, begann Gabriel, lehnte sich in seinem Rollstuhl zurück und holte tief Luft. »In der Brasserie Hugo.«

4

GABRIEL

Ich lernte Charlotte an einem goldbetupften Mittwochnachmittag im Monat des Rhabarbers kennen, als sie mit einer fahrenden Theatergruppe in Lamotte-Beuvron gastierte, wo ich geboren wurde, die meiste Zeit meines Lebens wohnte und mit an Sicherheit grenzender Wahrscheinlichkeit in naher Zukunft sterben werde.

Unter den 4751 Einwohnern hatte sich schnell herumgesprochen, dass ein Stück auf dem kleinen Marktplatz gespielt werden würde. Außer dem Wochenmarkt am Dienstag und am Freitag oder dem Metallsammler, der einmal im Monat durch Lamotte-Beuvron fährt und dabei unentwegt eine kleine, nervtötende Glocke bimmelt, passiert in unserer kleinen Gemeinde nicht sonderlich viel. Deswegen sorgte die Theatergruppe, die sich, wie wir später erfuhren, von der Hauptstadt bis nach Marseille durchschlug und jede Nacht in einem anderen Ort haltmachte, für einen regelrechten Ausnahmezustand. Der Schuldirektor beschloss kurzerhand, den Unterricht nach der Mittagspause auf den Marktplatz zu verlegen, damit die Schüler der Grande Nation endlich mal so etwas wie Kultur kennenlernten. Der Rotary Club, der an diesem Mittwoch zusammenkam, legte eine außerplanmäßige Pause zwischen den Tagesordnungspunkten ein, die aber ohnehin bitter nötig war, da sich die Herren Didier und Salomon darüber stritten, welche ihrer Angetrauten beim nächsten Kuchenverkauf die Tarte au citron backen durfte, auf die beide qua Abstammung (Didier) und Tradition (Salomon) Ansprüche geltend machen wollten. Auch für alle anderen Einwohner des Ortes war die Theatertruppe eine echte Sensation.

In einer anderen Stadt mit einem anderen Unterhaltungsangebot wäre den Anwesenden möglicherweise aufgefallen, dass die Handlung von »Der blaue Föhn« eher mager und die Darbietung der Schauspieler allenfalls annehmbar war. Zumindest der Großteil der Theatergruppe schien keine nennenswerten Erfahrungen im Bereich des darstellenden Spiels gesammelt zu haben, vermutlich nicht mal in der Kindheit beim Vortäuschen einer Krankheit, um dem lästigen Schulunterricht zu entgehen. Noch schwerer als das schmerzlich vermisste Talent der Theaterleute wog jedoch die Tatsache, dass sie alle von einer Darstellerin überstrahlt wurden.

Auf den ersten Blick hätte man Charlotte nicht für die geborene Schauspielerin halten können, zumindest hatte sie rein optisch nichts mit einer eleganten Greta Garbo oder geheimnisvollen Marlene Dietrich gemein. Charlottes Gesicht wirkte zwar wie gemalt, doch alles an ihr war drall und rund und erinnerte an einen saftigen Pfirsich mit weicher, samtiger Haut und süßem Fruchtfleisch. Sie bewegte sich dennoch mit einer tänzelnden Leichtigkeit und in fließenden, beinahe geschmeidigen Bewegungen, dass man nur staunen konnte. Ihre Stimme war hoch, melodisch, fast kindlich, ihr gelocktes, rötliches Haar wippte bei jedem Schritt, den sie auf der improvisierten Bühne während der Suche nach dem vermaledeiten blauen Föhn tat.

Doch nicht nur Charlottes herbstschäumendes Aussehen zog in den Bann. Sie hatte etwas an sich, das die Menschen im Publikum dazu brachte, den Kopf leicht schief zu legen und sich mit einem versonnenen Lächeln auf den Lippen vorzustellen, dass Charlottes Leuchten für den Bruchteil einer Sekunde auf einen selbst fiel und die eigene bescheidene Existenz zum Strahlen brachte. So kam es, dass ganz Lamotte-Beuvron an diesem Mittwochnachmittag im Mai auf dem Marktplatz der jungen Frau zu Füßen lag, die allein der Zufall und die chaotische Routenplanung der Theatergruppe in unsere kleine Ortschaft gespült hatte.

Als die Aufführung vorbei war und der frenetische Applaus abebbte, verbeugten sich die Darsteller ein letztes Mal und gingen anschließend durch die Reihen der Zuschauer, um sich die Gage abzuholen. Ich zog einhändig den Geldbeutel aus der Tasche an meinem Rollstuhl und fingerte nach einem Zehn-Euro-Schein. Als ich jedoch bemerkte, dass Charlotte in Richtung der Brasserie Hugo lief, in der ich saß, überlegte ich es mir anders und beförderte mit klopfendem Herzen einen Zwanziger ans Tageslicht. Und noch einen weiteren, den ich ihr – ganz der knittergesichtige Gentleman, als der ich mich sah – in die Hand drücken wollte.

Langsam arbeitete sich Charlotte, deren Name ich zu diesem Zeitpunkt natürlich noch nicht wissen konnte, voran, verbeugte sich nach links, rechts, strich einem Kind über das Haar, erwiderte den Händedruck der Mademoiselles Duchamps, zweier bärbeißiger alter Schwestern, die, obwohl sie immer noch im selben Haus wohnten und niemals einander von der Seite wichen, seit mehr als dreißig Jahren kein Wort miteinander wechselten – angeblich, weil sie vor Jahrzehnten mal in denselben Mann verliebt gewesen waren. Die Münzen im Hut, den sie in der Hand trug, klimperten (Münzen! Nur Scheine waren angebracht), als sie, etwa einen Meter bevor sie bei mir ankam, herumwirbelte, um sich bei Hugo, dem Inhaber des kleinen Cafés am Platz, für die zusätzlichen Stühle und Tische zu bedanken, die er und seine Angestellten in aller Eile auf das Trottoir gestellt hatten, während die Theatergruppe vor zwei Stunden das Bühnenbild aufgebaut hatte.

In diesem Moment geschah es. Hugo, ein echter Geizknüppel, der seine Belegschaft so schlecht bezahlte, als wäre er ein schottischer Duke in einem baufälligen Schloss am Meer, durch dessen Dach es unentwegt reinregnete, hob die Hand, um drei silbrig schimmernde Münzen in den Hut fallen zu lassen, den Charlotte mit ausgestrecktem Arm in seine Richtung hielt. Drei Münzen, das konnten drei Euro im schlechtesten, sechs im besten Fall sein, für den knauserigen Gastronom ein kleines Vermögen. Vermutlich zitterte auch aus diesem Grund seine Hand, und eines der Geldstücke traf nicht das Innere des Hutes, sondern rutschte über die Krempe herunter und landete klirrend auf dem Boden, um zwischen Croissantkrümeln, die die Spatzen noch nicht aufgepickt hatten, und einem Bonbonpapier liegen zu bleiben.

»Zut!«, fluchte Hugo, dem der drohende Verlust eines einzigen Euros ohne Frage körperliche Schmerzen bereitete, doch Charlotte lächelte noch breiter und bückte sich, um die

Münze aufzusammeln. Dabei streichelte sie in der Bewegung nach unten den Rücken von Bruno, dem von Arthritis geplagten Beagle, der die Vorstellung, über die man in Lamotte-Beuvron noch Tage später sprechen würde, schlichtweg verschlafen hatte und nur ob der überraschenden Zärtlichkeit verwundert den Kopf hob. Charlotte bekam das Geldstück zu fassen, richtete sich schwungvoll wieder auf und stieß dabei mit dem runden, apfelförmigen Hinterteil gegen einen der winzigen Cafétische mit marmorner Platte und wackeligem, schwarz lackierten Fuß aus Eisen. Der kleine Tisch geriet ins Wanken, die darauf stehende Tasse machte eine bemerkenswerte Bewegung nach links und schwappte einen Schwall längst kalt gewordenen Café au Lait auf die eng beschriebenen Papiere, die auf der Tischplatte ausgebreitet waren. Urheber der Worte darauf war François, der – wie man sich im Ort erzählte – seit nunmehr drei Jahren Woche um Woche der im weit entfernten Bordeaux lebenden Valerie unerwidert seine Liebe offenbarte (unerwidert unter anderem deshalb, weil er die Briefe nie abschickte). Er machte einen erstaunten Laut, hob den Kopf, erblickte die vor ihm stehende Charlotte – und sein Gesicht wurde von einem inneren Strahlen erhellt.

Doch zu François' größter Enttäuschung, die sich unglücklicherweise auf seiner Miene widerspiegelte, warf Charlotte die zu Boden gefallene Münze in den Hut, hauchte ein glockenhelles »*Merci!*« in Hugos Richtung und wandte sich dann mir zu.

Wenn man als Mann die siebzig bereits seit geraumer Zeit überschritten hat, kommt es ausgesprochen selten vor, dass junge, attraktive Frauen einen noch zur Kenntnis nehmen. Die Wahrscheinlichkeit, dass so etwas passiert, sinkt noch einmal um etwa neunzig Prozent, wenn man nach einem Schlaganfall seit zehn Jahren im Rollstuhl sitzt. Ist man aufgrund dieses Schlaganfalls auch noch in den fragwürdigen Genuss einer halbseitigen Körperlähmung gekommen, der die gesamte rechte Hälfte, angefangen von der Schulter, über den Arm, die Hand, das Bein bis zum Fuß, zum Opfer gefallen ist, mindern sich die Chancen, überhaupt mit etwas anderem als Anteilnahme betrachtet zu werden, auf eine Zahl, die so klein ist, dass sie nicht mehr als natürlich gelten kann. Ich muss es wissen, denn in einem früheren Leben, als Schulter, Arm, Hand, Bein und Fuß noch ihren rechtmäßigen Aufgaben nachkamen und das taten, was ich, besser gesagt mein Unterbewusstsein, ihnen auftrug, war ich Buchmacher. Mit Zahlen, vor allem aber Wahrscheinlichkeiten, kenne ich mich aus, demzufolge wusste ich, wie ausgesprochen undenkbar es war, von Charlotte mehr als eine Millisekunde der Aufmerksamkeit zu erhaschen.

Die Mathematik hat meistens recht, doch in der Stochastik gelten ganz eigene Regeln, und aus diesem Grund rechnete ich nicht damit, dass Charlotte mich tatsächlich wahrnehmen würde, ihr Lächeln noch breiter werden ließe, in die Hocke ging, um nicht von oben auf mich herabzusehen, die kleine, warme Hand auf meinen Arm legte und mich fragte: »Comment allez-vous, Monsieur? Hat Ihnen die Vorstellung gefallen?«

Ganz Lamotte-Beuvron starrte mich an. Ich konnte die Blicke in meinem Rücken spüren, und es fing sofort an all jenen Stellen, deren Nervenenden noch ihren Dienst verrichteten, zu kribbeln an, selbst an solchen, deren Existenz ich nur noch erahnen konnte, seitdem mich meine Frau vor mehr als zwanzig Jahren für einen Zahnarzt mit beachtlichem Golfhandicap verlassen und meine erotischen Triebe gleich mitgenommen hatte. Für den Bruchteil einer Sekunde zog ich eine Wunderheilung in Betracht, dann jedoch wurde mir klar, dass es nicht mehr als ein verwirrendes Aufwallen meines greisen Hormonhaushalts war, der seit Jahren im Dämmerschlaf gelegen hatte und sich nun auf einen Schlag in meinem welken Körper entlud.

Als fast Achtzigjähriger war mir die Liebe bereits in allen erdenklichen Formen begegnet, und natürlich wusste ich, dass die schimmernde Charlotte nie mehr als eine weit entfernte Galaxie für mich sein könnte, die ich durch ein hochauflösendes Teleskop betrachten durfte, aber auch nur, solange die Sterne in der richtigen Konstellation standen. Aber mit knapp achtzig hat man nicht mehr viel zu verlieren.

Also beschloss ich in einem jugendlichen Leichtsinn, den ich mir selbst am allerwenigsten zugetraut hätte: Was soll's. Ich hob die Hand, die noch das tat, was ich von ihr wollte, und legte sie auf Charlottes zierliche Finger.

»Mademoiselle, das Stück war ein Genuss«, sagte ich, obwohl ich eigentlich nur sie meinte, aber wenn man weiß, dass man nur wenige Minuten, möglicherweise sogar nur Sekunden mit einem besonderen Menschen verbringen wird, bevor er auf Nimmerwiedersehen verschwindet, sind derlei Haarspaltereien völlig nebensächlich.

Mein Kompliment entlockte Charlotte ein noch breiteres Lächeln. Ich rechnete damit, dass sie sich jeden Augenblick wieder erheben würde, und begann, in meiner Börse nach den Scheinen zu fingern. In Gedanken ging ich die nächsten

Momente durch. Ich würde Charlotte das Geld überreichen, sie würde sich aufrichten, mir noch einmal dieses unglaubliche Lächeln schenken und dann für immer aus meinem Leben verschwinden. Ich würde zurück in meine einsame, leise Wohnung im Erdgeschoss eines Hauses am Rand von Lamotte-Beuvron fahren, mich wie jeden Morgen von Agnieszka, meiner polnischen Haushaltshilfe anziehen, duschen und bekochen lassen und bis ans Ende meiner Tage an diesen Mittwochnachmittag im Monat des Rhabarbers denken, als Charlotte und die mäßig begabte Truppe unsere kleine Ortschaft mit ihrer Anwesenheit beglückten.

Ich hätte es besser wissen sollen. Immerhin war ich Experte für Wahrscheinlichkeiten und hatte mehr als einmal miterlebt, dass selbst das langsamste Pferd einen brillanten Tag erwischen konnte, an dem es allen anderen davongaloppierte. An diesem Tag war ich dieses Pferd. Denn Charlotte zog sich einen Stuhl heran, beugte sich zu mir vor, ergriff meine beiden Hände und fragte: »Wie heißen Sie?«

5

Henriette sah Gabriel abwartend an. Nach seiner großen Ankündigung, dass er Charlotte in dieser Bar, in der sie gerade saßen, zum ersten Mal begegnet war, hatte er die Augen geschlossen und den Mund zu einem Lächeln verzogen, aber kein Wort war über seine Lippen gekommen.

Sie warf Charly einen Blick zu. »Ist er eingeschlafen?«

Charly legte sich den Zeigefinger auf die Lippen. »Manchmal taucht er in seine Erinnerungen ab«, flüsterte sie. »Ich lasse ihn, er wirkt dann immer so glücklich.«

Henriette seufzte tief. »Wie lange dauern diese … Absencen denn?«

Charly zuckte mit den Schultern. »Manchmal nur ein paar Minuten, manchmal eine halbe Stunde. Ist doch egal, es geht ihm gut dabei.«

Henriette betrachtete den alten Mann. In der Tat, er wirkte ausgesprochen zufrieden in diesem Moment, sein faltiges Gesicht war ganz weich, die Augenbrauen hoben sich von Zeit zu Zeit, und seine Lippen bewegten sich, als ob er sich im stillen Selbstgespräch befände.

Nach weiteren zwei Minuten hatte sie aber genug. »Dann erzähl du es mir halt. Wie seid ihr euch begegnet?«

»Ich war mit einer Theatergruppe unterwegs«, half Charly Gabriel aus, der in diesem Moment die Augen aufschlug und ins Licht blinzelte, als wäre er gerade aus einem Traum erwacht. »Wir hatten hier eine Vorstellung, und danach kamen Gabriel und ich ins Gespräch.«

»Aha«, erwiderte Henriette, griff nach dem Glas und trank vom Wein, den sie sicherheitshalber mit ein wenig Sprudel verdünnt hatte. »Und wann war das?«

Charly und Gabriel blickten sich an. »Im Mai.«

»Moment. Ihr kennt euch erst seit ... Wir haben Juni!«

Der alte Mann blies die Backen auf und machte einen sehr französischen Laut, der entfernt an ein Prusten erinnerte. Henriette kannte das Geräusch, das Franzosen zu jeder sich bietenden Gelegenheit von sich gaben, als Zeichen der Entrüstung, der Ablehnung oder um zu sagen: Was weiß denn ich? Es klang nach einem gestöhnten »Bof!«, mit vorgeschobener Unterlippe und hochgezogenen Augenbrauen, wie die lautmalerische Version einer kleinen, müden Explosion.

»Fast Juli«, sagte Charly entspannt. »Und wir sind Anfang Mai hierhergekommen. Also kennen wir uns seit beinahe zwei Monaten.«

Ein leicht hysterisch klingendes Lachen drang aus Henriettes Kehle. Zwei Monate waren nun wirklich nicht viel, um sich derart vertraut zu sein, wie Gabriel und Charly es allem Anschein nach waren.

»Wo ist die Theatergruppe jetzt?«, hakte Henriette nach, die immer noch nicht wirklich zusammenbekam, was nun eigentlich wann und vor allem: wie geschehen war und wieso Charly in dieser winzigen Gemeinde in

Frankreich zu leben schien und mit einem älteren Herrn im Rollstuhl befreundet war, der dazu auch noch ein hervorragendes Deutsch sprach, grammatikalisch einwandfrei, wenngleich mit deutlichem Akzent, was die Sache nur noch charmanter machte.

Charly zuckte mit den Schultern. »Ich glaube, irgendwo an der Grenze zu Spanien. Vielleicht auch woanders.«

»Aber du bist nicht mehr dabei?«

Die Schwester schüttelte den Kopf.

Henriette öffnete den Mund, wollte etwas sagen, verstummte und überlegte, dann nahm sie erneut Anlauf. »Du kannst deine Leute doch nicht hängenlassen.«

Charly und Gabriel warfen sich einen amüsierten Blick zu, der Henriette verärgerte. Warum grinsten die so?

»*Et voilà*«, meinte Charly zu dem alten Mann, hob eine Schulter und ließ sie wieder fallen.

Gabriel kicherte. »Du bist wirklich ein Orakel, *ma chère*.«

Henriette spürte, wie die Entrüstung in ihr hochstieg. »Wovon redet ihr?«

Der alte Mann machte ein entschuldigendes Gesicht. »Ihre Schwester, liebe 'enriette, kennt Sie wohl ganz gut. Sie hatte vermutet, dass Sie so reagieren würden.«

»Wie? *So?*«

»*Bof*, nun, eh, wie sage ich das jetzt?«, überlegte Gabriel laut, wobei er schon wieder diesen urfranzösischen Laut von sich gab. »Vernünftig?«

»Vorwurfsvoll«, schlug Charly vor.

»Nüchtern«, ergänzte Gabriel.

»Erwachsen.«

»Okay, ich habe es verstanden!«, schnauzte Henriette und griff nach dem Weißweinglas. »Aber ich sag dir mal was, Charlotte, ich bin stolz darauf, dass ich ein verlässlicher Mensch bin, der andere nicht einfach so hängenlässt. Aus einer Laune heraus.«

Charly verkniff den Mund und hob demonstrativ die Augenbrauen.

»Es ist erstaunlich«, murmelte Gabriel. »Auch dass sie dich jetzt bei deinem vollen Namen nennt, hast du vorausgesagt.«

Henriette wurde immer wütender. »Na schön, dann bin ich eben nicht nur zuverlässig, sondern auch vorhersehbar! Und? Besser als sprunghaft und leichtsinnig und irrational!« Sie war lauter geworden, als sie es beabsichtigt hatte. Der Briefeschreiber, dieser François, hob den Kopf, und sein Hund unter dem Tisch gähnte mit weit aufgerissenem Maul. Sogar die beiden alten Damen von der anderen Seite der Terrasse guckten zu ihnen rüber.

Charly hob ihr Glas und prostete Gabriel zu. »Auf die Dinge, die sich niemals ändern.«

Die Gläser klirrten, beide tranken sie in einem Zug leer.

In Henriette braute sich etwas zusammen. Sie biss sich auf die Lippe, eigentlich war sie nämlich viel zu müde für eine Auseinandersetzung mit ihrer Schwester, vor allem weil sie wusste, wie die ablaufen würde. Streit war zwischen ihnen beiden erfahrungsgemäß vorprogrammiert und verlief nach einer genaustens einstudierten Dramaturgie, in der Henriette die undankbare Rolle der Erziehungsberechtigten einnahm und Charly so tat, als gingen sie die Pflichten, die man als erwachsener Mensch der

Welt und sich selbst gegenüber nun mal so hatte, nichts an. Nicht nur einmal hatte Henriette in den Konflikten das berühmte Beispiel der Grille bemüht, die den ganzen Sommer über muszierte, anstatt Vorräte für den Winter anzulegen – was der Ameise überlassen wurde, die am Ende die Grille auch noch durchfüttern musste. Und sosehr es Henriette selbst nervte, dass sie sich in diesen Situationen wie ein altbackenes Fräulein Rottenmeier anhörte, das von Charly nur mit einem milden Lächeln bedacht wurde, so sehr nervte es sie auch, dass ihre Schwester sich einfach immer aus der Verantwortung stahl. Irgendwann musste sie doch mal erwachsen werden! Und Einkommenssteuer bezahlen. Oder sich über die Rente Gedanken machen. Ihr Vater war kein reicher Mann, er würde den Schwestern eines Tages kein Vermögen hinterlassen, auf dem man sich bis zum Lebensende bequem ausruhen konnte. Und überhaupt, Charly konnte mit Geld ja gar nicht umgehen.

Früher, wenn sie als Kinder Taschengeld bekommen hatten, hatte Henriette es stets sofort in das große Sparschwein in Form einer Eule gesteckt. Auch deshalb, weil die Eule bei jeder Befüllung einmal lustig mit den Augen klimperte. Charlys Sparschwein war eine Schildkröte gewesen, bei der nichts klimperte oder klapperte, weder die Augen noch der Inhalt. Sie gab das Taschengeld ohnehin lieber aus, am besten an dem Tag, an dem sie es bekam. Ihre Mutter hatte manchmal lachend gesagt: »Es ist ein Wunder. Charly gibt man zehn Euro in die Hand, und eine Stunde später kommt sie mit fünf Euro Schulden zurück.«

»Und einem Ausmalheft, einer sauren Tüte und einer

Packung Futter für die Nachbarskatze«, hatte ihr Vater dann immer kopfschüttelnd ergänzt.

In Charlys Gegenwart pulverisierte sich alles Monetäre binnen eines Augenblicks. Nicht, dass sie Wert auf Luxus legte – Charly *lebte* einfach gern. Hier ein Kaffee, da ein süßes Teilchen, Eintritt ins Kino, Karten für ein Konzert ... und schon war am 10. eines jeden Monats das Geld aufgebraucht gewesen, und Charly hatte ihre Schwester um eine Leihgabe gebeten, die sie selbstredend niemals zurückbezahlt hatte. Henriette wollte nicht darüber nachdenken, wie hoch die Summe war, die sie auf Charlys Süßes-Leben-Konto bereits eingezahlt hatte.

Immerhin, seitdem sie erwachsen waren und nicht mehr zu Hause wohnten, schlug sich Charly mit dem, was sie – wo auch immer – verdiente, durch, ohne ihre Schwester um Subventionen zu bitten. Und trotzdem war Henriette sauer. Weil Charly einfach tat, worauf sie Lust hatte. Mit einer Theatergruppe durch Frankreich touren, anstatt sich hinzusetzen und einen Lebensplan zu machen. Wo wollte sie hin? Was war das Ziel?

Henriette holte tief Luft. »Ich kann es nicht verstehen, wie du dich allem Anschein nach immer noch weigerst, endlich mal Verantwortung zu übernehmen.«

»Ich übernehme doch Verantwortung«, erwiderte Charly leichthin. »Aktuell für Gabriel.«

Der nickte bestimmt. »Charly ist mir eine große Hilfe im Alltag und bei mir im Haus.«

Henriette stutzte. »Wie? Du wohnst bei ihm?!«

Ihre Schwester und der alte Mann sahen sich an.

»Ja. Ist das ein Problem?«

»Und ob das ein Problem ist.« Henriette beugte sich zu ihrer Schwester vor und begann zu flüstern, in der Hoffnung, Gabriels große Ohren würden es nicht hören. »Du kannst doch nicht einfach so bei einem wildfremden Mann einziehen.«

Gabriel seufzte. »*Bof!*«

Charly blinzelte. »Warum nicht? Außerdem ist Gabriel nicht wildfremd. Ich kenne ihn doch.«

Henriette schnaubte, während sie nach Worten suchte. »Hast du eine Ausbildung als Altenpflegerin? Weißt du, was ein Mann mit seinem Behinderungsgrad braucht?«

Gabriel hob die Augenbrauen und sah nun wirklich ein wenig beleidigt aus, aber Charly sagte ganz ruhig: »Das weiß ich. Er braucht Gesellschaft. Und ich brauche eine Unterkunft. Eine Hand wäscht die andere.«

Henriette wollte weitersprechen, aber ihre Schwester hob nur abwehrend die Hand.

»Darf ich dich fragen, warum du aussiehst, als hättest du seit Monaten nicht richtig geschlafen? Warum du Augenringe wie ein Panda hast und so unglücklich wirkst, wie ein Mensch nur wirken kann? Kommt das von deinem tollen ›erwachsenen‹, vernünftigen und verantwortungsvollen Leben?«

Henriette hielt den Atem an. Jedes Wort traf sie bis ins Mark, auch wenn sie sich Mühe gab, sich nichts anmerken zu lassen. Doch Charly war noch nicht fertig.

»Wenn das der Preis ist, den man fürs Erwachsensein bezahlt, lasse ich mich lieber bis zum Ende durch das Leben treiben und mache das, worauf ich Lust habe.«

Gabriel hob das Glas. »Darauf trinken wir!«

Henriette sprang vom Stuhl auf, so heftig, dass er nach hinten wegkippte und der Hund am Nachbartisch zu jaulen begann, und rief: »Ich wusste, es war ein Fehler, dich besuchen zu kommen! Du bist genauso kindisch wie immer.« Sie fingerte nach dem Griff des Rollkoffers und zog mit der anderen Hand die Geldbörse aus der Tasche. Darin fand sie in der Eile nur einen Zwanzig-Euro-Schein, den sie widerwillig auf den Tisch donnerte. Gut, dann lud sie ihre Schwester eben ein, auch wenn es das Letzte war, was sie gerade wollte. Aber auf das Wechselgeld warten würde sie garantiert nicht! Henriette drehte sich um und bahnte sich wutentbrannt den Weg durch die eng stehenden Tische, vorbei am Briefeschreiber, der ihr verwundert hinterherblickte, und an den beiden griesgrämigen Damen, die sich tatsächlich ein wenig über die Szene zu amüsieren schienen. Dann marschierte sie los.

»*À gauche*!«, sagte Gabriel laut und gestikulierte mit dem funktionstüchtigen Arm.

»Zum Bahnhof geht es in die andere Richtung«, rief ihr Charly nach, was Henriette nur noch wütender machte. »Und falls du es dir anders überlegst, Rue des Roses, Hausnummer 7. Du bist herzlich willkommen und bekommst sogar ein eigenes Zimmer.«

»Nur über meine Leiche!«, brüllte Henriette über die Schulter und stiefelte weiter, weg vom Marktplatz, weg von der Schwester und weg vom Bahnhof. Doch das war ihr in diesem Moment vollkommen egal.

*

Anderthalb Stunden später hatte Henriette sich wieder im Griff. Zugegeben, der Umstand, dass sie in Lamotte-Beuvron gestrandet war, trug ebenfalls zur Einsicht bei. Denn natürlich wurde in Frankreich am heutigen Tag gestreikt. Um exakt 15 Uhr, Henriette hatte den Bahnhof gerade über einige Umwege und leicht außer Atem erreicht, fuhr ein Zug ein, doch ehe Henriette sich anschicken konnte, den Waggon zu besteigen, kam ein Mann in der Uniform eines Schaffners auf sie zu und redete auf sie ein. Henriette, aufgebracht und außer sich, verstand nur ein Wort, »*grève*«. Und auch wenn ihre Französischkenntnisse mehr als eingerostet waren, daran erinnerte sie sich dann doch noch aus acht Jahren Fremdsprachenunterricht: Heute würde sie mit den öffentlichen Verkehrsmitteln gar nirgendwo mehr hinkommen. Morgen vermutlich auch nicht.

Es war zum Verzweifeln.

Sie setzte sich vor dem Bahnhof auf eine Bank und überlegte kurz, in Tränen auszubrechen. Das entsprach jedoch weder ihrem Naturell, noch würde es sie irgendwie weiterbringen. Schlimmer noch, möglicherweise würde sie ein x-beliebiger Passant ansprechen, und dem müsste sie dann erklären, wieso sie seine Hilfe nicht brauchte, weshalb sie *wunderbar* allein zurechtkam, warum sie immer schon auf sich allein gestellt gewesen war ... Henriette schluckte, nun füllten sich ihre Augen doch ein klitzekleines bisschen mit Tränen. Nein, nicht hier, nicht jetzt. Schnell lotete sie die Möglichkeiten aus. Denn selbst wenn Henriette stur wie ein Esel sein konnte: Irrational war sie nicht.

Natürlich könnte sie sich ein Hotelzimmer nehmen. Oder eine Pension suchen, in der sie für heute Nacht unterkam. Am Geld scheiterte es nicht, und geizig war sie zum Glück auch nicht. Allein, es würde, wenn sie die Sache mit Charly nicht wieder geradebog oder zumindest ansatzweise in Ordnung brachte, ungemein schwer werden, sich weiterhin auf das zu berufen, was Henriette gern »erwachsen« nannte. Erwachsene stürmten nicht aus Bistros oder schrien andere Menschen an oder rannten wider besseres Wissen in die falsche Richtung davon. Erwachsene waren nachsichtig, bedacht und vernünftig. Also alles, was Henriette war und Charly nicht. Und die Vorstellung, ihrer Schwester in dieser Angelegenheit den Triumph zu überlassen, nein, das konnte Henriette nicht hinnehmen.

Trotzdem hielt sie etwas zurück. Wäre es nicht ein Kleinbeigeben, wenn sie jetzt wieder zurückgehen würde? Würde sie damit nicht eingestehen, dass sie sich falsch verhalten hatte?

Während sie grübelte, sah sie zwei Gestalten die Straße entlanglaufen. Es waren die beiden Damen aus dem Bistro, die wieder die Mienen verzogen, als hätten sie in saure Zitronen gebissen. So ähnlich, wie sie sich mit den Sieben-Tage-Regenwetter-Gesichtern sahen, mussten sie Schwestern sein. Schwestern, die offenbar nicht miteinander sprachen. Schwestern, die irgendwie miteinander lebten, gemeinsam Zeit verbrachten, aber keine Verbindung zueinander zu haben schienen. Der Anblick war verstörend und schubste Henriette in die richtige Richtung.

Also bestellte sie sich im winzigen Kiosk am Bahnhof

einen Café au Lait (wieder mit der fetthaltigen Milch, natürlich), atmete tief in den Bauch und sagte ihr Mantra auf: *Ich stehe mit beiden Beinen im Leben und bin in der Lage, jedes Problem zu lösen.*

Sogar das mit ihrer Schwester.

*

Die Rue des Roses zu finden, war nach dieser gewaltigen inneren Überwindung ein Kinderspiel. Da die Häuser ordnungsgemäß durchnummeriert waren, entdeckte sie auch die Nummer 7 sofort. Es war ein hellblaues Haus mit weißen Fensterläden und kleinem, hübsch angelegten Garten zur Straße hin, in dem Charly und Gabriel an einem Tisch einander gegenübersaßen und Karten spielten.

»Da bist du ja endlich«, begrüßte Charly ihre Schwester, als diese vor dem gusseisernen Tor stehen blieb. »Ich habe gerade eine Tarte in den Ofen geschoben. Komm, setz dich zu uns. Rommé ist zu zweit öde, wir brauchen einen dritten Mann.«

Henriette zögerte einen Moment. Dass Charly die Auseinandersetzung entweder vergessen hatte oder sie schlichtweg ignorierte, machte sie schon wieder sauer. Aber Henriette wäre nicht Henriette gewesen, wenn sie sich ein zweites Mal an diesem Tag erlaubt hätte, ihren Gefühlen freien Lauf zu lassen. Stattdessen öffnete sie das Tor, trat auf den gepflasterten Weg, links und rechts blühten einige späte Pfingstrosen, und ließ sich auf dem freien Stuhl nieder.

Charly warf die Karten, die sie in der Hand gehalten

hatte, auf den Tisch und hielt Gabriel, dessen Karten in einem länglichen, hölzernen Halter vor ihm auf der Tischplatte standen, die offene Handfläche hin. »Du hättest sowieso gewonnen. Wir können auch gleich eine neue Runde starten.«

Der alte Mann grinste. »So gewinne ich am liebsten.« Gleich darauf zog er seine Karten aus der Halterung, legte sie verdeckt in Charlys Hand und beobachtete dann, wie sie mit dem Mischen begann.

Henriette blickte von ihrer Schwester zu Gabriel und wieder zurück. Ihr war durchaus bewusst, dass sie sich gerade kindisch verhielt, wenn sie auf eine Entschuldigung oder Erklärung hoffte, immerhin war sie selbst wutentbrannt aus der Brasserie abgerauscht. Und hieß es nicht immer, Blut sei dicker als Wasser? Sie hatte außerdem keine Lust, dass sie sich wieder mit der Schwester in die Wolle kriegte. Davon abgesehen hatte Gabriels Anwesenheit einen unbestreitbar wohltuenden Effekt, wenn man sich erst einmal darauf eingelassen hatte. Er war charmant, amüsant und ließ sie vieles um sich herum vergessen. Vor allem die Tatsache, dass die Scheißfirma immer noch nicht angerufen hatte, obwohl es mittlerweile bereits Nachmittag geworden war. Das versetzte Henriettes Selbstwert einen weiteren Stich, und sie spürte, wie die Laune sank, wie jedes Mal, wenn es ihr wieder in den Sinn kam. Deshalb riss sie sich am Riemen, verbannte alles, was mit der Arbeit zu tun hatte, in die letzte Ecke des Bewusstseins und sagte: »Bevor ich euch gleich die Niederlage eures Lebens beschere, würde ich gern erfahren, wie es dazu kam, dass Charly bei Ihnen eingezogen ist, Gabriel.«

Er lächelte noch breiter. »Sie werden es nicht glauben, 'enriette, aber das alles begab sich an diesem Nachmittag im Monat des Rhabarbers auf der Terrasse von Hugo.«

6

GABRIEL

Charlotte saß bei mir, an diesem wackligen kleinen Tisch mit der marmornen Platte, und wir redeten. Auch heute weiß ich nicht, warum sie ausgerechnet mich erwählte. Vielleicht war es der Rollstuhl, der ihr Mitleid erregte, vielleicht erinnerte ich sie auch an jemanden, den sie in einem früheren Leben gemocht hatte. Oder sie mochte mich tatsächlich. Im Grunde war es mir egal.

Nach den ersten Minuten, in denen ich mein Glück nicht fassen konnte und gleichzeitig jede Sekunde damit rechnete, dass sich Charlotte erheben und davonziehen würde, stellte ich fest, dass wir uns sehr gut unterhalten konnten. Es gibt Gespräche, die sich hinziehen wie eine Zahnreinigung und ähnliche Schmerzen verursachen, wie wenn die engagierte Zahnreinigungskraft mit einem spitzen kleinen Instrument und brachialer Gewalt den Zahnstein von der unteren Frontreihe schlägt. Oder sie fordern einem alles ab, weil man sich nach jedem Satz fragen muss, worüber man als Nächstes sprechen könnte (diese Gespräche fühlen sich zuweilen an wie ein Buch, von dem man weiß, dass man es lesen sollte, welches sich aber in einer enervierenden Langsamkeit von Kapitel zu Kapitel schleppt und irgendwann auf dem Nachttisch vergessen wird, so man sich denn getraut hat, es vor dem Lesen der letzten Seite dort liegen zu lassen). Besonders lästig sind auch Unterhaltungen, in denen die Beteiligten nicht in einen gemeinsamen Rhythmus finden, sondern sich andauernd ins Wort fallen, mal gleichzeitig, mal gar nicht reden und nie so genau wissen, wer nun eigentlich mit dem nächsten Aufschlag dran ist oder in wessen Spielfeld der Ball liegt.

Es gibt aber Konversationen, die mit einer neugierigen Lässigkeit dahingleiten, im richtigen Maß zwischen angeregt und heiter, entspannt und unangestrengt. Mit Charlotte zu reden, fühlte sich an, als säße man auf einem aufblasbaren Gummieinhorn und ließe sich in angenehmer Fahrt einen munter sprudelnden Fluss entlangtreiben. Mal bog das Gefährt in eine unerwartete Kurve ein, mal nahm es Fahrt auf, trudelte um die eigene Achse, hielt in der Bewegung inne, als schwebte es, schaukelte langsamer, dann wieder schneller, doch man kam gut voran und konnte unterdes sogar die Aussicht aufs Ufer genießen.

An dem standen die Schaulustigen und bedachten uns mit teils fassungslosen (die Mademoiselles Duchamps), teils neidvollen (François), teils anerkennenden Blicken (Hugo, das muss man ihm bei allem Geiz zugutehalten), und lauschten schamlos.

Charlotte sprach Französisch mit einem kleinen, herben Akzent, der ihrer gesamten delikaten Erscheinung eine würzige Note verpasste. Ich brauchte sicher fünf Minuten, um die manchmal etwas hart ausgesprochenen Endungen und die in wenigen Augenblicken ins Stocken geratene Melodie ihrer Sätze einer Nation zuzuordnen. Dann nahm ich all meinen Mut zusammen und fragte sie: »Sagen Sie, Mademoiselle, sind Sie Deutsche?«

Charlottes Wangen nahmen die Farbe von frühreifen Kirschen an, und sie schlug die Augen nieder. »Hört man das?«

»Nein, nein, Mademoiselle«, beeilte ich mich zu sagen und hob beschwichtigend die gute Hand. »Sie sprechen ein hervorragendes Französisch, besser habe ich nie einen Deutschen sprechen hören.« Das war nicht einmal gelogen, auch wenn ich gern zugebe, dass ich den Deutschen grundsätzlich eher aus dem Weg gehe. Nicht wegen der alten Sache mit den Weltkriegen, das ist nun wirklich Schnee von gestern, sondern weil die meisten Deutschen, denen ich bisher begegnet bin, so unfassbar fade wirkten, von der ehemaligen Kanzlerin bis zum allein reisenden Fahrradtouristen, der sich alle Schaltjahre mal nach Lamotte-Beuvron verirrt. Deutsche sind irgendwie kastig, voller Ecken und Kanten, an denen die französische Leichtigkeit, zumindest nach meiner Auffassung, zwangsläufig aufläuft. Vielleicht stößt mir auch auf, dass die meisten Deutschen, die ich in meinem Leben getroffen habe, völlig immun gegen meinen bescheidenen französischen Charme zu sein scheinen, als hätten sie eine Art Teflon-Beschichtung, die jegliche Form der Freundlichkeit, des Entgegenkommens und der Lebensfreude einfach an sich abperlen lässt. Nun habe ich schon eine Menge Deutsche kennengelernt, da meine Frau aus Saarbrücken kam und mich mehrmals jährlich auf unsägliche Treffen mit ihrer Familie schleppte, bevor sie mich für den golfenden Zahnarzt verließ – übrigens aus Bad Homburg. Das einzig Positive, das aus dieser Verbindung entstand (denn Kinder waren es nicht), ist mein Deutsch, das ich nahezu perfekt beherrsche.

Nicht wegen Marianne, Gott bewahre, sie sprach, vor allem in der Heimat, einen grausigen Dialekt, der vor grammatikalischen Fehlern nur so strotzte. Doch durch meine Ex-Frau entdeckte ich meine Liebe zu den großen deutschen Dichtern, vor allem Goethe und Schiller, deren Dramen ich im Laufe meiner Ehe mit einer Inbrunst verschlang, die der Leidenschaft zwischen Marianne und mir diametral gegenüberstand. Je häufiger ich aus dem *Wallenstein* oder dem *Götz von Berlichingen* zitierte, desto seltener reagierte sie auf meine zaghaften Annäherungsversuche im gemeinsamen Ehebett.

Mein Unbehagen gegenüber Deutschen – vor allem Zahnärzten – löste sich mit Charlottes Anwesenheit in Wohlgefallen auf. Sie änderte meine Haltung gegenüber ihren Landsmännern binnen eines Augenaufschlags, der den Granddames des französischen Kinos der 50er und 60er Jahre in nichts nachstand. Dass sie dazu auch noch Schmolllippen wie Brigitte Bardot hatte, machte es mir noch leichter, meine bisherige Meinung abzulegen wie eine getragene Unterhose. Trotzdem war es erstaunlich, wie gut sie Französisch sprach. Eine Sprachbegabung allein genügte in meinen Augen nicht, um derart lässig mit mir zu parlieren. Also bohrte ich nach und erfuhr, dass sie in der Nähe der deutsch-französischen Grenze im Breisgau aufgewachsen war, einige Kilometer von Freiburg entfernt. Sie war fünfunddreißig Jahre alt und hätte damit mindestens meine Tochter sein können, wie ich mit einiger Bestürzung im Kopf ausrechnete, oder sogar meine Enkelin, was ich mir selbst jedoch nicht eingestehen wollte. Charlotte übte eigentlich keinen geregelten Beruf aus, sondern hatte sich bereits als

Dachdeckerin, Tierpflegerin, Schuhverkäuferin verdingt und als Werbefigur auf einem belebten Platz in Berlin gearbeitet, und ich gebe mit einiger Beschämung zu, dass ich Charlotte liebend gern in dem Schaumstoffkostüm als veganes Hot Dog gesehen hätte. Vor zwei Monaten hatte sie eine Freundin in Paris besucht, die dort an der Sorbonne den Doktor machte, und sich spontan der Theatergruppe rund um den blauen Föhn angeschlossen.

Während Charly sprach, fiel ihr stets ein wenig amüsiert wirkender Blick auf die Kollegen, die gerade die improvisierte Bühne abbauten und die Requisiten zusammensuchten. Bruno, der Beagle, hatte sich mittlerweile unter ihren Stuhl gelegt und ließ sich von ihr von Zeit zu Zeit die Ohren kraulen, was er mit einem zufriedenen Grunzen goutierte. François tat so, als wäre er ins Schreiben vertieft, in Wahrheit dichtete er bestimmt gerade einen Kreuzreim für Charlotte, in dem sich »Sonne« auf »Wonne« und »Herz« auf »Schmerz« reimte, und lauschte jedem unserer Worte. Selbst Hugo, der normalerweise jeden vom Tisch vertrieb, der nicht halbstündlich eine neue Bestellung aufgab, ließ uns in Ruhe und wischte betont langsam über die Marmorplatten der umliegenden, mittlerweile nur spärlich besetzten Tische. Die Mademoiselles Duchamps studierten die Speisekarte des Cafés, als ob es eine ägyptische Steintafel voller Hieroglyphen wäre, die es zu entziffern galt, und hoben verstohlen die Köpfe, wenn Charlotte wieder die Stimme erhob und aus ihrem Leben erzählte.

Ihre Mutter Gerlinde und der Vater Rolf waren ein durch und durch ungleiches Paar gewesen. Er Ingenieur, der den ganzen Tag mit Tabellen verbrachte, sie Hausfrau und begnadete Marmeladenköchin. Gerlindes Leben, und damit auch das des Vaters, richtete sich nach den Erntezeiten von Obst und Gemüse, weshalb sie zum einen im Sommer selten in den Urlaub fuhren und zum anderen einen riesigen Garten ihr Eigen nannten, in dem Charlottes Mutter das ganze Jahr über in der Erde grub, Stecklinge setzte, Wasserschosse abschnitt, Schnecken von den Salatköpfen zupfte, Gemüse zog und Wäschekörbe voller Früchte erntete, die sie anschließend in einer eigens für sie eingerichteten Marmeladenküche im Souterrain einkochte. Die Liebe der Mutter zu Marmeladen, Gelees und Konfitüren ging so weit, dass die Monatsbezeichnungen des augustinischen Kalenders im Laufe der Zeit durch die Erntezeiten der jeweiligen Früchte ersetzt wurden. Aus Mai wurde Rhabarber, der August musste den Pflaumen weichen, und der Oktober wurde durch Quitten ersetzt. Ich erfuhr, dass Charlotte am 30. Tag des Apfelmonats geboren war, und schloss daraus, dass sie im September Geburtstag hatte.

»Aber was erntet man im Winter?«, wollte François wissen und machte keine Anstalten zu verbergen, dass er gelauscht hatte.

»Oh, man kann das ganze Jahr über ernten, nur eben nicht Obst«, erwiderte Charlotte und wandte sich in seine Richtung, was ihn gleich zwei Zentimeter größer werden ließ. Für einen Mann, der sich die Hälfte seines Lebens vor Gram beugte, eine bemerkenswerte Veränderung.

Charlotte hob die Hand und fing an, aufzuzählen: »Das Jahr beginnt mit Feldsalat im Januar, dann kommen die Steckrübe, der Bärlauch, Spinat, Rhabarber«, sie holte einmal tief Luft und wechselte die Hand, »Erdbeeren, Johannisbeeren, Pflaumen, Äpfel, Quitten, Kürbis, und es endet mit den Pastinaken.« Sie drehte sich zu mir. »Wann haben Sie Geburtstag?«

»Am dritten Tag der Steckrübe«, gab ich mit einem bedauernden Schulterzucken zu, denn viel lieber hätte ich zu den Früchten gezählt, aber nun hatte ich schon achtundsiebzig Geburtstage im Februar feiern müssen, da wollte ich auf meine alten Tage nicht wählerisch werden.

»Der Steckrübeneintopf meiner Mutter war legendär«, sagte Charlotte anerkennend, und genau das meine ich, wenn ich sage, dass es ihr mit spielerischer Leichtigkeit gelang, sich in ihrer Gegenwart wie der wertvollste Mensch des Universums zu fühlen.

»Und was ist mit Ihrem Vater?«, wollte François wissen, der sich nun keine Mühe mehr gab, sich nicht an unserem Gespräch zu beteiligen.

Charlotte seufzte einmal tief, dann erzählte sie uns und dem Rest der umliegenden Tische (selbstverständlich ohne es zu bemerken, denn sie war keine Frau, die sich in der Aufmerksamkeit der anderen sonnte, selbst wenn sie sie hinterhergeschmissen bekam, vielmehr war sie die Sonne, nach der wir unsere Köpfe verdrehten, wie die Sonnenblumen auf den Feldern in der Provence), dass ihr Vater mittlerweile allein lebte und der Kontakt zu ihm nur sporadisch stattfand.

»Wie kann man eine Frau wie Ihre Mutter ziehen lassen?«, fragte François stöhnend, der vermutlich eine herzzerreißende Liebesgeschichte witterte und sich vor Entsetzen die Hand vor den Mund schlug.

Doch Charlotte erwiderte leise: »Nicht er ist gegangen. Sie hat ihn verlassen.«

Dann berichtete sie vom Sommer vor acht Jahren. Es war die Zeit der Brombeerernte, die in diesem Jahr besonders üppig ausfiel, und Gerlinde hatte alle Hände voll zu tun. Jeden Tag stand sie stundenlang zwischen den Brombeerbüschen und erntete die schwarzvioletten Früchte, um sie anschließend behutsam in einen Eimer zu legen. Plötzlich verspürte sie ein heftiges Ziepen im linken Daumen und sah, dass ein dicker Tropfen Blut über die Fingerkuppe zur Handfläche rann. Sie hatte sich an einem der Brombeerdornen gestochen, was nicht allzu selten geschah, diesmal aber außergewöhnlich weh tat, da sich der Dorn tief ins Fleisch gebohrt hatte. Hastig steckte sich Gerlinde den Finger in den Mund, sog das austretende Blut auf und atmete tief durch. Dann zog sie die Gartenhandschuhe aus der Tasche, die sie in der Eile vergessen hatte anzuziehen, schlüpfte hinein und erntete weiter.

Ein fataler Fehler. Denn die Wunde entzündete sich, was Gerlinde im Eifer und dank ihrer tiefen Passion für Marmeladen schlichtweg ignorierte. Als sie am nächsten Morgen mit einem leichten Fieber erwachte, tat sie es als harmlose Erkältung ab. Zwar klebte sie ein Pflaster auf die Wunde am Daumen, übersah dabei jedoch die feine lilafarbene Linie, die sich vom Handgelenk bis zur Elle schlängelte. Womöglich hielt sie die Spur für einen Überrest des Brombeersafts, im Sommer waren ihre Finger und Hände stets rosa, rot, purpur oder schwarz eingefärbt, je nachdem, was der Garten gerade hergab. »Wer lebt, macht sich die Hände schmutzig«, pflegte sie stets zu sagen – also kümmerte sie sich nicht weiter um die verfärbten Finger.

Während des Tages verspürte Gerlinde eine milde Trägheit aufkommen, die sich im Laufe der kommenden Nacht in eine regelrechte Abgeschlagenheit verwandelte, aber immer noch dachte Gerlinde, dass sie sich einfach einen lästigen Infekt eingefangen hatte. Allein, die Brombeeren konnten nicht warten, wie jeden Tag trug Charlottes Mutter weiter Früchte in die Marmeladenküche, wusch und wog sie, dickte sie mit Gelierzucker ein, pürierte und passierte und füllte schließlich alles in ausgekochte Gläser, die sie danach beschriftete, mit einem hübschen karierten Stoffquadrat über dem Deckel verzierte und in das riesige Regal im Keller stellte, dessen Bretter sich vom Gewicht der vielen Gläser und Flaschen nur so bogen. Erst als die Kopfschmerzen am darauffolgenden Vormittag so schlimm wurden, dass Charlottes Mutter nach den ersten zwei Kilo Brombeeren eine Pause einlegen und sich auf dem Sofa im Wohnzimmer ausruhen musste, fragte ihr Mann: »Ist alles in Ordnung?«, was Gerlinde jedoch nur mit einem matten Nicken beantwortete.

Keine vierundzwanzig Stunden später war Charlottes Mutter tot, gestorben an einer Blutvergiftung, die sie sich beim Ernten der Brombeeren eingehandelt hatte. Sie hinterließ einen Kellerraum mit Hunderten von Marmeladengläsern (alle fein säuberlich nach Einkochdatum und Obstsorte in den Regalen stehend), einen Garten mit sechs Hochbeeten, dreizehn Obstbäumen, einem gläsernen Treibhaus, in dem sich die üppig behangenen Tomatenstauden dicht an dicht drängten, einem Kräuterbeet und einer völlig konsternierten Familie, die zwischen Selbstvorwürfen, Fassungslosigkeit und unendlicher Trauer hin und her schwankte.

Die Geschichte, die mir Charlotte an diesem Tag in Hugos Bistro erzählte, rührte mich zu Herzen. Sie sah in diesem Moment so unglücklich aus, dass ich selbst mit den Tränen kämpfen musste und die Schwestern Duchamps sich vernehmbar schnäuzten.

»Das tut mir so leid«, stammelte ich und schämte mich im selben Moment für die Plattitüde. Doch zu meiner erneuten Überraschung (so langsam hätte ich es begreifen können: Bei Charlotte galt keine Wahrscheinlichkeitsrechnung!) wischte sie sich die Tränen aus den Augenwinkeln, nickte und sagte: »Ich schätze, das ist der Lauf der Dinge.«

»Und wer kümmert sich heute um den Garten?«, wollte eine der Duchamps-Schwestern wissen.

»Niemand. Mein Vater hat alle Pflanzen, Bäume und Büsche entfernen lassen und zwei Hektar Rollrasen ausgelegt«, erwiderte Charlotte und seufzte erneut. »Uns sind nur die Marmeladen geblieben. Ich hoffe, dass Mama in einem Himmel voller Früchte und Einmachgläser gelandet ist, damit sie bis in alle Ewigkeit glücklich ist.«

Ich weiß nicht, ob es diese traurige Anekdote aus Charlottes Leben war oder eben die Tatsache, dass ich mich in ihrer Gegenwart nicht wie ein fast achtzigjähriger Knacker, dessen Haut wie die eines chinesischen Shar-Pei-Hundes in Falten lag, sondern wie ein Mann in der Blüte seines Lebens fühlte, aber aus irgendeinem Grund fragte ich sie: »Mademoiselle Charlotte, würden Sie mir die Ehre erweisen, heute Abend mit mir essen zu gehen?«

Es ist mir nicht möglich zu sagen, wer von meiner Frage überraschter war: François, der gedankenverloren Schlangenlinien auf die bereits geschriebenen Seiten gemalt hatte und abrupt innehielt, Hugo, der einen Zuckerstreuer, den er polierte, prüfend gegen das Licht gehalten hatte und mich nun fassungslos anstarrte, die Duchamps, in deren Gesichtern sich, seitdem ich sie kannte, zum ersten Mal nicht reine Abweisung, sondern blankes Entsetzen spiegelte, Bruno, der versucht hatte, mit der Schnauze eine Fliege zu fangen, nun aber ebenfalls mich ansah, oder ich selbst. Blinzelnd blickte ich die junge Frau an und wähnte mich in der Sicherheit, jeden Moment eine Abfuhr der Extraklasse zu erhalten und mich zum Gespött von Lamotte-Beuvron zu machen, bis zum Ende meines Lebens (das, zugegeben, nicht mehr allzu lange dauern würde, weshalb die Schmach vielleicht zu ertragen wäre).

Irritierenderweise geschah aber wieder nichts dergleichen. Vielmehr fand Charlotte zu ihrem alten Strahlen zurück, schmunzelte, dass sich die geschwungenen Lippen kräuselten, und sagte: »Es wäre mir ein Vergnügen, Monsieur.«

Und so kam es, dass ich, halbseitig gelähmt, mit falschem Gebiss und zurückgewichenem Haaransatz, nach mehr als fünfundvierzig Jahren, die letzten zehn davon im Rollstuhl, wieder ein Rendezvous mit einer jungen Dame hatte.

7

Henriette stopfte sich ein großes Stück Kuchen in den Mund und kaute energisch. Sie hatte Gabriel eine einfache Frage gestellt, aber er hatte wieder nur die Augen geschlossen und war mit den Gedanken abgedriftet. Da Charlotte mit Gabriels Aussetzern vertraut war, hatte sie, während er mit träumerischem Gesichtsausdruck und leicht schwankend, die Brauen in ständiger Bewegung und die Lippen zu einem Lächeln verzogen, dasaß und offenbar am helllichten Tag ein Nickerchen abhielt, die Tarte aus dem Ofen geholt und samt dreier Teller sowie einer Kanne Kaffee in den Garten getragen.

Schon wieder Süßes, dachte Henriette und erinnerte sich an das köstliche Croissant vom Morgen. Sich zweimal am Tag der Sünde hingeben war nun wirklich nicht ihre Art. Aber sie war im Urlaub, zumindest einer Art Zwangsurlaub. Und Charly hatte extra für sie gebacken. Da wäre es doch eine Verschwendung, wenn Henriette jetzt nicht wenigstens ein kleines Stückchen aß, und unhöflich wäre es dazu. Der Gedanke beruhigte ihr Gewissen.

»Weißt du, was heute für ein Tag ist?« Charly blickte Henriette an, und die nickte traurig.

Heute war der Geburtstag ihrer Mutter. Der Sommergeburtstag, um genau zu sein, denn eigentlich war Gerlinde Süßkind am 30. Dezember zur Welt gekommen und hatte sich, solange Henriette sich erinnern konnte, geweigert, am vorletzten Tag des Jahres zu feiern. Stattdessen hatte sie es wie die Queen gemacht und sich einfach ein anderes Datum ausgesucht – sechs Monate später, am 30. Juni.

Sie dachte an den Sommergeburtstag der Mutter vor acht Jahren. Es war das letzte Mal gewesen, dass sie sich in dem kleinen Städtchen in Nähe von Freiburg bei den Eltern getroffen und Kirschtorte gegessen hatten. Denn nur sechs Wochen später war Gerlinde tot gewesen.

Sie spürte den Kloß im Hals. Ihre Mutter war gegangen, als Henriette noch lange nicht bereit dafür gewesen war. Manchmal starben Menschen, und man wusste, sie hatten ein gutes Leben gehabt, ihre Zeit war gekommen, möglicherweise auch, weil ein langes Leiden damit beendet werden konnte. Bei Gerlinde war das anders gewesen. Im einen Moment war sie da, im nächsten weg. Henriette erinnerte sich noch daran, wie sehr sie der Anblick der schwarz gefärbten Fingerkuppen gestört hatte, als sie ein letztes Mal ins Krankenhaus gefahren waren, um von der toten Mutter Abschied zu nehmen. Heimlich hatte sie versucht, die Farbe von den Händen zu rubbeln, aber der Brombeersaft war genauso hartnäckig gewesen wie die Tatsache, dass Gerlinde Süßkind nicht mehr lebte.

Es kam Henriette bis heute wie eine Ironie des Schicksals vor, dass ihre Mutter ausgerechnet bei der Ausübung der liebsten Tätigkeit gestorben war, und dabei hatte es sich nicht um Höhlentauchen oder die Suche nach seltenen, hochgiftigen Fröschen aus dem Amazonas gehandelt, sondern um die Herstellung von Brombeermarmelade! Bis heute war die Vorratskammer des verwitweten Vaters gefüllt mit Gläsern voller Gelees, Chutneys und Konfitüren, vermutlich müsste man den Großteil mittlerweile wegschmeißen. Aber Charlotte sah die Notwendigkeit nicht, Vater Rolf brachte es nicht übers Herz, und Henriette würde sich eines Tages sowieso damit auseinandersetzen müssen, weil sie von ihrer Schwester nämlich nicht erwarten konnte, dass sie in einer hoffentlich fernen Zukunft half, das Elternhaus auszuräumen.

Nachdem der Schock nach dem unerwarteten Tod der Mutter verklungen war, hatte Henriette eine unendliche Wut in sich wahrgenommen. Weil ihre Mama sie verlassen hatte, aber vor allem auf den Vater, der allein kaum in der Lage war, das Leben zu bestreiten und schon im Supermarkt vor dem Joghurtregal regelmäßig Nervenzusammenbrüche erlitt, weil die Auswahl zu groß ausfiel und die Inhaltsstoffe auf der Rückseite zu klein geschrieben waren.

Und dann war da natürlich noch Charly. Die Kleine, der Paradiesvogel, die Chaotin, die ihrer Mutter zu allem Überfluss auch noch so ähnlich sah, dass Henriette manchmal daran verzweifelte. Gerlinde war die Einzige in der Familie gewesen, die sich keine Sorgen um das Nesthäkchen machte, die immer und immer wieder sagte: »Sie geht ihren Weg, habt Vertrauen.«

Mama, wärst du nur hier, raunte Henriette dem Geist ihrer Mutter in diesem Moment zu, während sie den Blick durch den Vorgarten wandern ließ, in dem sie neben ihrer Schwester und dem alten Mann im Rollstuhl saß. Und woher hast du nur dieses unbändige Vertrauen in Charly genommen?

Henriette musterte den alten Herrn, der aus seinem Tagtraum erwacht war und gerade über irgendetwas lachte, was ihre Schwester gesagt hatte, und den Kopf dabei in den Nacken legte. Die beiden schienen sich wirklich gut zu verstehen. Und vielleicht hatte Gabriel ja einen guten Einfluss auf Charly. Das musste sie unbedingt herausfinden. Aber nicht jetzt. Überraschenderweise war es trotz des Knatsches vor einigen Stunden nämlich noch ein ziemlich netter Nachmittag, und Henriette wollte dem älteren Herrn nicht zu offensichtlich auf den Zahn fühlen, weil sie fürchtete, gleich wieder den Haussegen aus dem Gleichgewicht zu bringen. Stattdessen fragte sie: »Was ist das eigentlich für ein leckerer Apfelkuchen?«

Gabriel drehte sich ganz langsam, beinahe wie in Zeitlupe, zu Henriette um. »Das ist doch kein Apfelkuchen!«

Henriette starrte in die halb leergegessene Backform. Zugegeben, das Ding darin sah ein wenig derangiert aus. Unten ein Mürbteig, obendrauf eine braune Masse aus Äpfeln. Kein besonders schöner Anblick, aber säuerlich-süß mit leichter Karamellnote und damit genau nach Henriettes Geschmack. »Nein?«

»Nein. Das ist eine Tarte, meine Liebe. Und nicht nur das, es ist die berühmte Tarte Tatin.«

Henriette wartete einen Moment, weil sie sich nicht sicher war, ob eine Erklärung folgen würde. Aber Gabriel schwieg beharrlich und sah Charly nur vielsagend an.

»Wäre jemand von euch so freundlich, mir zu sagen, was eine Tarte Tatin ist? Gabriel, Sie vielleicht?«

Er seufzte, machte wieder einmal seinen charakteristischen Laut und sagte schließlich: »Das würde ich gern, liebe ›enriette, aber ich bin müde.« Seine linke Hand wanderte auf den Arm von Charly. »*Ma chère*, wärst du so lieb, mich ins Haus zu bringen? Ich möchte mich einen Moment ausruhen.«

Sie sprang vom Stuhl auf. »Natürlich, Gabriel.« Charly machte sich am Rollstuhl zu schaffen. »Kannst du den Kuchen und die Teller mit reinbringen?«, fragte sie Henriette. »Ich zeig dir dann auch gleich dein Zimmer.«

Henriette erhob sich und stapelte die Teller aufeinander, darauf stellte sie die Tarteform, die Kaffeekanne klemmte sie sich unter den Arm. Dann folgte sie Gabriel, der in seinem Rollstuhl immer kleiner zu werden schien, und ihrer Schwester durch den Vorgarten ins Haus.

Als sie durch die Eingangstür getreten waren, ließ Henriette den Blick schweifen. Sie standen in der Diele mit hoher Decke, linker Hand führte eine steile Treppe ins Obergeschoss. Vom Flur gingen drei Türen ab, die auf der linken Seite führte in ein gemütlich wirkendes Wohnzimmer, die auf der rechten in eine geräumige Küche mit schwarz-weiß gekacheltem Fliesenboden. Durch die letzte Tür, an der Treppe vorbei, im hinteren Teil, schien man in ein Schlafzimmer zu gelangen. Jedenfalls verschwanden Charly und Gabriel durch eben jene Tür, und Henriette konnte hören, wie sie sich leise unterhielten.

Unschlüssig stand Henriette in der Diele. Sollte sie einfach in die Küche gehen und das Geschirr wegräumen? Eigentlich war das nicht ihre Art, in die Wohnungen fremder Leute reinzulatschen und sich dort selbst zu bedienen. Andererseits wohnte schließlich auch Charly hier, und damit war Zurückhaltung sowieso völlig unangebracht. Sicher hatte Gabriel seit ihrem Einzug keinen Moment der Privatsphäre mehr genossen.

Henriette drehte sich nach rechts und trat in die Küche. Sie wirkte ein wenig in die Jahre gekommen, aber hochwertig und sauber. Die Fronten vor den Hänge- und Unterschränken waren hellgelb lackiert, die Knöpfe, mit denen man die Schränke öffnen konnte, aus Emaille. Es gab einen Gasherd mit vier Kochplatten, einen großen Backofen und eine ausladende, viereckige Spüle aus weißem Stein mit einem goldenen, gebogenen Wasserhahn und antik wirkenden Drehknäufen daran. Das Zentrum der Küche war aber ohne Frage der wunderschöne honigfarbene Tisch in der Mitte, an dessen drei Seiten unterschiedliche Stühle standen. Die vierte Seite war leer, vermutlich weil dort Gabriel mit dem Rollstuhl seinen Platz hatte.

Henriette hielt Ausschau nach der Spülmaschine.

»Wir machen das mit der Hand«, erklärte Charly, die gerade in die Küche getreten war, als ob sie die Gedanken ihrer Schwester gelesen hätte. »Eine Spülmaschine wäre praktischer, aber sie würde auch einen kompletten Umbau bedeuten. Und Gabriel überlegt, ob er nicht sowieso auszieht.«

»Warum?«, wollte Henriette wissen. »Ist doch hübsch hier.«

Charly verkniff den Mund. »Hübsch, ja. Aber unpraktisch für jemanden, der aus eigener Kraft nicht mehr ins Obergeschoss kommt. Oder den Rollstuhl über die Türschwellen wuchten kann. Außerdem, na ja, so langsam muss er über ein Pflegeheim nachdenken. Er hat ja keine Kinder, die sich um ihn kümmern können. Und wenn ich vielleicht irgendwann nicht mehr da bin ... «

Das schlechte Gewissen erwischte Henriette eiskalt. Natürlich, als Rollstuhlfahrer war ein solches Haus ein nicht enden wollender Hindernisparcours. Und für einen alleinstehenden Mann ohne Angehörige, die sich um ihn sorgten ... Sie unterdrückte ein Frösteln. Vielleicht sah sie gerade auch ihre eigene Zukunft in Gabriels Schicksal.

»Ist sein Schlafzimmer hier unten?«, versuchte sie mit einer unverfänglichen Frage abzulenken.

Charly nickte. »Zum Glück gibt es auch ein kleines Bad, direkt hinter dem Raum. Ansonsten hätte Gabriel schon längst ausziehen müssen.«

Henriette zögerte. »Hilfst du ihm denn auch ... beim Duschen und so?«

»Das macht Agnieszka. Sie kommt jeden Morgen und hilft Gabriel im Bad.«

»Und was machst du dann so? Außer ihm Gesellschaft zu leisten?«

Charly blickte Henriette zögernd an. »Ich weiß nicht, warum, aber aus deinem Mund klingt die Frage irgendwie herablassend.«

»Ach, nun versuch doch bitte nicht, alles falsch zu verstehen, was ich sage!«, fuhr Henriette aus der Haut.

»Na gut.« Charly seufzte. »Ich helfe Gabriel bei so ziemlich allem. Kochen, essen, einkaufen gehen. Arztbesuche, Ausflüge, offizielle Dinge. Probier mal, einen Tag lang mit nur einer Hand auszukommen – vom Rollstuhl aus. Du wirst überrascht sein, wie schlecht die Welt auf dich vorbereitet ist. In Lamotte-Beuvron gibt es nicht mal einen barrierefreien Zugang zum Zug. Wenn wir die Stadt verlassen wollen, müssen wir das vorher bei der SNCF anmelden.« Sie schnaubte und klang dabei fast wie Gabriel, wenn er »Bof!« sagte.

»Und … wie lange willst du hierbleiben?«

»Das weiß ich noch nicht«, erwiderte Charly ruhig, während sie Wasser in die Spüle einlaufen ließ. »So lange, wie Gabriel und ich das wollen.«

Henriette zögerte. War das jetzt eine gute Gelegenheit, die Schwester auf ihren, nun ja, verbesserungswürdigen Lebensentwurf anzusprechen? Beim letzten Mal war die Sache ja gehörig in die Hose gegangen. Vielleicht hatte sie jetzt mehr Glück.

»Bezahlt er dich denn?«

Charly sah sie aus dem Augenwinkel an, während sie nach Schwamm und Spülmittel griff. »Nein. Ich wohne ja kostenlos hier.«

Henriette musste sich auf die Zunge beißen. Vor ihrem inneren Auge blinkte ein Schriftzug, RENTE! RENTE! RENTE!, stand da in großen Lettern. Doch niemals würde sie das jetzt laut sagen. Stattdessen murmelte sie: »Ist es denn dein Traumjob?«

Charly zuckte mit den Schultern. »Keine Ahnung. Ich mag es gerade sehr.«

»Und wirst du es in einem Monat oder einem Jahr auch noch mögen?«, hakte Henriette nach.

Ihre Schwester tunkte das dreckige Geschirr in das Seifenwasser. »Das weiß ich doch jetzt nicht. Wirst du deinen Job in einem Jahr denn noch mögen?«

Henriette wollte entschieden nicken, dann fiel ihr schmerzhaft wieder ein, dass sie den Job ja gar nicht mehr hatte, zumindest temporär. Das hatte sie Charly noch gar nicht gesagt, auch weil sie wusste, dass sie sich damit selbst den Boden abgrub. Kein Gespräch über Zukunftsperspektiven, berufliche Erfüllung oder finanzielle Sicherheit wäre mit Charlotte mehr möglich, wenn sie wüsste, dass Henriette der Job, für den sie alles geopfert hatte, wegen eines ausgesprochen saublöden Fehlers in Form einer fliegenden Torte abhandengekommen war.

Und überhaupt. Spätestens am Montag würde Pflockinger senior auf Knien bei ihr angekrochen kommen! Dann hätte sie immer noch Zeit, Charly von diesem unglücklichen Intermezzo im Lebenslauf zu erzählen, wenn das dann überhaupt noch notwendig war.

»Ich liebe meine Arbeit«, sagte Henriette deshalb im Brustton der Überzeugung. »Sie bedeutet mir alles.«

»Hm«, machte Charly, und immerhin, dieses »Hm« war besser als das stets leicht abschätzig klingende »Bof«.

»Wo willst du denn in fünf Jahren sein?«, bohrte Henriette weiter, auch um vom eigenen Anstellungsverhältnis abzulenken.

»Ist das ein Bewerbungsgespräch?« Charly stellte den letzten sauberen Teller in das Trockengestell und machte sich an das Besteck.

»Nenn es eine Berufsberatung.« Henriette lächelte und hoffte, es würde freundlich aussehen.

Charly lachte. »Ach, Hetty. Das haben schon andere vor dir versucht. Vor allem Papa! Aber selbst der hat sich die Zähne an mir ausgebissen. Apropos, hast du ihn in letzter Zeit mal gesehen?«

Henriette fluchte innerlich. Wie es Charly doch immer wieder gelang, mit der Eleganz einer Eistänzerin von einem Thema zum nächsten zu gleiten – und das Thema »Papa« war nicht unbedingt besser als das Thema »Henriettes Jobverlust«.

»Hab ich«, antwortete sie knapp. »Es geht ihm gut. Na ja, soweit es ihm gut gehen kann.«

Charly seufzte. »Mich deprimiert, dass er nichts mehr aus seinem Leben macht.«

»Das stimmt doch gar nicht«, widersprach Henriette. »Er hat Hobbys.«

»Welche denn?«

»Äh … die Skatrunde. Und den Garten.«

»Du meinst die tägliche Überwachung seines Rasenmäherroboters?« Charly hob die Augenbrauen. »Und welche Skatrunde soll das sein? Da war er doch zuletzt 1994.«

»Papa mag es ruhig. Und einen geregelten Ablauf.«

»Stimmt.« Charly nickte entschieden und griff nach dem Handtuch. »Da seid ihr euch ziemlich ähnlich.«

»Das wiederum klingt aus deinem Mund herablassend.«

Ihre Schwester drehte sich von der Spüle weg, die sie natürlich nicht trocken gewischt hatte. Überall waren noch Reste von Schaum. Henriette juckte es in den Fingern, aber sie riss sich zusammen.

»So meine ich es nicht. Ich hab nur nie verstanden, wie

ihr so viel Wert auf Sicherheit legen könnt«, sagte Charly, und Henriette verkniff sich eine Entgegnung, die garantiert beinhaltet hätte: Wie kann man sich in einem derart luftleeren Raum bewegen wie du und sich dabei auch noch wohlfühlen?! »Sicherheit ist eine Illusion«, fuhr ihre Schwester fort. »Und ein goldener Käfig. Ein Haus kaufen, einen Baum pflanzen, Kinder in die Welt setzen ... wozu das alles? Wir haben doch nur dieses eine Leben!«

Sie schien sich richtig in Rage zu reden, während sie fahrig mit dem Handtuch über den Tisch wischte. Henriette überkreuzte die Arme vor der Brust und atmete tief durch. Sie gab sich Mühe, sich von Charlys Worten nicht verletzen zu lassen, die sie ohne weiteres auf die Palme hätten bringen können.

»Ich werde garantiert nicht die vierzig, fünfzig Jahre, die ich noch habe, damit verbringen, irgendwelche Kredite für irgendwelche Doppelhaushälften abzubezahlen«, fuhr Charly im Monolog fort.

»Es ist nichts falsch an einer Doppelhaushälfte«, gab Henriette zu bedenken und fand, dass sie wie ihre eigene Großmutter dabei klang. Es war gruselig, und doch konnte sie nichts anderes sagen, weil sie es nämlich sehr gut nachvollziehen konnte, wenn Menschen einen *normalen* Lebensentwurf hatten und nach einem möglichst ruhigen, sorgenfreien Alltag strebten.

»Ach ja? Warum lebst du dann nicht in einer?« Charly wirbelte zu ihr herum. »Wo ist denn deine ›bessere Hälfte‹?« Sie malte die Gänsefüßchen in die Luft. »Du machst es doch auch anders als der Rest. Du hast keinen Typen, der dich vor den Altar schleift und dir hochbegabte Kinder macht, damit ihr dann bis zur Rente euer Eigenheim abbezahlen könnt.«

Jede Silbe traf Henriette wie ein Messer. Sie hatte das Gefühl, dass sich die Buchstaben wie eine Rasierklinge in die Haut eingruben. Sie wusste, dass die Auseinandersetzungen mit Charly nie unblutig ausgingen – aber heute zog ihre Schwester ganz neue Saiten auf.

»Das lässt du mal alles schön meine Sorge sein«, erwiderte Henriette knapp und versuchte, dabei nicht so gekränkt zu klingen, wie sie sich fühlte.

Charlys Gesicht hellte sich auf. »Wunderbar. Dasselbe gilt für dich. Mein Leben, meine Entscheidungen.« Sie warf das Handtuch achtlos über eine Stuhllehne und fuhr sich durchs lockige Haar. »Und nachdem das jetzt ein für alle Mal geklärt ist, zeige ich dir dein Zimmer.«

Henriette starrte ihrer Schwester hinterher. Immer noch spürte sie die verletzenden Worte, denn auch wenn sie es vor sich selbst nicht zugeben wollte: Sie hatte auch deshalb mit so viel Engagement die Karriere vorangetrieben, weil sie das, was sie eigentlich haben wollte, selbst mit noch so viel gutem Willen, Bauch-weg-Unterhosen und unzähligen Dates nicht bekommen hatte. Einen Mann, der sie liebte. Ein gemütliches Zuhause mit offenen Fenstern im Frühling, lauen Sommernächten auf der Terrasse mit einem Glas Rotwein, müden Netflix-Abenden auf der Couch im Herbst und dicken Daunendecken im Winter. Ein kleines Stück vom Glück. Oder zumindest eben eine Doppelhaushälfte, in der sie sich über die Buchsbaumhecke der Nachbarn oder die herumliegenden Turnbeutel der Kinder ärgern konnte.

Was bestimmt auch an Kai gelegen hatte, einem verheirateten Kollegen, mit dem Henriette über Jahre eine Affäre geführt hatte, auch um sich von der eher mageren Ausbeute auf Tinder und Co. abzulenken.

Kai war ein bisschen älter als sie, hatte im Büro in Berlin gearbeitet und war alle paar Wochen nach Frankfurt in die Zentrale gekommen. Er war seit anno dazumal mit seiner Frau zusammen, die sich aber mehr für die gemeinsamen Kinder als für ihn zu interessieren schien, weshalb Kai Henriette auch ziemlich schöne Augen machte, als sie sich zum ersten Mal begegneten. Obwohl es eigentlich nicht ihre Art war, ließ sich Henriette auf den kleinen Flirt ein und freute sich darüber, wenn er ihr ein Kompliment machte oder etwas zu lange Blicke zuwarf. Und was war schon dabei? Flirten war schließlich kein Kapitalverbrechen.

Nach einer kleinen Feier passierte es dann. Kai und Henriette teilten sich ein Taxi, und als dieses vor Kais Hotel anhielt, fragte er sie geradeheraus: »Oder wir gehen noch zu dir?« Damit fing es an.

Henriette hatte zuerst ein schlechtes Gewissen, immerhin schlief sie mit einem verheirateten Mann, in den sie noch nicht einmal verliebt war, was die Sache moralisch fast noch ein bisschen schwieriger machte. Außerdem wollte sie niemandem etwas wegnehmen. Dann aber sagte Kai mit viel Überzeugung in der Stimme: »Ich werde Moni niemals verlassen, das muss dir klar sein. Trotzdem genieße ich unsere gemeinsamen Stunden sehr.« Damit gab sie sich zufrieden, über viele Jahre, denn im Grunde war das Arrangement mit Kai genau das, was Henriette irgendwie noch in ihr volles Leben reinquetschen konnte: keine Verpflichtung, keine Probleme, nur ein bisschen Nähe und Zärtlichkeit alle paar Wochen. Wer nicht zu nah an sie rankam, konnte sie auch nicht verletzen oder von der Arbeit abhalten, das war ihr Motto. Das einzige Zugeständnis an die Affäre mit dem Kollegen war der Einkaufsbummel, den sie sich von Zeit zu Zeit gönnte und bei dem sie sich von ihrem guten Gehalt hochwertige Dessous oder ein neues Parfüm kaufte. Gegenseitige Geschenke gab es nämlich nie, das war eine unausgesprochene Abmachung zwischen Kai und ihr. Aber diese Schmeicheleien für sich selbst gaben Henriette ein gutes Gefühl. Sie hatte die Kontrolle, verwöhnte sich, tat sich etwas Gutes, ohne dass sie sich von Kai oder seiner Zuneigung abhängig machte.

Das schlechte Gewissen stellte sich nach einigen Monaten von ganz allein ein. Möglicherweise wusste Kais Frau ja sogar von seinen außerehelichen Aktivitäten, war vielleicht sogar erleichtert darüber? Und konnte man jemand anderem überhaupt etwas wegnehmen, was der unter Umständen selbst gar nicht haben wollte?

Henriette musste jetzt, als sie daran dachte, den Kopf über sich schütteln. So was sagte man sich dann wohl, wenn man die Affäre war. Aus heutiger Sicht konnte sie zwar noch nachvollziehen, warum sie sich auf Kai eingelassen hatte, und sie bereute es auch nicht – aber sie würde sicher nicht wieder so handeln. Immerhin, und das war ihr irgendwann aufgegangen, könnte sie selbst einmal diese Moni sein, deren Mann sich in einem anderen Bett herumtrieb. Auch wenn sie von einer Beziehung in den vergangenen Jahren so weit entfernt gewesen war wie von einem Flug zum Mars, sie hatte doch eigentlich höhere moralische Standards.

Egal. Kai war Geschichte, denn vor einem Jahr hatte er die Firma gewechselt und war nicht mehr nach Frankfurt gekommen, womit sich die ganze Angelegenheit in Wohlgefallen aufgelöst hatte. Seitdem war Henriette keinem Mann mehr begegnet, der sie auch nur ansatzweise reizte, von Gefühlen, die sie für ihn entwickelte, gar nicht erst zu sprechen.

»Kommst du? Dein Zimmer wartet, schon vergessen?« Charly stand in der Tür.

Der Konflikt, den sie gerade eben noch geführt hatten, war für sie bereits ad acta gelegt, als ob es ihn nie gegeben hätte, weggewischt wie die Schaumreste, die Henriette nun doch gedankenverloren aus dem Waschbecken spülte. Und wieder war es wie immer. Henriette zerbrach sich den Kopf, und Charly wirbelte einfach weiter.

Es war zum Verrücktwerden.

8

Ein Spaziergang?«

Henriette konnte sich nicht daran erinnern, wann sie das letzte Mal *einfach so* gelaufen war. Allein um des Gehens willen oder weil die Natur so schön war. Mit einem leichten Schaudern erinnerte sie sich an die Spaziergänge, die ihre Mutter ihnen, als sie noch Kinder gewesen waren, ständig aufgehalst hatte, weil sie wollte, dass die Mädchen nicht zu Stubenhockern wurden.

»Ihr dürft noch genug Zeit in geschlossenen Räumen verbringen! Genießt jeden Moment, den ihr an der frischen Luft sein könnt.«

Wenn die Mutter wüsste, zu was für einer Stuben-, nein Bürohockerin ihre Älteste geworden war! Jahreszeiten waren Henriette die meiste Zeit über egal oder maximal ein Ärgernis, weil es wahlweise noch beim Verlassen des Hauses oder bereits lange vor dem Feierabend dunkel war oder weil die Glasfassade des Hochhauses, in dem sich Pflockinger Immobilien befand, im Sommer aufheizte wie ein Gewächshaus in Spanien. Am liebsten war Henriette deshalb der Frühling – nicht zu warm, nicht zu kalt, genug Tageslicht, um auf dem Weg zur Arbeit eine halbe Stunde aus der Tram heraus den blauen Himmel bewundern zu können, aber eben noch nicht so warm, dass man sich ständig dazu verpflichtet fühlte, das gute Wetter ausnutzen zu müssen.

Eigentlich genau wie jetzt gerade. Die Sonne lachte Henriette an, am Horizont waren nur ein paar neckische kleine Wolken zu sehen. Die Luft war angenehm mild, dabei war es schon Mittag. T-Shirt-Wetter. Natürlich besaß Henriette keine T-Shirts, nur ein paar alte zum Schlafen und eines für den Sport, zu dem sie allerdings selten bis nie ging. Ansonsten hatte sie nur Blusen im Schrank. Eine solche hatte sie heute an, immerhin aus Leinen und damit etwas legerer als ihre sonstige Uniform.

Nachdem Charly ihr gestern Abend ihr Zimmer gezeigt hatte, ein gemütlicher Raum mit zimtfarbenen Holzdielen, einem Fenster direkt zum Garten hin und einem bequemen französischen Bett, direkt neben dem anderen Raum im Obergeschoss, in dem Charly ihr Quartier aufgeschlagen hatte, hatte sie ihre wenigen Sachen ausgepackt und sich hingelegt. Henriette war so erschöpft gewesen, dass sie eingenickt war und nicht mitbekommen hatte, wie sich der Tag gen Abend neigte. Als sie erschrocken aus dem Schlaf schreckte, war es bereits 21 Uhr und still im Haus. Charly musste in der Zwischenzeit einmal ins Zimmer gekommen sein, denn neben Henriettes Bett stand ein Teller mit etwas Baguette, verschiedenen Käsestücken und: einer Milchschnitte. Wo Charly die wohl aufgetrieben hatte? Ihre Schwester war wirklich immer für eine Überraschung gut, »normal« war für sie ein Fremdwort. Henriette hatte den Abendsnack genossen, der tatsächlich ausgesprochen köstlich gewesen war. Sie hätte nie gedacht, dass Weißbrot, Brie und ihre gemeinsame Kindheitserinnerung eine so gute Kombination ergaben.

»Es ist so herrlich draußen«, sagte Charly, während sie sich einen Jutebeutel über die Schulter hängte, der wohl eine vernünftige Tasche ersetzen sollte. Auf dem Beutel war etwas aufgedruckt, das Henriette als »DON'T WORRY – BE YONCÉ« entziffern konnte. Dafür war die kleine Schwester im Grunde wirklich zu alt, auch wenn die Form ihres Hinterns und der Spruch ganz gut miteinander korrelierten.

Sie traten aus dem Haus, Henriette ging voran und musste sich die Sonnenbrille aufsetzen, wegen des grellen Lichts. Natürlich hatte sie nicht daran gedacht, eine Gesichtscreme mit UV-Schutz einzupacken … mit dem hellen Teint würde sich das sicher bald rächen.

Sie griff in ihre Ledertasche – viel zu groß, eigentlich, weil sie normalerweise immer den Laptop mit sich herumtrug, aber den hatte man ihr am Donnerstag noch abgenommen, weshalb sie sich gleichermaßen leicht wie nackt fühlte – und zog das Handy heraus. Keine neuen Nachrichten. Na gut, am Sonntag gab es genau genommen nur eine Person, die bei Pflockinger Immobilien arbeitete, und das war Henriette selbst, wenn auch meistens von zu Hause aus. Aber morgen, morgen würden sie sie anrufen! Und dann würde sie nicht drangehen, einfach so, weil sie es konnte. Zumindest für eine Weile. Sie würde sie zappeln lassen. Wenigstens zehn Minuten lang. Oder fünf.

Hinter ihr hörte sie ein Stöhnen. »Pack mal mit an!«, forderte Charly sie auf.

Henriette ließ das Handy in die Tasche fallen und stand etwas ratlos vor dem Rollstuhl. Sie hätte es vor ihrer Schwester oder gar vor Gabriel niemals zugegeben, aber das Ding verunsicherte sie. Noch nie hatte sie jemanden kennengelernt, der im Rollstuhl saß. Sie wusste nicht, wie man sich in Anwesenheit eines Menschen mit Behinderung verhielt.

»Hetty? Steh nicht rum und glotz Löcher in die Luft!«, sagte Charly lachend. »Schieb Gabriel schon mal auf die Straße, ich schließ ab.«

Henriette zögerte, dann nahm sie sich ein Herz und trat um den Rollstuhl herum. Das konnte ja nicht so schwer sein. Sie umfasste die Griffe, sammelte die Kraft und stemmte sich gegen den Rollstuhl. Der kippte prompt nach vorn. Gabriel gab einen glucksenden Laut von sich, krallte sich mit der noch funktionierenden Hand an der Lehne fest und fing dann lauthals zu lachen an, während Henriette den Rollstuhl panisch wieder ins Gleichgewicht brachte.

»Das hat Spaß gemacht!«, sagte er kichernd.

»O mein Gott, es tut mir so leid«, stammelte Henriette und bemerkte, wie ihr die Hitze ins Gesicht stieg. »Ich wollte nicht, ich meine, ich konnte … Das ist mir so unangenehm.«

Charly stand da, die Hände in die Hüften gestemmt, und schüttelte den Kopf. »Du hast die Bremse nicht gelöst.« Sie blickte Gabriel an. »Sollen wir uns von ihr erst mal den Führerschein zeigen lassen?«

Henriette sah von Charly zum alten Mann. »Welchen Führerschein?«

»Na, den Rollstuhlführerschein.« Ihre Schwester blickte sie ernst an. »Du hast doch einen, oder?«

»Äh ... man braucht doch keinen Führerschein, um einen Rollstuhl zu schieben«, erwiderte Henriette, war aber verunsichert. So blöd, wie sie sich gerade angestellt hatte, hielt sie es – auch wenn sie es sich kaum vorstellen konnte – nicht für ausgeschlossen, dass es so was gab. Oder eben nur in Frankreich.

Charly hielt Henriette die offene Handfläche hin. »Ihre Papiere, bitte.«

Henriette kniff die Augen zusammen und fokussierte das Gesicht ihrer Schwester. Um deren Mund kräuselte sich die Haut. Ein eindeutiges Zeichen. »Du nimmst mich auf den Arm.«

»Ja!«, rief Charly und lachte nun genauso laut wie Gabriel, und selbst Henriette fiel mit ein.

»Du Biest.«

»So, nachdem das geklärt wäre«, sagte Charly, als sie endlich wieder zu Luft gekommen war, »machen wir uns mal auf den Weg. Aber den Rollstuhl schiebe ich. Safety first.«

Sie liefen los, über die Steinplatten und den Vorgarten auf die Straße, wandten sich nach links und marschierten den Bürgersteig entlang.

Henriette hätte gern etwas über den kleinen Ort erfahren, in den es ihre Schwester verschlagen hatte. Aber was sollte es über ein so kleines Kaff zu erzählen geben? Dass in Lamotte-Beuvron nicht der Bär steppte, war auch ohne Stadtführung ersichtlich. Im Nullkommanichts waren sie einmal durch die kleine Gemeinde gelaufen und wieder auf dem Marktplatz angekommen, der das Zentrum des Ortes zu sein schien und den Henriette von gestern schon kannte. Sie entdeckte die Boulangerie, den Gemüseladen und das Rathaus, und natürlich auch die Brasserie von Hugo, wie es schien die einzige Gaststätte in Lamotte-Beuvron, vermutlich auch ein Grund, warum man dort stets dieselben Leute traf. François, der Briefeschreiber, saß mit allerlei Papieren vor sich auf der Terrasse an genau dem Tisch, an dem er gestern bereits gekauert hatte, und kritzelte mit Inbrunst auf den Bögen herum. Auf der anderen Seite hockten wieder die zwei älteren Damen mit den motzigen Mienen und unterhielten sich nicht. Immerhin, ein Touristenpaar schien sich nach Lamotte-Beuvron verirrt zu haben, und dessen identische Funktionsoberteile ließen vermuten, dass es sich höchstwahrscheinlich um Deutsche handelte.

Sie schlenderten über den kleinen Marktplatz. Henriette ließ den Blick schweifen und dachte an das Theaterstück, bei dem ihre Schwester mitgespielt hatte. Ob Charly vielleicht Schauspielerin werden wollte? Das wäre natürlich ein Desaster, aber immerhin besser als gar nichts. Schauspieler organisierten sich immerhin in einer Gewerkschaft. Und wenn man das Glück hatte, an einem Stadttheater unter Vertrag genommen zu werden, war man auch abgesichert. Aber Moment mal. Sie würde doch Charlotte nicht ernsthaft vorschlagen, in dem Alter noch eine Ausbildung an einer Schauspielschule zu absolvieren?! Nein. Nein!

Henriettes Blick blieb an dem einzigen Gebäude am Platz hängen, das nicht hübsch hergerichtet wie die anderen wirkte und dessen Ladenlokal im Untergeschoss offenbar leer stand. Die großen Schaufenster waren von innen mit Zeitungspapier beklebt, und der Leuchtreklame über dem Eingang fehlte der Großteil der Buchstaben, so dass man nicht entziffern konnte, welches Geschäft einst dort gewesen war.

Sie nickte in Richtung des Hauses. »Warum steht das leer?«

Gabriel seufzte so tief, dass Henriette befürchtete, er würde nicht mehr einatmen. »Das ist eine lange Geschichte.«

»Gibt es eine Kurzversion?«

Der alte Mann überlegte. Dann sagte er: »Nein.«

Dann eben nicht, dachte Henriette, obwohl sie eine klitzekleine Stimme in sich bemerkte, die es bedauerte. Zu gern hätte sie von Gabriel einen Zeitzeugenbericht erzählt bekommen.

»Im Grunde eine super Lage«, bemerkte Charly und sah sich um. »Hugos Brasserie ist nicht weit, das Rathaus gegenüber ... Wenn in Lamotte-Beuvron, dann hier.«

»Ja, aber *was*?«, wollte Henriette wissen und konnte nichts dagegen tun, dass sie eine spontane Standortanalyse im Kopf durchführte. Berufskrankheit. »Noch ein Restaurant braucht der Ort nicht. Ich schätze, in Lamotte-Beuvron gibt es nicht mehr als fünftausend Einwohner.«

»4751«, korrigierte Gabriel. »Stand Januar 2020, aber das war, bevor die Familie Moreau Vierlinge bekommen hat. Emily, Édouard, Élodie und Edgar. Reizende Kinder, leider sind die Eltern ein wenig, nun ja, wie sagt man das nun freundlich ... speziell. Der Vater ist Arzt, allerdings Naturheilverfahren und Homöopathie, er verschreibt ausschließlich diese Zuckerkügelchen, die man eigentlich besser als Tortenverzierung benutzen sollte.«

»Aha«, sagte Henriette. »Also, dann würde ich vermutlich nicht das Risiko eingehen, hier in direkter Konkurrenz zu Hugo Gastronomie zu eröffnen. Und für einen Supermarkt ist der Laden vermutlich zu klein.«

»Außerdem gibt es einen Super U im nächsten Ort. Unschlagbare Preise«, gab Charly zu bedenken.

Henriette zog die Augenbrauen zusammen. »Aber jedes Mal ins Auto steigen, wenn man am Morgen frische Brötchen haben will oder am Sonntag ein Stück Kuchen, das ist doch nervig. Wenn dem Ort etwas fehlt, dann ist es vermutlich eine Bäckerei.«

Gabriel wiegte langsam den Kopf hin und her. »Es gibt eine kleine Boulangerie in einer Seitenstraße vom Marktplatz. Die machen aber keine Kuchen. Nur Baguette und Croissants.« Er sah aus dem Rollstuhl auf und fokussierte Charly. »So ein Eclair am Nachmittag wäre eine feine Sache.«

Charly leckte sich über die Lippen. »Oder eine Tarte, wenn man selbst mal keine Zeit hat.«

»Kleine Törtchen, gerade als Alleinstehender«, fuhr Gabriel fort. »Da backt man ja eh nicht mehr für sich.«

Henriette nickte nachdenklich. »Vielleicht sogar mit Stehcafé. Kein großer Service, Abholung an der Theke, eine überschaubare Auswahl, wenig Personalkosten, die Miete wird auch nicht die Welt kosten … Ja, ich denke, eine Patisserie wäre genau das, was Lamotte-Beuvron zu seinem Glück fehlt.«

Es wurde still.

Viel zu lange.

Henriette wartete auf eine Zustimmung, möglicherweise sogar ein kleines Lob, weil die Idee gut war. Doch niemand sagte ein Wort.

Irritiert blickte sie zu Charly und Gabriel – und erstarrte. Die beiden sahen sich tief in die Augen. Das Gesicht des alten Mannes hatte einen sehr zufriedenen Ausdruck angenommen, und Charly schien von innen heraus zu leuchten.

»Leute?« Henriette sah von einem zum anderen. »Warum grinst ihr so?«

»›enriette, mit Verlaub, Sie sind genial.« Gabriels Lächeln wurde noch breiter.

»Was? Ich? Nein. Ich hab doch nur vor mich hin gebrabbelt«, beeilte sie sich zu sagen, weil sie ahnte, dass ihr Vorschlag auf einen völlig falschen, wenn auch sehr fruchtbaren Boden gefallen war, nämlich auf den Schnapsideen-Acker ihrer Schwester. »Charly?« Ihre Stimme klang höher als normal, wenn sie es sich recht überlegte, sogar ein bisschen panisch. »Du wirst *keine* Patisserie in diesem Kaff eröffnen.«

Ihre Schwester erwiderte nichts, sondern zog nur sehr langsam eine Augenbraue in die Höhe und grinste spitzbübisch.

»Charly. Hör mir zu. Du hast kein Geld. Und keine Erfahrung. Du kannst noch nicht mal backen.«

»Das kann man doch alles lernen, *ma chère*«, sagte Gabriel leichthin, als ob Henriette davon gesprochen hätte, das Haus vom Nikolaus zu malen, ohne den Stift abzusetzen.

»Geld? Nein, Geld kann Charly nicht lernen. Sie hat eine Allergie gegen Geld und muss es immer so schnell wie möglich wieder ausgeben«, platzte es aus Henriette heraus. Allein die Vorstellung, dass ihre Schwester Buchhaltung führte, eine doppelte sogar, dass sie Belege abheftete, Kalkulationen machte, Miete pünktlich bezahlte, die Einkommenssteuer rechtzeitig meldete, Rücklagen für schlechte Zeiten bildete … Henriette wurde schlecht. »Das ist ein unglaublich schrecklicher Einfall, und ich kann nicht glauben, dass du auf ihn gekommen bist!«, rief sie laut in Richtung ihrer Schwester.

»Falsch.« Charly sah aus, als ob sie sich gleich in einen Pulsar verwandeln würde, ihr inneres Leuchten konnte es jedenfalls locker mit der vom Himmel scheinenden Sonne aufnehmen. »Es war *deine* Idee. Und ich finde sie großartig.«

Henriette lachte wieder auf, und diesmal klang es eindeutig hysterisch. »Ich habe damit doch nicht gemeint, dass *du* eine Patisserie aufmachst!«

»Warum nicht?«

Sie riss die Augen auf. »Welchen der drei Millionen Gründe willst du hören?«

»Keinen.«

»Charly!«

»Das war die beste Berufsberatung, die du mir je untergejubelt hast.«

Gabriel rieb sich nachdenklich die Nase. »Bevor wir etwas überstürzen, solltet ihr vielleicht doch von der Geschichte dieses Ladens erfahren.«

9

GABRIEL

Als ich noch ein kleiner Junge war, gingen meine Mutter und ich jeden zweiten Tag zu Madame Flaubert in den Gemischtwarenladen. Es war das Jahr 1950, die Deutschen waren besiegt, die Jahre der Entbehrung hatten endlich ein Ende gefunden, und das Lächeln kehrte langsam auf das Gesicht der Grande Nation zurück. Ich erinnere mich gut, welche flitterschimmernde Anziehung dieses Geschäft auf mich ausübte, als würde ich Willy Wonkas Schokoladenfabrik betreten, wenn Maman und ich dort aufschlugen. Und das hatte nichts mit dem Geschäft an sich zu tun, nichts mit den hübsch drapierten Marmeladen, die Madame Flaubert nach Ladenschluss in der Küche im Hinterraum einkochte, mit viereckigen Stoffresten und handgeschriebenen Etiketten verzierte und dann fein säuberlich in die Regale stellte. Auch nicht mit den großen Säcken neben der Eingangstür, über der stets ein fröhliches Glöckchen bimmelte, wenn man den Laden betrat oder verließ, in denen Bohnen, Linsen, Reis und andere trockene Lebensmittel lagerten und in die ich mit größtem Vergnügen langsam meine kleinen Finger hineingleiten ließ, wenn Maman und Sélène über das Wetter sprachen oder die schwere Arbeit meines Vaters oder das Sonderangebot der Woche und mich dabei für einen Moment aus den Augen ließen. Nicht einmal Napoléon, der prächtige Kater von Madame Flaubert, mit weißem Fell, schwarz gefärbtem Kopf und so flauschigen, merkwürdig nach unten gekrümmten Ohren, dass man unweigerlich an die Kopfbedeckung des ersten und letzten französischen Kaisers denken musste, war der Grund, warum ich die Einkaufstouren zu Sélène liebte. Oder die Tatsache, dass ich immer ein Stückchen Wurst, eine Scheibe Käse oder ein Zuckerstück von ihr bekam, wenn wir den Laden nach einer guten Viertelstunde wieder verließen, wobei ich mir stets ausgesprochen viel Zeit bei der Beantwortung der Frage ließ, die sie mir jedes Mal stellte: »Gabriel, mein Schatz, was darf es denn für dich heute sein?«

Dann überlegte ich. Nicht, weil ich nicht wusste, was ich haben wollte, sondern einzig und allein, weil ich das unabwendbare Verlassen des Ladens bis zur letzten Sekunde hinauszögern wollte und weil ich es – das muss ich in aller Eitelkeit zugeben – genoss, im Fokus ihrer Aufmerksamkeit zu stehen.

Denn alles, wonach ich mich verzehrte, was ich begehrte, was ich liebte, selbst mit meinen fünf Jahren, war sie, Sélène Flaubert. Besser gesagt: ihre nachtblasse, silbrig schimmernde Aura.

Nie zuvor und nur einige ausgesuchte Male danach ist mir eine Frau wie Sélène begegnet. Erst Jahre später, ich schlenderte in Paris über den berühmten Marché Dauphine mitten im Markt Puces de Saint-Ouen, ließ meine Augen über die alten Deckel der zum Verkauf angebotenen Bücher wandern und las die eingravierten Titel, da fiel mir ein Name auf: Franz

Grillparzer. Ich zog das Buch, es war eine Gedichtsammlung, links die deutsche Fassung, rechts die französische Übersetzung, heraus, öffnete es an einer beliebigen Stelle und las:

Sanft im Silberglanze schwebest
Du so still durchs Wolkenmeer,
Und durch deinen Blick belebest
Du die Gegend rings umher.

Augenblicklich war sie wieder da, die Erinnerung an Sélène Flaubert, die, genau wie der vom deutschen Dichter besungene Mond, mit einem einzigen Blick aus ihren blaugrauen, frühfrostfahlen Augen dafür sorgen konnte, dass einem fünf-, später auch zwölfjährigen Bengel ganz warm ums Herz wurde.

Sie war schmal, die Gesichtszüge fein ziseliert, das blonde, beinahe weißliche Haar stets zu einem unordentlichen Knoten hochgebunden, einige Strähnen lösten sich immer daraus und umspielten den zarten Kieferknochen. Ihre Haut war rein wie Porzellan, die Schlüsselbeine elegant und zierlich, und wenn sie nicht hinter einer Theke gestanden und eine Schürze getragen hätte, wenn ihre Hände nicht unentwegt in Bewegung gewesen wären, weil sie Lebensmittel ein- und auspackte, Münzen abzählte, Papiertüten mit Kirschen, Kastanien oder den von mir schon erwähnten trockenen Bohnen befüllte, man hätte sie für eine Figur aus einem Roman des vorangegangenen Jahrhunderts halten können, nicht für eine Krämerin.

Eines Tages, ich muss fünfzehn gewesen sein, und meine Bewunderung für Sélène Flaubert hielt bereits seit einer

Dekade an, unabhängig davon, dass den Kameradinnen in meiner Klasse mittlerweile kleine Hügel auf dem Brustkorb gewachsen waren und mir Mireille Debois vor einer Woche sogar ein Zettelchen zugesteckt hatte, auf dem sie mich fragte, ob ich mit ihr bei Gelegenheit einen Spaziergang zum kleinen Weiher machen wolle (ich ließ die Frage unbeantwortet, mit schlechtem Gewissen zwar, aber in meinen romantischen Gedanken war kein Platz für Mireille), schickte mich meine Mutter wieder einmal zum Gemischtwarenladen von Sélène. Sie wollte Crèpes Suzette machen, hatte aber keine Orange mehr im Haus. Ich, der die Orange selbstverständlich selbst gegessen hatte, als ich erfahren hatte, was es zu Mittag geben sollte, nur um eine weitere Gelegenheit zu finden, meiner Angebeteten wieder nah zu sein, flitzte los und erreichte den Laden, kurz bevor Sélène die Tür zur Mittagsruhe verschloss.

»Ah, Gabriel. Hat deine Mutter etwas vergessen? Komm rein, chéri«, sagte sie mit lieblicher Stimme, und ich rann dahin wie die Butter, die meine Mutter in einer halben Stunde in der gusseisernen Pfanne auf dem Herd schmelzen würde.

»Orangen«, japste ich, denn auch wenn ich des Abends seitenweise Abhandlungen über die Schönheit und Grazie von Sélène verfassen konnte, wenn mir die Worte nie ausgingen, sobald ich anfing, auf dem Papier meine Schwärmereien für sie festzuhalten: In der tatsächlichen Gegenwart von Madame Flaubert war ich derart maulfaul, dass sie mich für einen Flegel halten musste.

Sie (die Souveränität in Person) ließ mich (kurzatmig und mit weichen Knien) in das Geschäft und verschloss die Tür hinter uns, was meinen Puls noch ein wenig schneller schlagen ließ. Dann zwinkerte sie mir zu, lief zu den Obstkörben und nahm zwei Orangen prüfend in die Hände. Sie drückte ein wenig auf der Oberfläche herum, so dass mir allein beim Anblick ganz heiß und kalt wurde, und schnupperte an der Frucht, die sie in der Linken hielt.

»Die hier ist gut.«

Sélène drehte sich zu mir um, streckte den linken Arm aus und hielt mir die Orange hin, dabei sah sie mir mit einem derart eindringlichen Ausdruck in den Augen ins Gesicht, dass ich spürte, wie das Blut in meine Wangen schoss.

Ich konnte den Blick nicht von ihr nehmen. Die Orange war zur Nebensache geworden, meine Finger bewegten sich in Zeitlupe auf Sélènes Hand zu, brannten und kribbelten bereits vor Erwartung, ihre Haut jeden Moment zu berühren. In meinem Mund wurde es staubtrocken, meine Zunge fühlte sich wie ein totes Tier an, unfähig, sich zu bewegen, erstarrt in der dunklen Höhle, die einmal mein Mund gewesen war.

In diesem Augenblick, als ich die Berührung unserer Finger schon zu spüren meinte, als meine Hand wie die des Adams im berühmten Gemälde Michelangelos nur Millimeter von der meiner Göttin entfernt war, fragte Sélène plötzlich: »Wann kommt eigentlich dein Vater zurück? Ist er nicht auf Geschäftsreise?«

Ich erstarrte. Unsere Finger schwebten in der Luft, allein mein Arm fühlte sich mit einem Mal bleischwer an. Jeder in Lamotte-Beuvron wusste, dass Monsieur Flaubert nicht aus dem Krieg heimgekommen war und Sélène sich keinen neuen Mann gesucht hatte. Zumindest nicht offiziell. Denn nicht nur einmal hatte ich meine Mutter mit der Nachbarin schwatzen hören, dass das Gerücht die Runde mache,

Madame Flaubert halte sich einen Liebhaber, einen verheirateten Mann, einen Familienvater, seit Jahren schon. Er liege ihr zu Füßen, heiße es, küsse den Boden, auf dem sie wandele, habe ihr schon dutzendfach angeboten, seine Gattin, einen reizlosen Knochen, für sie zu verlassen, aber Sélène wolle seit Jahr und Tag nichts davon hören und ließe den armen Mann am langen Arm verhungern, der liebestoll und gramgebeugt seitdem nach jedem Krümel schnappe, dem sie ihm vor die Füße warf.

Dieser Mann war also mein Vater? Ich suchte gute Argumente dagegen, fand jedoch nicht ein einziges. Aber wie heißt es so schön? Es bleibt in der Familie.

Für mehrere Wochen war ich nicht imstande, Madame Flauberts Geschäft zu betreten. Was ich jedoch durchaus noch zustande brachte – angetrieben vom lodernden Feuer der Eifersucht und der irrationalen Hoffnung, ich möge mich geirrt haben – , war die lückenlose Überwachung des Ladenlokals samt der Wohnung im Stockwerk darüber. Nach einer Woche hatte ich eine Vermutung, nach zwei Wochen Gewissheit. Mein Vater arbeitete von Montag bis Freitag in einer Anwaltskanzlei in Paris, zumindest ließ er uns das glauben. In Wahrheit kam er schon am Donnerstagabend nach Lamotte-Beuvron zurück, immer erst nach Einbruch der Dunkelheit, stellte den Wagen am Ortsrand ab und huschte im Schutz der Nacht durch Nebenstraßen bis zum Marktplatz. Er schlüpfte durch die Tür in den Innenhof, klopfte das geheime Signal (zweimal kurz, dreimal lang) und blieb bis zum nächsten Morgen bei Sélène. Einmal – der Mond, welch Ironie, stand günstig – konnte ich sogar ihre Silhouetten im Fenster sehen, wurde Zeuge, wie mein Vater seinen Kopf nach unten beugte und eine der herrlichen kleinen Brüste von Madame Flaubert mit dem Mund liebkoste.

In dieser Nacht fand ich nicht in den Schlaf. Einerseits, weil mein gebrochenes Herz zu einem Klagegesang angestimmt hatte, andererseits, weil meine Gedanken Karussell fuhren und ich nicht aufhören konnte, an Sélènes Brüste zu denken. Man möge mir das verzeihen, ich war fünfzehn Jahre alt und hatte gerade herausgefunden, dass mein Vater mit der Frau schlief, die ich seit zehn Jahren wie von Sinnen liebte.

Ich sage es, wie es ist: Nach der Schlappe mit Sélène fiel es mir ausgesprochen schwer, mich wieder auf die Liebe einzulassen. Meine Ex-Frau war, wenn man es genau nimmt, eine Art emotionaler Kompromiss zwischen »angenehm bis heiter in der Gesellschaft« und »wird mir niemals so wichtig sein, dass sie mir das Herz bricht«, aber selbst darin sollte ich mich täuschen, vielleicht auch deshalb, weil sich in zwischenmenschlichen Beziehungen nun mal keine Wahrscheinlichkeiten berechnen lassen, und ein Leben mit Marianne bis zum Tod hatte ich vor unserer Hochzeit mit soliden 83 Prozent beziffert, was mehr als genug war, um es vor den Altar mit ihr zu schaffen. Nicht wissend, dass nur ein einziger Zahnarzt mit Handicap ausreichen kann, um jede Hochrechnung ad absurdum zu führen.

Sélènes Laden betrat ich für eine lange Zeit nicht mehr. Beinahe befreit fühlte ich mich, als ich zum Studieren nach Orléans ging, zum einen, weil ich damit nicht mehr in die Verlegenheit kam, meiner Mutter irgendwelche Gründe aufzutischen, warum ich heute leider keine Besorgungen für sie erledigen konnte, zum anderen, weil mir die seit Anbeginn der Zeit lieblose Ehe meiner Eltern nach der Erkenntnis, dass mein Vater nicht treu war, nur noch wie eine Farce vorkam.

Als ich nach dem dritten Studienjahr nach Hause kam und durch Lamotte-Beuvron schlenderte, bemerkte ich, als ich am Marktplatz ankam, dass Sélènes Laden verschlossen war. Mehr als das, die Auslage im Schaufenster wirkte ein wenig eingestaubt, einige Kartoffeln in einem der Körbe, die ich im hinteren Teil erhaschen konnte, hatten bereits Triebe gebildet.

»Was ist mit dem Laden von Madame Flaubert?«, fragte ich meine Mutter, als ich kurz darauf zu Hause eintraf.

»Die ist abgehauen«, erwiderte Maman kurz angebunden, ohne den Blick von den Birnen zu nehmen, die sie gerade für eine Tarte schälte. »Hat einen reichen Knacker aus Nizza kennengelernt und den Laden dichtgemacht. Zumindest erzählt man sich das.«

Ich war wie vom Donner gerührt. Denn auch wenn ich Sélène Flaubert seit Jahren nicht mehr gegenübergetreten war, spürte ich sofort einen schmerzhaften Stich im Herzen. Mit Mathematik, vor allem Stochastik, kannte ich mich mittlerweile aus, und mir war bewusst, wie hoch die Wahrscheinlichkeit war, dass Sélène nach Lamotte-Beuvron zurückkehrte, wenn sie eine sattschimmernde Zukunft an der Côte d'Azur haben konnte (weniger als 5,3 Prozent), wo sie den Geliebten nicht mitten in der Nacht treffen musste, sondern von einem ehrbaren Mann auf der Promenade des Anglais ausgeführt wurde.

Und noch etwas muss ich gestehen: Ich war erleichtert. Nicht wegen der Ehe meiner Eltern, die war mir, man möge es mir verdenken, herzlich egal, auch mit wie vielen Frauen mein Vater verkehrte oder ob meine Mutter davon wusste, das war nicht meine Sache. Aber ich spürte einen Stein der Last von meinem Herzen fallen, da Sélène endlich kein Teil meines Lebens mehr war.

Von nun an kam ich wieder häufiger nach Lamotte-Beuvron, um meine Eltern zu besuchen, vorrangig meine Mutter, da mein Vater nun noch seltener nach Hause kam. Er blieb in Paris, erst ein paar Wochen, dann einen ganzen Monat, schob die Arbeit vor, einen wichtigen Prozess, noch mehr Arbeit, und eines Tages bekam meine Mutter einen Anruf, ihr werter Gatte sei während einer Verhandlung zusammengebrochen, man habe versucht, ihn wiederzubeleben, aber leider, da könnte man nichts machen, so sei das Leben, viel Glück, Madame, und unser aufrichtiges Beileid.

Er war an gebrochenem Herzen gestorben. Dessen war ich mir sicher. Ansonsten ließ mich sein Tod erschreckend kalt. Nicht weil ich herzlos bin oder ein undankbarer Sohn war, sondern weil ich meinen Vater, wie so viele Kinder meiner Generation, im Großen und Ganzen nur vom Hörensagen kannte und recht wenig Erinnerungen mit ihm verband. Außerdem kommt man als Erwachsener in der Regel irgendwann in die Verlegenheit, seine eigenen Eltern begraben zu müssen.

Ich war inzwischen Mitte zwanzig geworden, es muss der Beginn der 1970er Jahre gewesen sein, mein Studium war beendet, und ich suchte eine Anstellung. Eigentlich hatte ich vorgehabt, eine Karriere an der Universität anzustreben, sogar eine Doktorandenstelle war mir bereits in die Hand versprochen worden. Dann allerdings lernte ich über verschlungene und heute kaum mehr nachzuvollziehende Wege Igor kennen, einen Russen, der im ganzen Land Pferderennen organisierte und einen Buchmacher suchte. Ich hatte nie viel mit Sport am Hut, war Zeit meines Lebens eher von schmächtiger Statur, was mich vermutlich zu einem guten Jockey gemacht hätte, aber das Universum hatte anderes mit mir vor. Es schickte mir den Russen mit einem obszön dicken Gehaltsscheck vorbei, mit dem er mir vor der Nase herumwedelte, so dass ich die Moneten beinahe riechen konnte. Als Nebenbemerkung sei mir gestattet: Geld stinkt viel weniger, als die meisten Leute denken, häufig duftet Reichtum sogar sehr exklusiv, wenn auch ein wenig aufdringlich, nach Chanel No. 5, frischen Lilien oder gerade aufgetragenem Honigwachs, doch man gewöhnt sich erstaunlich gut daran.

Ich ließ meine Karriere in staubigen Lehrsälen mit klebrigem Boden, verwitterten Fenstern und maßlos gelangweilten Studenten sausen und wurde Buchmacher. Den lieben langen Tag konnte ich mich nun mit Wahrscheinlichkeiten und Quoten beschäftigen, was mir sehr zupasskam, zumal ich in der zwischenmenschlichen Kommunikation noch nie brilliert hatte. Da die meisten Pferdewetten an Wochenenden stattfanden und häufig meine Anwesenheit erforderten, hatte ich von Montag bis Mittwoch häufig frei und verbrachte die Tage bei meiner Mutter in Lamotte-Beuvron.

So bekam ich auch mit, dass Sélènes verwaister Laden acht oder neun Jahre nach der überstürzten Abreise (die Kartoffeln hatte man, Gott sei Dank, mittlerweile aus dem Geschäft entfernt) einen neuen Mieter fand. Er hieß Aurel und roch nach Patschuli, davon abgesehen machte er einen guten Eindruck. Aurel hatte jahrelang überall auf der Welt gelebt und sich nun dazu entschlossen, ein Café in Lamotte-Beuvron zu eröffnen, weil er, wie er mir bei einem zufälligen

Besuch auf seiner Baustelle erzählte, in Indien eine Vision gehabt habe, in der ihm ein Geist erschienen sei. Dieser Geist hatte ihm in recht eindeutigen Worten mitgeteilt, dass Aurel zurück in sein Heimatland fahren solle, um Cafébesitzer zu werden, aber weil der Geist keine Adresse mitgegeben hatte, war Aurel eben gezwungen gewesen, sich einen beliebigen Ort auszusuchen. Das tat er nicht irgendwie, sondern indem er eine große Frankreichkarte und einen Dartpfeil nahm, sich die Augen verband und den Pfeil blind auf die Karte warf. Er traf Lamotte-Beuvron.

Ich verrate nicht zu viel, wenn ich sage, dass Aurels Geschäftskonzept selbst für die siebziger Jahre ein bisschen zu radikal war. Jedenfalls für die französische Pampa. Obwohl seine Samosas und Currys hervorragend schmeckten, verirrte sich kaum ein Bewohner des Ortes in das kleine Café, vor allem deshalb, weil Aurel fröhlich erzählte, dass ihm jeden zweiten Abend sein Geist erschien und ihm verkündete, was er am nächsten Tag zum Mittagstisch zubereiten solle. Der Franzose an sich neigt ja ein wenig zur Starrköpfigkeit, vor allem in kulinarischen Angelegenheiten, und nur ausgesprochen ungern lässt er sich von transzendenten Untoten sagen, was er sich einverleiben soll. Dass Aurel zudem mit fortschreitendem Alter auch tagsüber mit seinem Geist sprach, machte die Sache nicht unbedingt besser. Ich weiß aus erster Hand, welche Konversationen zwischen Aurel und Didi, dem Geist, stattfanden, denn da meine Mutter mittlerweile verstorben war, ließen Marianne und ich ihn am Ende seiner Zeit zum Freundschaftspreis in der Mansarde unter dem Dach wohnen, und so hatte ich mehr Kontakt zu ihm, als mir zuweilen lieb war.

Trotz seiner hervorragenden Kochkünste, die Kunden blieben aus, man erzählte sich – und zwar nicht hinter vorgehaltener Hand, sondern weitestgehend unverblümt –, Aurel habe einen Sockenschuss, und nach fünfzehn Jahren, in denen der arme Mann seine gesamten Ersparnisse und einen Großteil seiner geistigen Gesundheit in das Café gesteckt hatte, musste er von seinen letzten Franc auf einem Maulesel zurück nach Bombay reiten.

Das war natürlich Unsinn. Marianne und ich bezahlten ihm das Ticket, nicht mit dem Flugzeug, sondern dem Zug, und auch nicht nach Bombay, sondern nach Perpignan, wo er sich irgendeiner Sekte anschloss und bis zum Ende seiner Tage Mantras sang.

Wir waren Aurel und Didi los, und wieder stand das Geschäft leer. Die Einwohner von Lamotte-Beuvron atmeten auf, auch weil sie dabei keinen Räucherstäbchenduft mehr einatmeten. Als wenige Jahre später die Frau des beliebten, aber leider kürzlich verstorbenen Bürgermeisters, Madame Petit, auf die Idee kam, eine Suppenküche in den verwaisten Räumlichkeiten zu eröffnen, stieß ihr Vorschlag auf viel Gegenliebe. Alle packten mit an, das Café von Aurel binnen einer Woche in eine Art improvisierten Versammlungsraum mit großer Küche zu verwandeln, doch bei aller Begeisterung, eines hatte Madame Petit nicht bedacht: In unserer Gemeinde gab es so gut wie keine Bedürftigen. Und so saß sie nun also da, umgeben von den riesigen Suppentöpfen, die sie Tag für Tag mit Hilfe von Lebensmittelspenden befüllte, und wartete auf Kundschaft. Da ich Mitleid mit ihr hatte, schaute ich, so oft es ging, bei ihr vorbei, um zu essen, was mir jedoch zwei Probleme gleichzeitig bescherte. Denn im

Gegensatz zu Aurel konnte Madame Petit kein bisschen kochen, und im Gegensatz zu Madame Petit freute sich meine Ehefrau Marianne kein bisschen darüber, dass ich mehrmals die Woche ihre teutonische Hausmannskost verschmähte, um mir den erbärmlichen Fraß einer anderen einzuverleiben. Am Ende hatte ich ein Magengeschwür mehr und eine Ehefrau weniger, aber immerhin wurde ich das Magengeschwür beinahe genauso schnell los wie Marianne.

Nach einem Jahr beschloss Madame Petit, dass sie der Wohltätigkeit genug geleistet hatte. Sie verkaufte das Haus in Lamotte-Beuvron und erwarb eine Immobilie auf Korsika, wo sie, wenn ich mich recht erinnere, bis heute lebt und die Suppen versalzt.

Das Schicksal des Ladengeschäfts am Marktplatz, das schon durch so manche Hände gegangen ist, begleitet mich also, wenn man es genau nimmt, schon seit vielen Jahren und hat mir die eine oder andere emotionale Achterbahnfahrt beschert, sei es durch die lumineszierende Sélène Flaubert, den menükochenden Geist Didi oder Madame Petit, der es sogar gelang, Nudelwasser anbrennen zu lassen, und die mich – wenn auch im ganz unerotischen Sinn – unter anderem meine Ehe kostete. Was läge also näher, als den Kreis zu schließen, indem ich die traumsatte und herbstgoldene Charlotte in ihrem Vorhaben unterstütze, und sei es nur, um sie noch einen Wimpernschlag länger in meinem Leben zu behalten, bevor sich der Vorhang ein letztes Mal für mich schließt?

10

Henriette ließ mit einem satten Klatschen den nassen Lappen in die Spüle fallen und rief zum vermutlich einhundertsten Mal seit gestern: »Das ist die blödeste Idee, die ich je gehört habe!«

Eigentlich hätte sie heute Morgen in den Zug zurück nach Paris und weiter nach Frankfurt steigen wollen, auch deshalb, weil sich die Firma garantiert jeden Moment melden würde und ihr Typ verlangt wurde. Allein: Ihr Handy schwieg beharrlich. Und noch schlimmer: Sie konnte Charly und Gabriel mit diesem hirnverbrannten Einfall unmöglich allein lassen. Die zwei waren wie Kinder, die man mit einer Streichholzschachtel, einer Flasche Terpentin und jeder Menge Anmachholz allein in eine Bibliothek schickte. Nur Unsinn im Kopf!

»Ihr könnt doch keine Patisserie eröffnen.«

»Und warum nicht?«, wollte Charly lapidar wissen, die Gabriel gerade die Haare schnitt. Unnötig zu erwähnen, dass sie nie eine Frisörausbildung genossen hatte oder zu wissen schien, was sie da tat. Der alte Mann sah auf jeden Fall aus wie ein gerupftes Huhn, doch sein seliger Gesichtsausdruck sprach Bände. Er genoss die Behandlung sichtlich, auch wenn sie ihm ästhetisch keinen Gefallen tat.

»Charlotte«, sagte Henriette bestimmt, und wie immer, wenn sie streng klingen wollte, nannte sie die Jüngere beim richtigen Vornamen. »Ich sage es noch mal, du kannst nicht backen.«

»Und ich bleibe dabei: Das kann man lernen.« Charly klippte mit der Schere und säbelte Gabriel eine Haarsträhne ab. Viel zu kurz, der kümmerliche Rest stand kerzengerade vom Kopf ab.

»Wie Haare schneiden«, murmelte Gabriel mit geschlossenen Augen, was angesichts des Massakers auf seinem Schädel vielleicht auch besser war.

»Und wann willst du das tun? Zwischen der Unterzeichnung des Mietvertrags und der Renovierung der Bruchbude?« Henriette schnaufte, drehte sich wieder zur Spüle um und stemmte die Hände in die Hüften. »Charly, das ist nicht so leicht. Was glaubst du, warum Menschen Berufsausbildungen in Anspruch nehmen? Weil sie nichts Besseres zu tun haben?«

Charly, die die Fähigkeit, unangenehme Themen einfach an sich vorbeischwimmen zu lassen, in Perfektion beherrschte, nahm einen Kamm und striegelte Gabriels Haare einmal quer über den Kopf. Es wurde immer schlimmer. »Stell dir mal vor, Gabriel, unser eigener Laden. Ich kann den Duft von frischem Kuchen schon riechen.«

»Und Kaffee. Gutem Kaffee. Wir brauchen dann so eine tolle Espressomaschine aus Italien«, schlug er vor.

Henriette musste sich für einen Moment auf einen der Stühle setzen, weil ihr schwindelig wurde. Sie war am Abend zuvor erst spät eingeschlafen, weil Kündigung (in

Frankfurt) und Neueröffnung (in Lamotte-Beuvron) in ihrem Kopf Tischtennis gespielt hatten. »Ihr habt keine Erfahrung. Ihr braucht doch ... Zertifikate! Versicherungen.« Sie musterte das Ergebnis von Charlys Haarschneidekünsten auf Gabriels Kopf. Es kribbelte sie in den Fingern, der Schwester die Schere aus der Hand zu reißen und zu retten, was noch zu retten war. »*Vor allem* Versicherungen. Und einen Finanzplan.«

»Ach, Hetty, du und dein Papierkram.« Ihre Schwester lachte. »Ein Jodeldiplom an der Wand macht doch keine bessere Bäckerin aus mir.«

»Aber eine bessere Jodlerin, und damit hättest du im Zweifelsfall mehr Erfolg als mit einer Patisserie.«

Charly trat einen Schritt vom Rollstuhl zurück und betrachtete ihr Werk. »Ich glaube, so kann das bleiben. Fühlst du dich wohl?«

»Sehr wohl, meine Liebe«, antwortete Gabriel, der sich noch nicht einmal im Spiegel angeschaut hatte.

Henriette zögerte noch einen Moment, dann sprang sie vom Stuhl auf und schob Charly beiseite. »Gib mal die Schere. Er sieht aus, als wäre er mit dem besoffenen Edward mit den Scherenhänden im Fahrstuhl eingesperrt gewesen.«

Charly machte sich offenbar nichts aus der Kritik, sondern ließ sich auf Henriettes frei gewordenen Stuhl sinken und legte die Füße auf den Tisch.

Wie bei Hempels, dachte Henriette, schwieg aber geflissentlich. Dann betrachtete sie das, was Charly von Gabriels Frisur übrig gelassen hatte. So konnte man den armen Mann ja nicht in die Öffentlichkeit schicken.

»Charly, ich will dir nicht zu nahe treten, aber ich halte es für keine gute Idee, wenn du ein Geschäft führst. Du kennst dich mit Buchhaltung doch gar nicht aus ...«

»Das übernehme ich«, meldete sich Gabriel zu Wort und hielt die gesunde Hand in die Höhe.

Henriette biss sich auf die Lippe. Eine unausgebildete und noch dazu völlig unerfahrene Tortenbäcker-Adjutantin und ihr halbseitig gelähmter Buchhalter. Wenn die Vorstellung nicht so komisch gewesen wäre, Henriette wäre glatt in Tränen ausgebrochen.

»Schreibst du ihr auch den Finanzplan?«, lenkte sie auf ein anderes, aber nicht eben unwichtigeres Thema ab. »Und gehst mit zur Bank, um einen Kredit zu beantragen? Oder gar für sie zu bürgen?«

»Kredit?« Charly machte große Augen.

»Hast du dir die Bruchbude mal angesehen? Das sind vorneweg 150 000 Euro, die du nur für die Renovierung einplanen musst. Und dann hast du noch keine Einrichtung, keine Geräte, keine Gewerbeanmeldung, keine Backzutaten, kein Personal, kein Wasser, keinen Strom ...«

Charly legte den Kopf schief. »Gabriel, hast du auch das Gefühl, sie will uns das ausreden?«

»Das ist nicht nur ein Gefühl, Charly, das ist meine erklärte Absicht!« Henriette fuhr mit dem Kamm durch Gabriels Haare und zog erst mal einen Scheitel. Dann kämmte sie die unterschiedlich langen Haare nach links und rechts. Ordnung musste sein. »Kalkuliere lieber mal 200 000 Euro ein. Oder 250 000, um auf Nummer sicher zu gehen. Bei alten Immobilien bekommt man immer ein paar Überraschungen gratis dazu.«

»Du kennst dich aus, oder?«, wollte Gabriel wissen, der die Augen schon wieder geschlossen hatte. Vermutlich würde er gleich wieder wegdämmern wie gestern erst wieder, als er ihnen eigentlich die Geschichte des Ladens hatte erzählen wollen, aber wie jedes Mal nach seiner großen Ankündigung in einem Tagtraum verschüttgegangen war.

»Henriette arbeitet für eine Baufirma«, erklärte Charly. »Oder so was Ähnliches.«

»Wir sind ein deutschlandweit agierendes Unternehmen, das neuen Wohnraum im urbanen Gebiet realisiert«, leierte Henriette den Spruch von Pflockinger Immobilien herunter, wobei sie beim »Wir« einen kleinen Stich verspürte. Warum riefen die Idioten nicht endlich an? Sie hatte mit niemandem eine Übergabe gemacht, bevor sie das Büro am Donnerstag verlassen hatte, keiner wusste, was der Stand der Dinge in Pflockinger seniors Kalender war ... und erst recht nicht, welche Projekte anstanden, welche Meetings anberaumt, welche Mitarbeiter gefeuert und neu eingestellt werden mussten. Wie konnten die sich noch nicht bei ihr gemeldet haben?! Die innere Unruhe wurde so groß, dass sie etwas zu beherzt mit der Schere klapperte und dabei eine der Strähnen schief abschnitt. Auch schon egal.

»Dann kannst du doch den Finanzplan für uns machen«, schlug Charly vor, schnappte sich einen Apfel aus der Schale auf dem Tisch und biss hinein.

Henriette sah ihre Schwester an. »Charlotte, ein Finanzplan allein bringt noch keinen Geldsegen. Wo nimmst du die Kohle her?«

Charly zuckte mit den Schultern. »Das findet sich schon.«

»Wo denn bitte? In einem Topf am Ende des Regenbogens?« Jetzt wurde Henriette doch wütend. »Wach mal auf! Die Welt da draußen hat nichts zu verschenken. Alles, wirklich alles, erfordert harte Arbeit und Ehrgeiz. Es gibt nichts umsonst.«

»Das stimmt doch gar nicht. Liebe ist umsonst. Und Freundschaft.« Charly zwinkerte Gabriel zu.

»Eine Stunde an der Sonne«, fügte der hinzu. »Und eine Partie Rommé im Garten. Und«, er zwinkerte Charly zu, »ein Haarschnitt von zwei jungen Damen.«

»Nicht zu vergessen: mit beiden Füßen gleichzeitig in eine Pfütze springen.«

»Oder die große Zehe ins Meer hängen.« Gabriel lachte und wackelte mit dem Kopf, so dass Henriette im letzten Moment die Schere wegziehen musste.

»Habt ihr schon mal erlebt, dass sich die Miete oder die Kreditraten bezahlen, weil man die große Zehe ins Meer hängt?«, wollte sie wissen. »Oder weil man in eine Pfütze gesprungen ist?« Sie knallte die Schere auf den Tisch. »Gib es endlich zu, Charly, das ist eine Träumerei, eine Schnapsidee, hirnverbrannter Mist, aber doch nicht dein Ernst.«

»Warum nicht?« Charly guckte Henriette ruhig an, während sie weiter am Apfel mümmelte. »Alle großen Ideen klangen am Anfang wie hirnverbrannter Mist.«

»Die Reise zum Mond«, mischte Gabriel sich ungefragt ein.

»Oder Harry Potter«, sagte Charly.

»Ach, komm.« Henriette war drauf und dran, aus der Küche zu stürmen. Aber warum spielte sie eigentlich gerade den Advocatus Diaboli? Das war doch gar nicht ihre Aufgabe, schon lange nicht mehr. Charlotte war alt genug. Wenn sie sich eine Absage bei der Bank abholen wollte, wenn sie von anderen hören wollte, dass sie für eine Patisserie aus einer Vielzahl an Gründen nicht die Richtige war, dann war das doch nicht Henriettes Problem.

Also sagte sie: »Schön. Nehmen wir einmal an, ich erstelle einen Finanzplan für Renovierung, Anschaffung, Material und alles, was nötig ist. Und nehmen wir weiter an, wir finden eine Bank, die verrückt genug ist, euch das Geld zu leihen. Wie geht es dann weiter?«

»Wir renovieren und eröffnen.« Charly legte den fast aufgegessenen Apfel auf den Tisch und leckte sich die Finger ab. »Die Kunden kommen dann schon. Lamotte-Beuvron ist so klein, das spricht sich schnell rum.«

»Und Personal?«

»Ach, am Anfang kommen wir bestimmt auch allein klar.«

»Du und …« Henriette legte den Kopf schief und blinzelte in Richtung des Rollstuhls. »… Gabriel?«

»Nee. Ich, Gabriel und du.«

»Ich?! Nein. Ich reise wieder ab. Morgen. Ich muss arbeiten. Ich habe nämlich eine richtige Arbeit. Eine, mit der man wirklich Geld verdient«, sagte Henriette, obwohl das eigentlich nicht stimmte, im Grunde aber doch, immerhin war sie nach wie vor bei Pflockinger Immobilien angestellt, wenn auch nur noch bis zum Ende des Monats und bis dahin von allen Pflichten entbunden.

»Kannst du nicht noch ein bisschen länger bleiben?«, nörgelte Charly. »Bis zur Eröffnung?«

»Bedaure.« Henriette fuhr Gabriel mit der Hand durch die Haare. Er sah aus, als wäre er mit einem Rasenmäher kollidiert.

»Na gut. Dann finden wir jemand anderen.« Charly wirkte ein wenig traurig, doch so plötzlich, wie ihre Miene dunkel geworden war, hellte sie auch wieder auf. »Aber das wird schon. Wer will nicht in einer Patisserie arbeiten?«

Ich, dachte Henriette. Ich will zurück in mein Büro, wo ich genau weiß, wo alle Stifte und Post-it-Zettel liegen, wo ich die Aktenrücken nach Alphabet sortieren und in Ruhe meiner Arbeit nachgehen kann. Blöd nur, dass sie kein Büro mehr hatte.

»Na schön«, lenkte sie sich vom eigenen Dilemma ab, das sie in Kürze zu lösen gedachte. »Nehmen wir an, ihr habt einen wasserfesten Finanzplan, bekommt einen Kredit, den ihr in diesem Leben noch zurückbezahlen könnt, findet Handwerker, die euch den alten Laden in wenigen Wochen renovieren, richtet ein und eröffnet … es bleibt ein Problem, und das löst ihr nicht mit Pfützenspringen und Zehe-ins-Meer-Tauchen.«

»Man kann jedes Problem lösen«, sagte Charly fröhlich.

»Herausforderungen heißen Probleme heute«, merkte Gabriel an. »Das klingt doch auch viel freundlicher.«

Henriette atmete tief durch. Ruhig bleiben. »Diese Herausforderung hat es in sich, Leute.«

Charly sah sie an. »Und was soll das sein?«

»Ihr kennt niemanden, der dir, liebe Charlotte, innerhalb weniger Tage beibringen kann, wie man französische Patisserie herstellt.«

Charly schürzte die Lippen.

Henriette dachte: Na endlich.

In diesem Moment hob Gabriel den linken Zeigefinger.

»Das ist nicht ganz richtig.«

11

GABRIEL

Ich war exakt 62 Jahre, acht Monate und siebzehn Tage alt, als ich erfuhr, dass ich einen Verwandten habe, dem ich noch nie zuvor begegnet war.

Meine Familie ist nicht groß. Das liegt einerseits daran, dass die Fortpflanzung uns nicht in die Wiege gelegt worden ist. Weder meine Mutter noch mein Vater hatten Geschwister, und auch auf mich mussten sie viele Jahre warten, so dass sie die Hoffnung auf ein Kind im Grunde schon begraben hatten, als Maman eines Morgens vor dem Badezimmerspiegel völlig überrascht bemerkte, dass ihre Brüste angeschwollen waren und ihr Bauch eine kleine, aber merkliche Wölbung nach außen aufwies. Das liegt andererseits aber auch daran, dass mein Vater Anwalt war und es sich im Laufe seines Lebens zur Aufgabe gemacht hatte, jeden noch so weit entfernten Verwandten aufzufinden, sich mit ihm oder ihr zunächst anzufreunden und sich nach einiger Zeit vor Gericht um etwas zu streiten. Ein Château, das angeblich mal einem Urahn gehört hatte, ein eingestaubter Adelstitel, den er mit Hilfe des Gerichts zu seinem alleinigen Hab und Gut erklären lassen wollte (wie sich später herausstellte, war der Titel so viel wert wie ein Bogen Toilettenpapier, da in den Irrungen des 2. Napoleonischen Krieges unrechtmäßig angeeignet), aber auch diverse Erbschaftsangelegenheiten, die den reinen Sachwert des angeblichen Familienerbstücks um ein Hundertfaches überstiegen. Kurzum: Mein Vater war ein streitsüchtiger Mann, weshalb es auch keine große Überraschung war, dass Sélène Flaubert sich für den Gentleman aus Nizza entschied, anstatt ihr Leben in Lamotte-Beuvron als die Geliebte eines zweitklassigen Winkeladvokaten zu verbringen, der mit Vorliebe die eigene Familie vor Gericht zerrte.

Das Glück, von meinem Vater übersehen zu werden, hatte allerdings eine Großcousine von ihm. Capucine hatte ihren Namen schon immer gehasst, weil er zum einen sehr selten war und sie zum anderen an ein Kraut erinnerte, das sie nicht leiden konnte. Sie stammte aus Nancy und arbeitete als Kindermädchen bei feinen Leuten aus dem Elsass, die noch vor Ausbruch des Ersten Weltkriegs die Chance ergriffen, in die Vereinigten Staaten von Amerika zu emigrieren, und das tüchtige Kindermädchen kurzerhand mitnahmen. In Amerika büßte Capucine zuerst den Vornamen ein, denn im Land der unbegrenzten Möglichkeiten war kein Mensch in der Lage, ihren Namen vernünftig auszusprechen, und sie wollte dazugehören. Aus Capucine wurde Nancy, nicht weil sie Nancy sonderlich schön fand, sondern weil sie wusste, dass man ihn sich würde merken können, und weil er sie, nun ja, zumindest ein bisschen an die Heimat erinnerte, die sie in den dunklen Stunden der Nacht, in der alle Gedanken schwarz sind, manchmal vermisste.

Nancy lebte an der Westküste, genauer gesagt in einem Vorort von Los Angeles, und kümmerte sich um die Kinder des elsässischen Ehepaars, unterrichtete sie in ihrer Muttersprache, brachte ihnen Tischmanieren bei und sang mit ihnen die Marseillaise. Ihr Leben war gut und sehr amerikanisch, aber in den 1920er Jahren gab es Schlechteres auf der Welt, als unter der Sonne Kaliforniens zu leben. Vermutlich wäre es noch eine ganze Weile so weitergegangen, wenn Nancy nicht im Herbst 1928 Alfred Pearson kennengelernt hätte. Alfred war von Beruf Sohn und hatte zwar einiges auf dem Kerbholz, wenn auch nicht viel auf dem Kasten, sah man von einigen Millionen ab, die sein Vater an der Börse gemacht hatte. Doch er war überaus charismatisch und unterhaltsam und wusste, wie man die Damen um den Finger wickelte, und so kam es, wie es kommen musste: Nancy verliebte sich in ihn. Glücklicherweise war sie mit einigen, sagen wir, ästhetisch vorteilhaften Attributen ausgestattet und sprach exzellentes Englisch, so dass Alfreds Vater keine große Sache daraus machte, seinen Sohn das Kindermädchen aus Frankreich heiraten zu lassen. Nur eines wollte er von den beiden Turteltäubchen: eine zwölfmonatige Verlobungszeit, um sich einander wirklich sicher zu sein und um die Charakterstärke seines Sohnes zu testen, der sich bereits früh den Ruf eines Gigolos erarbeitet hatte.

Die Hochzeit war auf den 26. Oktober 1929 angesetzt, und es hätte nicht viel gefehlt, und mein juristisch bewanderter Vater hätte vielleicht wirklich einen Grund gehabt, seine Fühler über den großen Teich auszustrecken und nach vermögenden Verwandten zu suchen, die er um ein paar Dollars erleichtern konnte. Nur kam ihm – und ganz Amerika – der Schwarze Freitag dazwischen, und zwar am 25. Oktober, einen Tag vor der Hochzeit, zu der mehr als dreihundert Gäste geladen waren, so gut wie alle vonseiten der Pearsons. Dieser Tag, der die Börse in den Staaten binnen weniger Stunden pulverisierte, löste nicht nur eine Krise im ganzen Land aus, die über Jahre dauern sollte, sie machte aus den millionenschweren Pearsons im Handumdrehen bettelarme Schlucker. Was dazu führte, dass die im Nullkommanichts das Land verließen und mit dem letzten Geld, das sie aus dem übereilten Verkauf einiger Schmuckstücke und Kunstwerke erwirtschaftet hatten, nach Argentinien verschwanden. Nancy, die sich nicht vorstellen konnte, im sowohl geographisch wie auch kulturell weit entfernten Südamerika als Frau eines Gauchos auf einer Ranch im Nirgendwo zu leben, entschied, dass ihre Liebe zu Alfred nicht groß genug war, um ihn auf die Flucht vor den Gläubigern zu begleiten, und löste die Verbindung auf, was nicht nur Pearson senior, sondern auch Alfred recht zu sein schien. Sie stand am Hafen von Los Angeles, winkte dem großen Passagierschiff hinterher, das gerade abgelegt hatte, und wog sich in der Gewissheit, dass das Leben ihr schon einen Wink geben würde, wohin die Reise ging. Keine fünf Minuten später spürte sie ein ungewohntes Ziehen im Unterleib, und einen Monat danach war es nicht mehr zu verleugnen: Sie war schwanger von Alfred Pearson, einem nunmehr mittellosen Rosenkavalier, der sich irgendwo in Argentinien befand. Da sie wusste, wie groß dieses Argentinien war und wie klein die Chance, Alfred dort aufzuspüren und ihm von dem gemeinsamen Kind zu erzählen – auch in der Hoffnung, dass er die Verantwortung übernehmen würde, und sei es noch so unwahrscheinlich –, beschloss sie, sich gar nicht erst auf die Suche zu machen, sondern die Sache allein durchzuziehen.

Natürlich verlor sie die Anstellung, denn ein Kindermädchen mit dickem Bauch, aber ohne Ehemann oder wenigstens Verlobten, das war 1930 sogar im liberalen Kalifornien ein Skandal. Sie zog in ein Zimmer bei einer Witwe, der sie fortan den Haushalt machte und die so taub war, dass sie das Geschrei des Neugeborenen nicht störte. Der Junge, Valentin, war ein süßer kleiner Wonneproppen, der alle guten Eigenschaften seiner Eltern vereinte: Er war schön und klug wie seine Mutter, aber charmant und kurzweilig wie Alfred und wuchs zu einem stattlichen jungen Mann heran, der seine Mutter auf Händen trug, die Highschool mit Bestnoten absolvierte, ein Stipendium für eine gute Universität ergatterte und schließlich Medizin studierte. Die Frauen lagen ihm zu Füßen, wenn auch nur beruflich, da er sich auf Frauenheilkunde spezialisiert hatte, doch Valentin war ohnehin zu sehr auf seine Karriere fokussiert, um sich ernsthaft auf eine Freundin oder gar Ehefrau einzulassen. Außerdem hatte er das Gefühl, dass es die eine Frau, diese Seelenverwandte, den Menschen, der für ihn gemacht war, nicht gab, zumindest war er niemals auch nur einer einzigen Frau begegnet, die etwas in ihm entfachte. Und so gab sich Valentin mit der Tatsache ab, dass er eben ein ewiger Junggeselle bleiben würde, der mit seiner Mutter zusammen in einer friedlichen Koexistenz lebte und seinen weiblichen Patientinnen zwar stets sehr nah kam, aber eben nie jemanden fand, der ihn wirklich berührte.

Ende der 1960er Jahre, Valentin war gerade 38 geworden, erfüllte er seiner Mutter den größten Wunsch, die vor ihrem Tod, den sie langsam nahen spürte, noch einmal nach Frankreich reisen wollte. Valentin buchte für sich und seine Maman, die mittlerweile über 70 war, Flugtickets nach Paris und fand ein hübsches Hotel im Marais, wo er zwei Zimmer für sie beide reservierte.

Dann entdeckten sie Paris. Und wie sie es entdeckten. Valentin kam aus dem Staunen gar nicht mehr heraus. Er war Kalifornien gewohnt, Sonne und Strand, Glanz und Glamour, aber auch eine unendliche Armut, miese Diner und Risse im Asphalt der breiten Highways. Aber Paris! Dieses Paris, es zog ihn vollständig in den Bann. Die kleinen Gassen, die großen Avenues, der Louvre, der Eiffelturm, Sacré-Coeur, die Galeries Lafayette, Bistros, Patisserien, alte Buchläden, Flohmärkte, Secondhandgeschäfte, und die Frauen ... Sie ließen ihn sprachlos dastehen. In Kalifornien waren die Mädchen blond, braun gebrannt und laut. Die Französinnen indes waren brünett, zierlich gebaut und elegant. Sie trugen schmale Hosen, die an den schlanken Fesseln endeten, oder flatternde Sommerkleider, die ihre Figur betonten. Valentin, der zwar sehr gut aussah, aber auch nie zu den athletischsten unter der Sonne gehört hatte, war im Himmel. Jeden Tag verliebte er sich in eine andere Schönheit, und am Ende der Woche in Paris wusste er nicht mehr, wo oben und unten war. Sie reisten weiter, nach Nancy, natürlich, aber auch ins Elsass und an die französische Riviera, und spätestens als sie in der Provence in der Nähe von Orange in einem kleinen Dorf auf einem Hügel in einem Restaurant saßen, über dessen Terrasse der Goldregen hing und sein Duft sich mit dem köstlichen Geruch der in Speck angebratenen Bohnen vermischte, da wusste Valentin: Ich gehöre hierher.

Nach drei Wochen flogen sie zurück nach Kalifornien, das Valentin mit einem Mal viel zu laut, viel zu grell und viel zu ordinär vorkam. Es war, als wäre er von Frankreich, dem Land seiner Mutter, wachgeküsst worden, und nun litt er an einem schrecklichen Liebeskummer, einer schier unerträglichen Sehnsucht, einem unstillbaren Fern-, nein: Heimweh, weil er alles an diesem Land vermisste. Es dauerte sechs Monate, bis seine Ausbildung aus Amerika anerkannt wurde, und noch einmal drei, bis er sein Visum bekam. Und dann, ein Jahr nach seinem ersten und einzigen Besuch in Frankreich, saß er wieder in einem Flugzeug, aber diesmal hatte er nur ein einfaches Ticket gebucht. Seine Mutter, die im letzten Jahr drastisch abgebaut hatte, begleitete ihn, sollte jedoch nicht mehr erleben, wie er in einem Vorort von Paris zuerst eine Stelle in einer gynäkologischen Praxis und dann ein kleines Haus fand, wie er Lorraine kennenlernte, die bezaubernde Grundschullehrerin, die wegen anhaltenden Unterleibsschmerzen zu Valentins großer Freude mehrfach untersucht werden musste, wie er Lorraine nach ihrer Genesung (sie litt an einer hartnäckigen Gastritis, die mit entsprechenden Medikamenten und einer fleischlosen Diät aber bald schon verschwunden war) zuerst um ein Rendezvous und vier Monate später um ihre Hand bat, wie sie kurz darauf im Winter heirateten und die Flitterwochen in der Bretagne verbrachten. Nancy verpasste auch, als sechs Jahre später der Enkelsohn Julien auf die Welt kam, ein Einzelkind, wie üblich in meiner Familie, wie Julien sich bereits im jungen Alter für alles begeisterte, was aus Zucker, Butter und Sahne hergestellt werden konnte und folgerichtig mit achtzehn nach Paris ging, um dort eine Ausbildung an einer der renommiertesten Patisserie-Schulen des Landes zu absolvieren. Sie bekam nicht mehr mit, wie Julien im Beruf des Patissiers in den ersten Jahren auf- und zehn Jahre später beinahe daran einging, weil die Bezahlung in der Hauptstadt so bescheiden und die Anforderungen derart gewaltig waren. Obwohl Julien an sechs Tagen der Woche arbeitete, bereits morgens um fünf in der Backstube stand und an nationalen Wettbewerben teilnahm, reichte das Geld kaum zum Leben. Als er dreißig war, brach er über einem Millefeuille zusammen und beschloss: Es ist genug. Er hing seinen geliebten Beruf an den Nagel und sattelte um, wurde Lehrer an einer Schule für Hauswirtschaft und brachte fortan jungen Menschen bei, wie man die perfekten Madeleines herstellt, welche Temperatur Butter haben muss, wenn man sie in den idealen Blätterteig verwandeln will, welchen Reifegrad Pflaumen haben müssen, die in der Tarte zum genau richtigen Zeitpunkt mit dem Zucker zu einem karamellisierten Traum verschmelzen sollen.

Ich hätte niemals von Julien erfahren müssen. Da ich von seiner Existenz keine Ahnung hatte, habe ich nicht nach ihm gesucht, genauso wenig wie nach Valentin, der im Alter von 74 in den Armen seiner geliebten Lorraine nach kurzer, aber heftiger Krankheit verstarb und mit einem Lächeln auf den Lippen diese Welt verließ.

Valentin hinterließ kein großes Vermögen, aber eine Anweisung in seinem Testament: Beerdigt mich dort, wo meine Maman geboren wurde.

Also machte sich Julien auf den Weg nach Nancy, um herauszufinden, wo genau seine Großmutter, die er nie kennengelernt hatte, geboren worden war. Im Bürgermeisteramt traf er auf Madame Selma, eine unverheiratete dickliche Dame mit Perlenkette am Brillengestell, die den Tagen bis zur Berentung mit einem Abreißkalender entgegenfieberte. Obwohl sie den Beruf nicht sonderlich zu mögen schien – alle Naslang kamen Leute herein und bestellten das Aufgebot oder meldeten die Geburt ihrer Kinder an, und das, obwohl Selma in 62 Jahren nicht einmal einen Verlobten gehabt hatte –, etwas an Julien, den der Tod seines Vaters immer noch mitnahm, rührte sie, weshalb sie es sich nicht nehmen ließ, eine Sonderanfrage im Personenstandsregister durchzuführen und dem überraschten Julien nur fünf Minuten später zu berichten, dass es durchaus weitere Verwandte in seiner Familie gebe. Genau genommen einen. Einen gewissen Gabriel Fournier, wohnhaft in der Rue des Roses 7 in Lamotte-Beuvron, einen weit entfernten Onkel oder Großcousin x-ten Grades, so genau konnte es selbst Selma, die auf familiäre Angelegenheiten spezialisiert war, nicht sagen.

Und so kam es, dass es eines Tages an meiner Tür klopfte und ich erfuhr, dass ich eben doch nicht der Letzte meiner vom Aussterben bedrohten Art war, sondern einen Neffen oder Großcousin x-ten Grades hatte, der seitdem alles ist, was ich meine Familie nenne.

12

Henriette beugte sich ganz nah an Gabriel heran und beobachtete seine Gesichtszüge. »Er ist schon wieder weg.«

Charly zuckte mit den Schultern. »Lass ihn.«

»Ja, aber er wollte uns doch etwas erzählen?« Henriette gab sich Mühe, die Stimme ebenfalls gesenkt zu halten, hatte jedoch Schwierigkeiten damit, weil ihr leises Sprechen zum einen nicht im Blut lag und sie zum anderen wirklich gern gewusst hätte, welche weitere irre Idee Gabriel in Bezug auf das wahnsinnige Patisserie-Projekt verkünden würde.

Sie seufzte, schüttelte den Kopf und überlegte gerade, welches Argument sie als Nächstes auf den Tisch bringen könnte, um Charly das Vorhaben auszureden, da hörte sie plötzlich ein schrilles Geräusch. Henriette zuckte zusammen, Gabriel blinzelte und öffnete die Augen, Charly warf ihr einen vorwurfsvollen Blick zu.

»Mein Handy!«, rief Henriette entzückt und sprang vom Stuhl auf. Na endlich. Die hatten sich aber lange Zeit gelassen. Von Donnerstagnachmittag bis Montagfrüh, immerhin, das musste sie eingestehen, die Leistung war beachtlich.

Sie hastete in den Flur, griff nach ihrer Tasche und zog das Smartphone heraus. Und tatsächlich, auf dem Display stand die Nummer der Firma. Henriette nahm Haltung an, drückte die Schultern durch und hielt sich das Handy ans Ohr. Betont lässig sagte sie: »Ja?«

»Guten Tag, Frau Süßkind. Mein Name ist Yvonne Wondrasch, ich bin die Assistentin von Herrn Pflockinger.«

Beinahe wäre ihr das Smartphone aus der Hand gefallen. *Sie* war die Assistentin von Herrn Pflockinger. Sie, Henriette Süßkind … nicht Yvonne Werauchimmer. Was sollte der Quatsch?

»Frau Süßkind, sind Sie noch dran?«

»Äh, ja«, stammelte Henriette.

»Wunderbar. Ich wollte Ihre Adresse abfragen. Für die Kündigung.«

»Die … Kündigung?« In Henriettes Kopf rotierten die Gedanken. Seit Tagen wartete sie nun darauf, dass man sie darum bat, wieder an den Arbeitsplatz zurückzukehren und ihren gottverdammten Job zu machen, und jetzt rief diese infame Person an und wollte wissen, wo Henriette gern die Kündigung hingeschickt bekommen wollte?

»Genau. Sie sind ja seit Donnerstag freigestellt, und nun würden wir gern fristgerecht zum Ende des Monats die Kündigung an Sie versenden. Wir wollen fair sein, Frau Süßkind, damit Sie möglichst bald beim Arbeitsamt vorstellig werden können.«

Täuschte Henriette sich, oder hörte sie ein süffisantes Lächeln in der Stimme am anderen Ende der Leitung? Sie musste sich am Türrahmen festhalten.

Die Frau sprach weiter, fragte die Adresse ab, die Henriette bestätigte, betäubt, verstört, es kam ihr vor, als hätte ihre Seele den eigenen Körper verlassen. Die meinten das ernst. Pflockinger Immobilien warf sie wirklich raus. Ihr fehlten die Worte.

Yvonne Wondrasch aber nicht. »Gut, dann lasse ich die Kündigung per Kurier an Sie rausgehen, damit Sie vor Monatsende noch bei Ihnen ankommt. Viel Glück, Frau Süßkind.« Ohne eine Entgegnung abzuwarten, legte sie auf.

Henriette nahm ein Rauschen im Innenohr wahr. Sie ließ das Smartphone langsam sinken und steckte es, in Gedanken ganz woanders, in die Tasche zurück. Sie hatten sie wirklich gekündigt. Und noch schlimmer, sie hatten sie bereits ersetzt durch eine Frau, die als eine der ersten Amtshandlungen Henriette vor die Tür setzte. Das war schlimmer als die Kündigung an sich. Das war Hochverrat.

»Alles okay? Du siehst aus, als hättest du eine richtig schlechte Nachricht bekommen.« Charly legte den Kopf schief und musterte ihre Schwester.

»Nein, alles gut. Nur eine Sache von der ... Arbeit.« Henriette atmete tief in den Bauch ein und drückte die Tränen zurück, die sich in ihren Augen sammelten. Was sollte sie denn jetzt tun? Wo sollte sie hin? Sie spürte Panik in sich aufsteigen. Die ganzen laufenden Kosten, die nicht gerade günstige Wohnung, zu allem Überfluss auch noch eine Immobilie der Firma, die monatlichen Ausgaben ... Wie viel Geld bekam man eigentlich vom Arbeitsamt? Würde es reichen? Musste sie an die Ersparnisse ran? Aber die waren doch für wirklich schlechte Zeiten gedacht. Nicht für ... na gut. Vielleicht brachen diese schlechten Zeiten genau jetzt an.

Ihr Herz schlug schneller, die Hände wurden feucht, und sie befürchtete, gleich zusammenzubrechen. Diesen Zustand kannte sie nicht, was passierte gerade mit ihr? Sie hatte das Gefühl, völlig die Kontrolle zu verlieren.

»Hetty? Was ist denn los?« Charly war vom Stuhl aufgestanden und auf Henriette zugeeilt, aber bevor sie sie erreichen konnte, rief eine Stimme aus der Küche: »Julien!«

Gleichzeitig wirbelten die Schwestern herum.

»Wer ist denn Julien?«, wollte Henriette wissen, auch weil sie dankbar war, um die Beantwortung von Charlys Frage herumgekommen zu sein.

»Mein ... Neffe. Oder so was in der Art«, erklärte Gabriel, aber Henriette verstand nur Bahnhof.

»So was in der Art?« Sie wusste nicht, was sie von der Bezeichnung halten sollte.

»Ach, von dem hast du schon erzählt.« Charly nickte und lief zurück an den Küchentisch zu Gabriel. »Der Lehrer?«

»Ja, der Lehrer. Und ...« Gabriel hob den Zeigefinger. »... Patissier.«

Scheiße, dachte Henriette.

»Phantastisch!«, stieß Charly jubelnd aus. »Kann er mir das Backen beibringen?«

Gabriel grinste breit. »Da bin ich mir ganz sicher. Ich ruf ihn gleich mal an. Charlotte, kannst du mir das Telefon bringen?«

Während Charly davonwuselte und dem alten Mann ein schnurloses Telefon in die Küche brachte, blieb Henriette an der Unterlippe nagend im Türrahmen stehen. Sie versuchte, einen kühlen Kopf zu bewahren, denn auch wenn sie gerade einen Anruf aus der Hölle bekommen hatte, war ihr klar, dass zu diesem Zeitpunkt ein anderes Feuer gelöscht werden musste, das noch klein genug war, um es im Keim zu ersticken: Sie konnte ihre Schwester mit diesem verrückten Einfall unmöglich alleinlassen. Charly konnte nicht backen, aber viel schlimmer war, dass sie sich auch nie an irgendein Rezept hielt, geschweige denn andere Anweisungen befolgte. Sie war eine großartige Köchin, weil sie die verrücktesten Zutaten miteinander kombinierte, ohne Rücksicht auf Verluste, Konventionen oder Geschmacksnerven, und das Ergebnis war fast immer vorzüglich. Weil einem die Gerichte, die man kochte, aber auch viel verziehen. Man konnte nachwürzen, das Ganze etwas länger köcheln lassen oder am Ende alles mit Käse überbacken, im Grunde war es beinahe unmöglich, am Herd so richtig danebenzugreifen. Beim Backen war es aber anders. Da hatte man keine Möglichkeit, den Teig noch zu verbessern, wenn er erst mal im Ofen gelandet war. Es sei denn, man tunkte alles danach in so viel Schokolade, dass es quasi wie mit Käse überbacken war. Wenn Henriette allein daran dachte, wie ausgesprochen kompliziert die Herstellung dieser Macarons war. Man brauchte 36 Gramm Eiweiß für ein Blech. 36 Gramm, das wusste sie, weil sie sich tatsächlich einmal an den Dingern versucht hatte, zum Zehnjährigen bei Pflockinger. Am Ende, als sie die vierte Ladung völlig in sich zusammengesunkener, oblatendicker Macarons in den Müll befördert hatte, hatte sie Donuts im Coffeeshop unten an der Ecke mitgenommen. Nicht halb so köstlich und tanzend auf den Geschmacksnerven wie diese französischen Baiserwunder, die einen, besonders wenn sie noch ganz frisch waren, mit ihrer zarten und zerbrechlichen Kruste und der, je nach Vorliebe, fruchtigen oder schokoladigen Füllung, in ganz andere Sphären katapultieren konnten. Es war einfach grotesk, sich vorzustellen, wie Charly, bei der es in der Küche immer aussah, als hätte eine Bombe eingeschlagen, die munter Zutaten austauschte, wenn sie sie gerade nicht zu Hause hatte, Mehl mit Haferflocken ersetzte, vier Paprika weniger und einen halben Rotwein mehr in ein Ratatouille hineingab oder kurzfristig beschloss, den Milchreis mit Risottokörnern aufzustocken, auch nur ein schnödes Grundrezept aus einem Backbuch zustande bringen sollte. Henriette war sich sicher, dass Charly, der eigentlich alles leicht von der Hand ging, in dieser Disziplin völlig versagen würde.

Gleichzeitig beschlich sie eine grauenvolle Ahnung. Wenn ihre Schwester an Messbecher, Mehlsieb und Tarteform nun doch ein klitzekleines bisschen begabter war, als Henriette dachte, dann würde es ihr auch irgendwie gelingen, diese Patisserie zu eröffnen. Und das musste Henriette verhindern, egal wie, denn es wäre Charlys finanzieller Untergang. Henriette musste der Schwester diese Schnapsidee ausreden, oder noch besser, diesen Julien, so er sich denn wirklich Zeit für dieses Himmelfahrtskommando nahm, darin bestärken, wenn er Charly ihre Unfähigkeit bestätigte. Im Grunde tat sie ihrer Schwester damit ja sogar einen Gefallen, wenn sie verhinderte, dass die sich bis ans Lebensende verschuldete. Und in Frankfurt brauchte man Henriette offenbar eh gerade nicht. Da hatte man sie aussortiert wie einen alten Regenschirm, also könnte sie auch noch zwei, drei Tage länger in Lamotte-Beuvron bleiben und dafür sorgen, dass das Leben von Charly nicht komplett vor die Hunde ging. Als gute Tat, quasi.

Im Hintergrund hörte sie, dass Gabriel mit jemandem auf Französisch sprach, sie bekam aber nur Wortfetzen mit, die sie kaum verstand. Also traf sie eine Abmachung mit sich selbst: Wenn dieser Neffe – oder was auch immer er war – wirklich nach Lamotte-Beuvron kam, um ihrer Schwester das Backen beizubringen, dann würde Henriette hier sein und dafür sorgen, dass der Traum schneller zerplatzte als die Oberfläche von Baisers, wenn sie im Ofen zu nah an den Heizstäben positioniert waren. Und wenn Julien, weil er ein vernunftbegabter Mensch war, der Besseres zu tun hatte, ablehnte, würde sie morgen in den Zug steigen, nach Frankfurt fahren und sich einen Job suchen, der noch viel besser war als der bei Pflockinger Immobilien.

Gerade als Henriette sich selbst das Versprechen abnahm, bemerkte sie, dass Gabriel das Gespräch beendet hatte.

»Es sind gerade Sommerferien«, erklärte er feierlich. »Und Julien hat Zeit. Er kommt Mitte der Woche nach Lamotte-Beuvron.«

*

Sie erwachte von einem aufgeregten Klopfen. Henriette hatte sich nach dem Anruf dieser Frau Wondrasch und der fürchterlichen Neuigkeit, dass Julien, der Bäcker, in Kürze von Paris nach Lamotte-Beuvron reisen würde, um seinen Onkel, Großcousin oder was auch immer sowie die Schwester bei ihrem Plan, eine Patisserie zu eröffnen, zu unterstützen, schlagartig gefühlt, als habe ihr jemand den Stecker gezogen. Eine bleierne Müdigkeit hatte sie übermannt, und sie wäre beinahe an den Türrahmen gelehnt eingeschlafen. Erschöpft hatte sie Charly noch zugeraunt: »Ich muss mich mal kurz hinlegen.« Dann war sie in das Zimmer im ersten Stock getorkelt, hatte sich aufs Bett gelegt und war in derselben Sekunde eingeschlafen, in der ihr Kopf das Kissen berührte.

»Hetty! Bist du wach?« Charly stand neben dem Bett und rüttelte sie an der Schulter.

»Jetzt ja«, gab Henriette grunzend von sich. Sie hatte keine Ahnung, wie lange sie geschlafen hatte, aber im Traum hatte sie Schwarzwälder Kirschtorten auf Hans Pflockinger geworfen, der in einen Pranger eingesperrt gewesen war und die ganze Zeit »Zwei Apfelsinen im Haar« von France Gall gesungen hatte. Sie gähnte ausgiebig und rieb sich die Augen.

»Wir haben tolle Neuigkeiten«, rief Charly begeistert und ließ sich auf der Bettkante nieder.

»Julien hat doch keine Zeit?«, schlug Henriette vor, der in diesem Augenblick die ganze Schnapsidee wieder einfiel, auf die ihre Schwester und Gabriel gekommen waren.

Oder nein: die sie höchstpersönlich, Henriette, durch einen unaufmerksamen Moment in den Köpfen dieser beiden Chaoten eingepflanzt hatte. Die Reue überrollte sie wie eine Tsunamiwelle.

»Nein, Quatsch. Julien kommt, er freut sich.«

»Toll«, murmelte Henriette.

»Aber Gabriel und ich haben gerade mit dem Bürgermeister gesprochen. Das ist ein alter Schulfreund von Gabriel, ist das nicht ein Zufall?«

So langsam, aber sicher glaubte Henriette nicht mehr an Zufälle. Das war doch nicht zu glauben! Wenn sie in der Funktion als Assistentin des CEOs eines großen Immobilienunternehmens einen Termin bei einem Bürgermeister in einer x-beliebigen deutschen Stadt vereinbaren wollte, musste sie Monate warten und sich dabei wie jemand von einer Drückerkolonne fühlen. Aber wenn Gabriel und Charly einen heißen Draht zu Entscheidungsträgern brauchten, musste der alte Herr nur sein Adressbuch aufschlagen.

»Hm«, meinte sie grunzend, auch weil sie sich nicht anmerken lassen wollte, dass ihr die Ungerechtigkeit nicht entgangen war.

»Und jetzt stell dir vor, wir bekommen den Schlüssel.« Charly riss die Augen auf und grinste breit.

»Den Schlüssel?« Henriette schwante Grässliches.

»Für den Laden. Gabriel hat erfahren, dass das Gebäude seit einigen Jahren wieder im Besitz der Gemeinde ist. Einige Jahre nach dem Weggang der letzten Betreiberin, die dadrin so was wie eine Suppenküche hatte, hat der Inhaber der Immobilie der Gemeinde angeboten, das Haus zum Schnäppchenpreis zu kaufen. Und das hat die Gemeinde dann auch gemacht.«

Henriette setzte sich im Bett auf und strich sich die Haare aus dem Gesicht. »Hör mal, Charly. Wir sollten uns wirklich noch mal über diesen Einfall unterhalten. Er ist hirnrissig.«

»Im Gegenteil, er ist brillant. Das war wirklich ein großartiger Vorschlag von dir«, wischte Charly Henriettes Einwand beiseite. »Und ich kann mir das schon richtig gut vorstellen. Der Duft von frischgebackenen Croissants. Das Brummen der italienischen Kaffeemaschine. Sonnenlicht, das durch große Fensterscheiben … «

»Stopp!« Henriette hob die Hand und hielt sie sich als Nächstes an den Kopf. Die Worte ihrer Schwester, die den Ohrwurm von France Gall inzwischen verdrängt hatten, verursachten Schmerzen, als würde eine betrunkene Ente auf sie einhacken. »Bitte, hör auf damit. Ich kann mir das nicht anhören.«

Ihre Schwester legte den Kopf schief. »Hetty, eine Patisserie ist genau das, was der Ort braucht.«

»Von mir aus. Aber doch nicht von dir und Gabriel betrieben!«

»Deswegen sollst du ja hierbleiben.«

Es war zum Verrücktwerden. »Schmink es dir ab.« Henriette gab sich Mühe, so entschieden und ernst wie möglich zu klingen. »Am besten alles. Dieses ganze wahnsinnige Unterfangen.«

Charly drehte sich eine ihrer Locken genüsslich um den Finger und schlug sich anschließend auf die Oberschenkel. »Ich glaube, ich weiß, was dich überzeugen könnte.«

Henriette verdrehte die Augen. »Das ist einfach. Dein Einsehen.«

Ihre Schwester schmunzelte. »Nein. Der Laden.«

»Vergiss es. Ich setze keinen Fuß da rein!«

»Oh doch. Du bist nämlich die Expertin für Immobilien.«

»Und ich bin die Expertin für Rentabilität, und diese Patisserie ist ein Schuss in den Ofen«, sagte Henriette streng.

Charly erhob sich. »Du hast die Wahl. Entweder Gabriel und ich schauen uns das Geschäft heute Nachmittag allein an. Oder du kommst mit und nutzt die Chance, an einer richtig großen Sache mitzuwirken.«

Henriette hätte am liebsten zu weinen angefangen. Die Wahrheit war nämlich eine andere. Entweder sie blockierte die Besichtigung, und ihre Schwester würde ohne Sinn und Verstand über Wandfarben und Dekoartikel nachdenken, statt die Bude auf Bausubstanz und Renovierungsstand zu prüfen. Oder sie käme mit und hätte so vielleicht noch den Hauch einer Chance, Charly die Sache mit schlagenden Argumenten auszureden.

Im Grunde hatte sie also gar keine Wahl. Oh, wie sehr sie den Tag verfluchte, an dem sie den Fuß in diesen Ort gesetzt hatte!

13

Das Erste, was sie in dem verwaisten Laden am Marktplatz zu sehen bekamen, war die Staubwolke, die aufgewirbelt wurde, als Charly die Tür des Ladens aufstieß. Henriette musste husten und wedelte mit der Hand vor dem Gesicht herum.

»Ach du Scheiße«, sagte sie stöhnend, wobei eine weitere Ladung Staub in ihrer Kehle landete. »Wie lange war hier niemand mehr drin?«

»Etwa siebenundzwanzig Jahre«, mutmaßte Gabriel.

»Ich spüre eine total gute Energie!« Charly drehte sich einmal im Kreis, mit ausgebreiteten Armen – wie eine Prinzessin, die zum ersten Mal ihr eigenes Schloss betrat.

Es roch muffig in dem leeren Geschäft, was kein Wunder war, da es seit Jahrzehnten leer stand. Durch die geöffnete Tür drang Sonnenlicht herein und ließ die Staubpartikel in der Luft tanzen. Henriettes Augen gewöhnten sich langsam an die dämmrige Atmosphäre –, und sie spürte, wie die Lebensgeister zurückkehrten. Denn der Laden war eine Bruchbude. Der Dreck lag zentimeterhoch auf dem Boden, der Putz bröckelte von den Wänden, an der Decke und in den Ecken des Raums hingen Spinnweben, die so dicht waren, dass sie beinahe wie Stoff aussahen.

In der Mitte des Geschäfts stand eine imposante Theke, von der die Farbe, die eines Tages vielleicht mal hellblau gewesen war, abblätterte.

»Vergesst, was ich über die 250 000 Euro für die Renovierung gesagt habe«, sagte Henriette.

»Ich finde auch, es sieht gar nicht so schlimm aus.« Charly nickte entschieden. »Ein bisschen Seife und Wasser, und schon erstrahlt der Laden im neuen Glanz.«

Langsam drehte Henriette sich zu ihrer Schwester um, deren leuchtende Augen durch das Geschäft wanderten, als hätten sie gerade die Grabkammer des Tutanchamun betreten. »Schau dir die Bruchbude doch mal an!« Sie trat an eine Wand und klopfte mit der Schuhspitze dagegen, was dafür sorgte, dass eine große Platte Putz auf den Boden rauschte.

»Sehen wir es positiv«, erwiderte Charly, die offensichtlich nichts auf der Welt beunruhigen konnte, »wir müssen den Putz immerhin nicht mühevoll abklopfen. Der fällt von allein. Und dahinter ist eine tolle Backsteinmauer. Die könnten wir so lassen, das ist doch modern.« Sie grinste Gabriel zu, der sich ebenfalls mit wohlwollendem Blick umsah.

»Das hat sehr viel Potenzial.«

Henriette konnte nicht anders. Sie fing zu kichern an. Allerdings aus Verzweiflung.

»Ich sehe es schon vor mir«, machte Charly im Text einfach weiter und deutete auf die mit Zeitung verkleidete Fensterfront. »Hier stehen zwei kleine Tische, für diejenigen, die drinnen was essen und trinken wollen. Wenn das Wetter gut ist, haben wir natürlich Außenbestuhlung.«

»Natürlich«, erwiderte Henriette lakonisch und nickte zustimmend. »Wie wäre es mit einer schönen großen Markise? Damit es im Sommer nicht zu heiß wird?«

»Wunderbar!« Charly wirbelte herum. »Der Tresen ist natürlich für den Verkauf, und dahinter brauchen wir Regale bis unter die Decke, in die wir hübsche Dekoartikel stellen. Ich denke da an kleine Besonderheiten, seltene Fundstücke vom Flohmarkt, alte Schilder und Dinge, die an die Geschichte des Ladens erinnern.«

Henriette legte den Finger ans Kinn. »Sehr gut. Nur eine kleine Frage. Wo wird denn gebacken?«

»Äh …« Ihre Schwester stampfte durch den Raum, wobei sie eine Fußspur im Staub hinterließ. »Hier ist eine Küche!«, rief sie entzückt. »Klar, muss ja. Es war ja mal Gastronomie im Laden.«

Henriette folgte ihr und warf einen Blick in den Hinterraum. Küche war eine sehr optimistische Bezeichnung für die völlig veralteten Geräte und die heruntergekommene Kochzeile. »Kein Ofen. Schade«, stellte sie fest und wunderte sich ein wenig, dass Charly den ironischen Unterton einfach zu überhören schien.

»Besorgen wir. Schieße ich uns gebraucht auf eBay«, beschloss ihre Schwester.

»Toll. Dann brauchen wir ja nur noch …« Henriette tat so, als ob sie im Kopf überschlagen würde. »… einen Gastrokühlschrank, Backzubehör, eine große Rührmaschine, Geschirr, Besteck, Tassen, Gläser, Lampen, eine Kasse, Einrichtung, Lampen und eine Spritzschutzvorrichtung.«

Gabriel, der ihnen mit dem Rollstuhl ein paar Meter

gefolgt war, sah sie irritiert an. »Was ist denn eine Spritzschutzvorrichtung?«

Offenbar gab es doch einige deutsche Wörter, die er
noch nie gehört hatte.

»Braucht man, wenn man Lebensmittel verkauft. Damit die Kunden nicht aufs Essen spucken. Aus Versehen«,
erklärte Henriette.

»Ach, so ein Glaskasten auf dem Tresen?«, hakte Gabriel nach.

»So was in der Art. Da gibt es Auflagen, bestimmt auch
in Frankreich. Gehört ja zu Europa, und in Europa wird
sogar die Krümmung der Banane gesetzlich geregelt, daher glaube ich nicht, dass hier andere Regeln gelten.«

Gabriel zuckte mit der Schulter. »Okay. Ich kümmere
mich darum.«

»Klar«, erwiderte Henriette leichthin, als ob er davon
sprach, rüber zu Yathavan zu gehen und einen Apfel zu
erwerben.

»Ich kann mir das soooo gut vorstellen«, rief Charly
jubelnd und rannte zurück in den Laden. »Das wird so
romantisch und schick, wir brauchen auf jeden Fall einen
Instagram-Account. Und wir backen jeden Tag frisch, das
ist klar.«

»*Absolument*«, stimmte Gabriel ihr zu. »Das ist selbstverständlich.«

»Ach, wie wäre denn noch ein Podcast? Oder eine eigene Backshow?« Henriette hatte das Gefühl, langsam,
aber sicher den Verstand zu verlieren.

»Nun übertreib nicht«, winkte ihre Schwester ab.
»Aber wir müssen tatsächlich schauen, dass wir irgend-

wie in die Reiseführer reinkommen, damit die Touristen von uns erfahren. Ich könnte auch Food- und Reiseblogs anschreiben«, fabulierte Charly aufgeregt weiter. Dann blieb sie plötzlich stehen, erstarrte – und drehte sich eine Sekunde später zu Henriette und Gabriel um. Ihr Gesicht trug einen Ausdruck zur Schau, den Henriette noch beunruhigender als das kunterbunte Gefasel von Reiseblogs fand. »Ich hab's. Das ist *die* Idee!«

Oh oh, dachte Henriette, aber Gabriel wirkte regelrecht aufgekratzt.

»Was für eine Idee?«

»Hetty, erinnerst du dich daran, dass ich vor drei Jahren den Winter auf Bali verbracht habe?«

Allerdings erinnerte Henriette sich daran. Sie war stinksauer gewesen, dass sie mit dem mehr oder weniger depressiven Vater an Weihnachten allein im verregneten Breisgau gehockt hatte, während Charly unter Palmen aus Kokosnüssen schlürfte.

»Da gab es ein richtig tolles Café«, erzählte Charly weiter, »das Give-Café. Man hat da für seinen Kaffee und das Essen bezahlt, aber in Form von einer Spende für verschiedene Einrichtungen, die vom Betreiber unterstützt wurden. Das Café hat sich nur die Kosten für Lebensmittel und Mitarbeiter rausgenommen, der Rest ging an eine Hunderettung, an ein Leselern-Projekt für Kinder und an eine Elefantenschule. Das war so toll!«

Henriette blinzelte. Sie war sich nicht sicher, ob sie Charly richtig verstanden hatte. »Moment. Die haben also alles, was sie an Überschuss erwirtschaftet haben, gespendet?«

»Ja!«, rief Charly begeistert.

»Quatsch.«

»Doch! Ist das nicht wunderbar?«

»Es ist völlig hirnverbrannt«, stammelte Henriette. »Wie soll man denn wachsen und investieren, wenn man kein Geld einnimmt? Mal ganz zu schweigen vom Abbezahlen eines Kredits ... der stottert sich ja nicht vom Sonnenschein und der guten Absicht ab.«

»Wachstum, Investitionen, Kreditraten. Du klingst so kapitalistisch«, sagte Charly und wirkte mit einem Mal verärgert. »Der Kapitalismus ist am Ende, Hetty. Der wird nicht mehr lange funktionieren.«

Henriette blies die Backen auf. Das wurde ja immer wilder. Was kam als Nächstes? Würde Charly vorschlagen, das Geld abzuschaffen? Oder gleich alle Landesgrenzen? Besitz? Erbe? Warum lebten eigentlich nicht alle in einer riesigen Kommune und machten, wonach ihnen der Sinn stand? Bedingungsloses Grundeinkommen und so, das idealerweise von Leuten wie Henriette und Hans Pflockinger finanziert wurde.

Nein, sie würde sich nicht auf diese Diskussion einlassen, das war hoffnungslos.

Einmal, es war noch gar nicht lange her, hatte Henriette sich dazu hinreißen lassen, mit einem der Aktivisten zu sprechen, die sich vor der Europäischen Zentralbank versammelt und protestiert hatten. Und ja, im Grunde hatte der junge Typ recht gehabt, das System war von vorn bis hinten unfair, die Ressourcen waren nicht gerecht verteilt, aber was sollte man machen? Sie konnten ja schlecht die Wirtschaft auflösen und gucken, wo sie landeten. Oder alles enteignen ... Henriette fröstelte, wenn sie das Wort nur dachte, das in den letzten Jahren vor allem in Berlin immer wieder durch die Immobilienbranche geweht war wie ein eiskalter, unangenehmer Wind. Das brauchte sie aber Charly nicht zu erzählen, die würde alles gutheißen, was der Demonstrant damals Henriette an den Kopf geworfen hatte, als wäre sie die Erfinderin des kapitalistischen Systems und würde höchstpersönlich die Banknoten aus der Druckerpresse holen oder den Leitzins senken.

Sie entschied sich stattdessen für eine andere Strategie. »Charly. Wie möchtest du denn für schlechte Zeiten vorsorgen, wenn du deine Rücklagen allesamt spendest? Wer ist dann da, um dir zu helfen? Vom Kredit mal abgesehen, den musst du wirklich monatlich bedienen, ansonsten seid ihr nicht mal mit dem Putzen fertig, bevor sie euch den Strom abdrehen.«

»Das findet sich alles«, sagte Charly zufrieden. »Gabriel, was hältst du davon? In der Tradition der Suppenküche wäre es doch toll, wenn wir mit dem Café auch etwas Gutes tun.«

»Das wäre wirklich großartig«, sagte er mit feuchten Augen. »Es gibt genug Einrichtungen, die auf jeden Cent angewiesen sind.«

»Stimmt. Wie beispielsweise dieses Café«, mischte Henriette sich ein, die einfach nicht glauben konnte, dass Charly nicht nur nicht von der Idee mit der Patisserie abzubringen war, sondern zu allem Überfluss auch noch vorhatte, *kein* Geld mit dem Laden zu verdienen. Das war so respektabel beknackt, dass ihr die Worte fehlten.

Mit krächzender Stimme sagte sie: »Ich befürchte, dass ihr mit dem Konzept keine Bank überzeugen könnt.«

»Ich bin lieber der Optimist, der sich irrt, als der Pessimist, der recht behält«, verkündete Charly und schnappte sich Gabriels Rollstuhl. »Und jetzt gehen wir noch mal zum Bürgermeister und fragen ihn, wie hoch die Miete ist.«

*

Der Amtssitz des Bürgermeisters war nicht weit, nur einmal quer über den schnuckeligen Marktplatz. Allerdings war Benoît Flombeau gerade abkömmlich. Was, wie Gabriel erklärte, nichts anderes bedeutete, als dass er sich in seinem Hauptberuf als örtlicher Tierarzt noch in der Sprechstunde befand und erst ab 17 Uhr für sie Zeit hätte.

»Komm, dann lass uns zu Hugo und dort etwas trinken. Ich hab die Rommé-Karten dabei«, schlug Charly vor.

Während Henriette hinter den beiden herlief, klingelte das Handy. Sie zog es aus der Tasche und erblickte eine unbekannte Nummer auf dem Display. Eigentlich nahm sie Telefonate von fremden Nummern nicht an, grundsätzlich. Wer etwas von ihr wollte, hinterließ eine Nachricht auf der Mailbox oder ließ es eben sein. Normalerweise riefen den ganzen Tag so viele Leute bei ihr an, dass sie eine Vorauswahl treffen musste. Aber »normal« war seit letzter Woche nichts mehr. Also konnte sie auch das Gespräch annehmen.

»Süßkind?«, meldete sie sich und lauschte.

»Ah, Frau Süßkind. Karlo Lefknecht ist mein Name. Haben Sie einen Augenblick Zeit?«

Karlo Lefknecht. Den Namen hatte Henriette noch nie gehört. »Worum geht es denn?«, wollte sie wissen.

»Ich habe erfahren, dass sich Ihre, nun ja, Lebenssituation geändert hat. Beruflich, meine ich.«

Henriette blieb mitten auf dem Marktplatz stehen. »Sie sind ein Headhunter.«

»Sozusagen. Und ein Vögelchen hat mir gezwitschert, dass Sie auf der Suche nach einer neuen Herausforderung sind.«

Sie war fassungslos. Sprach sich die Kündigung wirklich so schnell rum? Was für eine Blamage! Sie wollte nicht, dass man sich in der Branche erzählte, dass sie bei Pflockinger rausgeflogen war. Das war eine Katastrophe für ihren Ruf, oder das, was davon noch übrig war.

»Woher haben Sie meine Nummer?«, fragte Henriette.

»Kontakte«, erwiderte der Headhunter knapp. »Ich hätte auf jeden Fall ein interessantes Angebot für Sie.«

Henriette war völlig überfahren und wusste nicht, wie sie reagieren sollte. Ja, klar, sie wollte einen neuen Job, lieber heute als morgen, auch um sich den Gang zum Arbeitsamt zu sparen. Gleichzeitig bemerkte sie, dass sich etwas in ihrem Inneren sträubte. Sie war noch nicht so weit. Die Schlappe mit Pflockinger hatte sie nicht einmal ansatzweise verarbeitet. Nun wusste sie nicht, ob das wirklich notwendig war, wenn sie in ein neues Anstellungsverhältnis eintrat. Doch da war eine Enge in ihrer Brust, wenn sie daran dachte, für eine andere Firma zu arbeiten. Sich erneut beweisen zu müssen, sich den Hintern aufzureißen für ein Unternehmen, das sie vielleicht auch binnen eines Nachmittags vor die Tür setzte, weil ihr ein einziger Fehler unterlaufen war. Obwohl … von Torten würde sie sich für eine beachtliche Zeit mit Sicherheit fernhalten.

»Können Sie mich vielleicht in ein paar Tagen noch einmal kontaktieren?«, wollte Henriette wissen.

»Das tut mir leid. In ein paar Tagen ist die Stelle weg.«

Sie zögerte. Sollte sie zuschlagen? Sich jetzt einfach am Riemen reißen und verdammt nochmal die Henriette sein, die das tat, was notwendig war – und die nicht auf irgendwelche Gefühle in sich hörte?

»Nach diesem Job lecken sich viele die Finger«, fuhr der Headhunter fort. »Und ich glaube, Sie wären die ideale Besetzung.«

Henriette kniff die Augen zusammen. Wenn sie jetzt ja sagte, sich die Stellenbeschreibung anhörte, würde sie nicht nur in Versuchung geraten, dann würde sie garantiert in fünfzehn Minuten die Bewerbungsunterlagen zusammenhaben und an den Headhunter schicken. Mit etwas Glück könnte sie spätestens morgen ein telefonisches Gespräch mit dem möglichen neuen Arbeitgeber führen, dann asap ein persönliches Treffen arrangieren, und wenn sie sich nicht allzu dumm anstellte und der Job wirklich für sie gemacht war, wäre sie schneller wieder in Lohn und Brot, als Pflockinger ihren Namen von der Glastür zu ihrem Büro gerubbelt hatte.

Und dann? Dann würde sie loslegen müssen. Viele neue Leute kennenlernen, gleich in den ersten Wochen die Marschrichtung vorgeben, durchstarten, performen, wie es immer hieß, sich selbst übertreffen. Das war ihr Anspruch, aber das war sicher auch der Anspruch ihrer neuen Firma. Henriette Süßkind war in der Branche keine Unbekannte. Sie war die Frau, die unangenehm werden konnte, wenn es sein musste, die arbeitete wie ein Tier, die alles für das Unternehmen tat, dem sie sich verpflichtet hatte.

Aber sie war so müde. So antriebslos. So ... gekränkt. Wenn sie nur an den Moment dachte, als Pflockinger senior sie in sein Büro zitiert hatte, spürte sie im Inneren eine Faust, die ihre Gedärme packte und sie zusammenquetschte. Und dann erst das Flattern in der Brust, als er die Worte aussprach: »Schade um Ihre Karriere.« Der Stachel saß immer noch tief – kein Wunder, immerhin war der dunkelste Tag ihres Lebens nicht mal eine Woche her. Und jetzt sollte sie einfach weitermachen? Nicht nur wieder aufstehen, sich hochraffen, sondern gleich losmarschieren? Voller Tatendrang und Energie und Ehrgeiz?

Sie spürte, wie ihre Schultern einen Zentimeter nach unten sackten, und dann dachte sie einen Gedanken, den sie vor wenigen Tagen noch für absolut unmöglich gehalten hätte: *Nicht jetzt. Vielleicht morgen. Oder übermorgen. Aber jetzt kann ich gerade nicht mehr. Jetzt muss ich erst mal eine kleine Pause einlegen.*

Henriette war so schockiert von den Sätzen, die durch ihren Kopf geisterten, dass der Headhunter zweimal ihren Namen sagen musste, bevor sie reagierte.

»Frau Süßkind? Sind Sie noch dran?«

»Ja«, erwiderte sie und berappelte sich. »Ich bin noch

da. Und ich bin nicht interessiert. Danke, dass Sie an mich gedacht haben. Vielleicht ein anderes Mal.«

Dann legte sie auf. Verblüfft über sich selbst, ein bisschen erschrocken, aber – und das überraschte sie noch mehr – auch ein wenig stolz auf sich. Weil sie auf die innere Stimme gehört hatte, die ihr unmissverständlich zu verstehen gab: *Es kommt eine andere Chance. Kratz erst mal die Reste deines Selbstwerts zusammen, und dann sehen wir weiter.*

Doch kaum dass sie das gedacht hatte, meldete sich ihr Verstand zu Wort. *Und wovon willst du leben?*, meckerte er los. *Vielleicht war das der Job deines Lebens, und du hast ihn für ein Gefühl abgesagt? Was stimmt nicht mit dir?*

Henriette blinzelte und versuchte, die Stimme der Vernunft zum Schweigen zu bringen. Aber die war hartnäckig, sie hatte sie in den letzten Jahren gut trainiert.

Du hast dir doch nicht den Allerwertesten aufgerissen, um dich jetzt auf die faule Haut zu legen? Du brauchst eine Aufgabe, und zwar bald. Und du brauchst Geld. Ich rate dir also …

»Hetty! Was willst du trinken?«, riss eine Stimme sie aus den Gedanken. »Gabriel will Champagner bestellen. Weil wir den tollen Laden gefunden haben!«

Henriette schnappte nach Luft, wollte widersprechen. Schampus um die Uhrzeit, und dann auch noch aus dem Grund, weil sie einem sanierungsbedürftigen, zu nichts zu gebrauchenden, leerstehenden Geschäft einen Besuch abgestattet hatten?

Aber dann dachte sie sich: *Ich bin mit meiner Schwes-*

ter in Frankreich, wir haben erst zweieinhalb Mal gestritten, und ich wollte erst ein Mal vorzeitig abreisen. Wenn das kein Grund für Champagner ist, weiß ich auch nicht.

14

Sie hatte einen sitzen. Das bemerkte Henriette spätestens in dem Moment, als sie den Amtssitz des Bürgermeisters von Lamotte-Beuvron betraten und sie sich ein wenig zu lange an der Türklinke festhielt, um nicht das Gleichgewicht zu verlieren.

Champagner! Was für ein Teufelszeug. Natürlich war es nicht bei einem Glas geblieben. Denn kaum dass sie das erste geleert hatten, hatte Gabriel gesagt: »Es gibt nur eines, was besser ist als ein Glas Champagner. Eine ganze Flasche!« Und so war Hugo, der an diesem Nachmittag ausgesprochen gute Laune zu haben schien (was sicher daran lag, dass er nur selten solch feine Tropfen ausschenkte und die Flasche bei ihm stolze 65 Euro kostete), wieder auf die Terrasse getreten und hatte nachgeschenkt.

Täuschte sich Henriette, oder hatte er ihr Glas deutlich voller gemacht als das der anderen? Sie musste hicksen und hielt sich beschämt die Hand vor den Mund. Meine Güte. Wann hatte sie sich das letzte Mal so gehen lassen? Ihr war schummrig, aber irgendwie fühlte sie sich auch … gut. Alles war ein bisschen leichter als sonst, beschwingter, blubbriger. Außerdem fand sie das meiste um sich herum urkomisch, seitdem sie zu tief ins Champagnerglas geschaut hatte. Beispielsweise den lustigen kleinen Beagle, Bruno, der ihr, während sie auf der Terrasse bei Hugo gesessen hatten, auf den Schoß gesprungen war und ihr das halbe Gesicht abgeleckt hatte, während sein Herrchen, der unglückliche Briefeschreiber, sich tausendmal bei ihr entschuldigt hatte.

Am Ende hatten Bruno und sie beschlossen, dass er auf ihrem Schoß sitzen bleiben durfte, wenn er aufhörte, sie abzuschlabbern, und irgendwann war der Hund einfach auf ihr eingeschlafen und hatte hingebungsvoll zu schnarchen begonnen. Es musste der Moment gewesen sein, als sie das dritte Glas an die Lippen geführt und sich gerade eine angenehme Leichtigkeit in ihr breitgemacht hatte. Immerhin einer, der sie mehr mochte als ihre Schwester. Zwar ziemlich haarig, aber heute wollte sie sich die Stimmung davon nicht versauen lassen.

»Ah, da seid ihr ja«, begrüßte sie Benoît Flombeau, der Tierarzt Schrägstrich Bürgermeister. Er trug eine Latzhose aus Gummi, die nahtlos in ein paar riesige Stiefel überging. Solch ein Ding hatten eigentlich Angler an, und Henriette malte sich für einen Moment aus, wo Flombeau wohl gerade herkam, wenn er diese Hose noch am Leib hatte. Dann verwarf sie den Gedanken. War ihr im Grunde auch völlig egal.

»Nehmt Platz, nehmt Platz!«, forderte der Bürgermeister sie auf und wies auf zwei Stühle vor seinem Schreibtisch.

Charly parkte den Rollstuhl zwischen den Sitzgelegenheiten, dann ließen Henriette und sie sich nieder.

Der Raum war ... nun ja, sehr anders, als Henriette sich den Amtssitz eines Bürgermeisters vorgestellt hatte. Alles wirkte ein wenig überladen, die Wände waren mit Bildern behangen (Flombeau inmitten einer Herde Kühe, Flombeau mit zwei Katzen auf der Schulter, aber auch Flombeau beim Durchschneiden irgendeines Bandes und mit einem riesigen aufgeschlagenen Buch in der Hand, in dem sich gerade irgendjemand verewigte, den man aber nur von hinten sehen konnte). Dazu ausgesprochen viele Pokale und Medaillen. Offenbar war der Bürgermeister im Boulesport aktiv.

Er fing ihren Blick auf, als sie gerade ein weiteres Porträt anschaute. »Das sind ich und Président Sarkozy. Der Kleine, erinnern Sie sich? Netter Kerl, wenn auch ein bisschen eitel.« Flombeau lehnte sich über den Tisch. Inzwischen hatte er die Träger seiner Gummihose gelöst und saß im karierten Herrenhemd vor ihnen. »Man erzählt sich, er habe Absätze im Inneren seiner Schuhe, damit er größer wirkt.« Der Bürgermeister lachte laut und schlug sich dabei auf die Oberschenkel. »Und er ist trotzdem noch ein Zwerg!«

Gabriel und Charly lachten mit, und Henriette fiel in die ausgelassene Stimmung ein, einerseits wegen des Champagners, andererseits weil sie wusste, dass Amtsträger es mochten, wenn man über ihre Sprüche lachte.

Dann hielt sie erschrocken inne. Moment mal. Sie wollte diesem Bürgermeister doch gar nicht gefallen! Im Gegenteil, sie wollte, dass er die Idee von Charly und Gabriel genauso hirnrissig wie sie fand und die Träume der beiden zerplatzen ließ wie eine Seifenblase. Sie versuchte, sich zu konzentrieren und einen ernsten und ein bisschen sauertöpfischen Gesichtsausdruck aufzusetzen.

»Habt ihr euch den Laden angeschaut?«, kam Flombeau direkt zur Sache.

»O ja«, geriet Charly sofort ins Schwärmen. »Das ist genau das, was wir suchen.«

Henriette hob die Hand. »Nun ja, es gibt da einen gewissen Renovierungsbedarf«, sagte sie auf Deutsch.

Leider hatte sie die Rechnung ohne Gabriel gemacht, der ihren Satz sofort ins Französische übertrug. Verräter.

»Das überrascht mich nicht«, erwiderte Flombeau, »das Geschäft steht ja schon seit Ewigkeiten leer. Was habt ihr denn damit vor?«

»Meine Schwester, Charlotte«, Henriette übernahm das Wort, bevor Charly Unheil anrichten konnte, »möchte eine Patisserie darin eröffnen. Um ehrlich zu sein, sie hat keine Ausbildung als Patissière, kann eigentlich noch nicht einmal richtig backen. Geld hat sie auch keines.« Sie merkte, dass ihr ein bisschen schwindelig war. Sie hätte eindeutig beim dritten Glas Champagner nein sagen sollen.

Flombeau zuckte mit den Schultern, nachdem Gabriel übersetzt hatte, und machte den französischsten Laut von allen: *Bof.* Dann sagte er: »Eine Patisserie ist genau das, was Lamotte-Beuvron braucht.«

Henriette räusperte sich. »Wie gesagt. Sie hat keine Ausbildung *und* kein Geld.«

Flombeau legte den Kopf schief und nahm Charly ins Visier. »Erzählen Sie mal. Was haben Sie vor?«

Das ließ sich Charly nicht zweimal sagen. In nahezu

perfektem Französisch gab sie Flombeau einen Einblick in ihre Vision einer Patisserie, die nicht nur an fast jedem Tag der Woche süße Wunder backte, sondern vor allem ein Ort der Begegnung sein wollte, der Treffpunkt für alle, die sich nach zwischenmenschlicher Nähe sehnten. Henriette verdrehte die Augen, während sie ihrer Schwester zuhörte, musste jedoch anerkennen, dass Charly die richtigen Worte fand. Das Gesicht des Bürgermeisters überzog ein breites Lächeln, und spätestens als sie bei dem gemeinnützigen Gedanken und den Spenden für wohltätige Zwecke angekommen war, hatte sie ihn um den Finger gewickelt.

»Das ist eine phantastische Idee!«, rief er begeistert. »Solche Leute brauchen wir. Leute, die etwas anpacken. Die das Gemeinwohl stärken. Die mit gutem Beispiel vorangehen.«

Charly wuchs sichtlich unter den Worten des Bürgermeisters und zwinkerte Gabriel verstohlen zu, was Henriette natürlich nicht entging.

»Ihre Patisserie würde den Marktplatz und die Innenstadt wiederbeleben. Mal davon abgesehen, dass dieser architektonische Schandfleck endlich beseitigt wäre.« Er wand sich an Henriette. »Sie wissen es vielleicht nicht, aber ein leerstehendes Haus kann nicht nur die Atmosphäre der ganzen Straße verändern, es hat auch negative Auswirkungen auf die restlichen Immobilien und die Lebensqualität. Wir als Gemeinde haben demnach ein großes Interesse daran, dass der Laden wieder betrieben wird.«

Henriette wusste natürlich, wovon er sprach. Also

sagte sie: »Das ist mir durchaus bewusst, Monsieur Flombeau. Ich arbeite in der Immobilienbranche und bin vertraut mit dem Donut-Effekt.«

Drei Paar Augen blickten sie ratlos an.

Charly stammelte ein wenig verunsichert: »Donuts können wir anbieten. Ist zwar nicht so landestypisch, aber ...«

Henriette seufzte tief. »Leerstände, insbesondere in ehemals belebten Dorf- oder Stadtzentren, oder ausgestorbene Stadtkerne entstehen durch die sogenannte monofunktionale Siedlungserweiterung an den Ortsrändern«, dozierte sie, und Gabriel hatte ein wenig Mühe, die richtigen Worte in seiner Muttersprache zu finden. »Die Leute ziehen raus aus der Stadt, in die Vororte, in reine Wohngebiete, und die Zentren sterben aus. Daraus resultieren zwei Probleme, denn gerade die Innenstädte sind identitätsprägend für einen Ort, machen das Ambiente aus, sind maßgeblich für die Lebensqualität verantwortlich. Doch ein Ortskern ohne Menschen ist leer und leise. Und wenn dort niemand mehr lebt oder leben möchte, rutschen die Handelsflächen in das sogenannte Donut-Loch. Sie haben nicht mehr genug Kunden, weshalb sie irgendwann aufgeben müssen.«

Der Bürgermeister starrte Henriette, besser gesagt: Gabriel, der Henriettes Vortrag übersetzte, mit angsterfülltem Blick an. Charly wirkte betroffen.

»Also macht dieser Donut-Effekt Gemeinden kaputt«, sagte Gabriel langsam, nachdem er mit der Übersetzung geendet hatte.

»Nicht nur für die aktuellen Bewohner, sondern auch

für kommende Generationen, ja. Am besten ist es, wenn man Gewerbe und Wohnen in der Innenstadt miteinander verbindet. Aktuelle städteplanerische Konzepte versuchen das zu berücksichtigen und die verödeten Ortszentren wieder zu beleben. Man nennt das den Krapfen-Effekt.«

»Donuts, Krapfen ... mir war gar nicht klar, dass dein Job so viel mit Backen zu tun hat«, murmelte Charly sichtlich beeindruckt.

Henriette verkniff den Mund und strich sich eine Haarsträhne hinters Ohr. Sie war mit einem Mal erschreckend nüchtern und spürte nichts mehr von dem sprudeligen, kribbeligen Gefühl, das der Champagner in ihr hinterlassen hatte. Möglicherweise war es kein kluger Schachzug gewesen, vor dem Bürgermeister mit ihrem Wissen aufzutrumpfen – er könnte sie für qualifiziert genug halten, um Charly die Erlaubnis für die Patisserie zu geben. Daran hatte sie nicht gedacht, als sie ins Reden gekommen war. Leider war Stadtplanung aber eines ihrer Spezialthemen, sie kannte sich gut damit aus, auch weil sie in ihrem Beruf schon unzählige Studien gelesen oder selbst angefertigt hatte, um Stadträte und Bürgermeister zu überzeugen.

Nun wurde ihr jedoch bewusst, dass sie möglicherweise die falsche Strategie verfolgt hatte. Zurückrudern war keine Option. Also blieb nur der Angriff nach vorn.

»Für dieses Objekt am Marktplatz würde sich empfehlen, dass man im unteren Bereich die Handelsfläche belässt und die oberen Stockwerke zu exklusiven Wohneinheiten umbaut. Das wird aber nicht günstig.«

Beim Geld – das wusste Henriette nun wirklich sicher – hörte in der Regel nicht nur die Freundschaft auf, sondern auch das Entgegenkommen der Leute, die urbanen Raum verwalteten.

Flombeau sah sie lange an. »Es ist wirklich ein lustiger Zufall. So viele Jahre stand das Haus am Marktplatz leer und verschandelte die Atmosphäre. Es ist ja schon seit einigen Jahrzehnten wieder in unserem Besitz, weil es einfach niemand haben wollte.«

Henriette nickte verständnisvoll. Das wunderte sie kein bisschen. Mit der Stadtflucht beziehungsweise dem Donut-Effekt hatten sehr viele Gemeinden in ganz Europa zu kämpfen. In Italien waren einige Ortschaften sogar so weit gegangen, dass sie Immobilien für einen Kaufpreis von einem Euro verschleudert hatten, unter der Auflage, dass man innerhalb von zwölf bis vierundzwanzig Monaten mit der Sanierung der Immobilie begann oder gleich einzog und dass man eine bestimmte Zeit im Jahr vor Ort leben musste. Man erhoffte sich, so vor allem junge Freiberufler in die eher unattraktiven Dörfer zu locken, weit weg von der Adria, den toskanischen Hügeln oder den lebhaften Städten. Tatsächlich hatten weltweit Medien über die 1-Euro-Häuser berichtet, und wenn Henriette richtig informiert war, hatte der ungewöhnliche Plan durchaus einige quasi ausgestorbene Ortschaften zu neuem Leben erweckt.

Ob eine ähnliche Kampagne in Lamotte-Beuvron notwendig war, wusste Henriette natürlich nicht mit Gewissheit. Sie konnte sich jedoch vorstellen, dass in spätestens zehn, zwanzig Jahren auch hier, irgendwo in der französischen Pampa, der Leerstand immer größer wurde, weil die Alten starben und die Jungen lieber in den pulsierenden Großstädten wie Orléans oder Paris leben wollten, wo sich in der Regel auch die besser bezahlten Jobs und attraktiveren Singles fanden, vom kulturellen und gastronomischen Angebot mal abgesehen. Das Problem war, dass in dem Moment, in dem man den Donut-Effekt bemerkte, das Kind eigentlich schon in den Brunnen gefallen war. Man musste also proaktiv handeln und sich Mühe geben, die eigene Gemeinde für alle Altersklassen mit einer möglichst hohen Lebensqualität auszustatten. Insofern wäre die Wiederbelebung des Ladens am Marktplatz ein erster Schritt in die richtige Richtung, und zwar bevor der Ort nur noch von Rentnern bewohnt wurde, der Friedhof der am häufigsten frequentierte Platz war und irgendwann auch Hugo und Yathavan die Läden dichtmachen mussten, weil niemand mehr da war, der dort Champagner trinken, Liebesbriefe schreiben oder frisches Gemüse fürs Abendessen einkaufen konnte.

Henriette hielt verblüfft inne. Zerbrach sie sich gerade wirklich den Kopf über diesen popligen kleinen Ort? Was war denn nur in sie gefahren? Konnte ihr doch schnurzpiepegal sein, was mit diesem Lamotte-Beuvron passierte. Sie lebte schließlich nicht hier – und würde in absehbarer Zeit, also innerhalb der nächsten dreißig Jahre, daran nichts ändern. Zum Glück sprach der Bürgermeister in diesem Augenblick weiter und beendete ihre Überlegungen.

»Und nun kommt innerhalb weniger Wochen schon wieder jemand in mein Büro, um mit mir über den Laden am Marktplatz zu sprechen.«

Charly setzte sich kerzengerade hin, Gabriel hob den

Kopf. Nur Henriette ließ sich vor Erleichterung in den Stuhl sinken und atmete aus. Gott sei Dank. Es gab einen anderen Interessenten, möglicherweise, nein, sicher sogar, jemanden mit den nötigen Finanzmitteln. Dagegen würde Charly alt aussehen. Und damit wäre die Spitzengeschäftsidee vom Tisch.

Flombeau kramte in einer Schublade seines Schreibtisches herum. »Ich hatte hier doch irgendwo ... es muss doch ... ah, da.« Er zog eine dünne Mappe heraus und schlug sie auf.

Henriette erkannte kopfüber einen Bebauungsplan sowie einige Grundrisszeichnungen. Da schien sich jemand nicht nur Gedanken gemacht zu haben, sondern auch Mühen. Das gefiel ihr. Je besser der Vorschlag, desto früher konnte sie wieder nach Hause fahren, und zwar mit einem reinen Gewissen. Denn nicht sie hatte am Ende ihrer Schwester den Einfall madig gemacht, sondern ein anderer. Sie konnte sich das Grinsen nicht verkneifen.

»Das hier«, Flombeau deutete auf die Mappe, »hat mir jemand vor einigen Wochen vorbeigebracht. Ich hatte es ehrlich gesagt ganz vergessen.« Er tippte nachdenklich auf die Kladde. »Vielleicht auch, weil ich die Idee nicht wirklich überzeugend fand. Jedenfalls nicht so überzeugend wie die einer Patisserie.«

Henriette klappte der Kiefer nach unten. War sie doch noch betrunken, oder was faselte der Mann da? Sie streckte die Hand nach der Mappe aus. »Darf ich das mal sehen? Ich könnte es für Sie ... bewerten.«

Flombeau zog den schmalen Ordner an sich und ließ ihn wieder in der Schublade verschwinden. »Oh, nein.

Das geht nicht, aus datenschutzrechtlichen Gründen. Glaube ich. Viel wichtiger ist aber: Ich unterstütze das Konzept nicht. Es ist nicht das Richtige für Lamotte-Beuvron.« Und dann drehte er sich, zu Henriettes größtem Entsetzen, zu Charly um. »Eine Patisserie hingegen wäre grandios. Ich liebe diese süßen, köstlichen Teilchen. Und die aus dem Supermarkt, also nein. Die kann man niemandem anbieten, geschweige denn essen.« Er klopfte sich auf den runden Bauch. »Na ja, in der Not tun sie es auch. Aber wenn ich mir vorstelle, wir hätten wieder eine eigene Patisserie! Tartes, Kuchen, Croissants, Madeleines, Eclairs, Macarons … Sagen Sie, können Sie auch Diamants à la vanille? Das sind meine Lieblingsplätzchen, und seit meine Mutter nicht mehr lebt, finde ich einfach niemanden, der sie so gut backt wie sie. Oder wenigstens halb so gut.«

Charly, die ganz offensichtlich keine Ahnung hatte, was diese Vanillediamanten sein sollten, warf Gabriel einen sorgenvollen Blick zu. »Äh, nein, die kann ich noch nicht. Aber ich kann es lernen.«

»*Formidable*!«, sagte der Bürgermeister jubelnd. »Das sind doch die besten Voraussetzungen. Sie lernen, wie man die perfekten Diamants à la vanille macht, und ich spreche mit den Leuten, die das außer mir zu entscheiden haben.«

»Nein!«, rief Henriette laut, weil ihr spätestens jetzt klarwurde, dass das Gespräch sich nicht so entwickelte, wie sie es sich erhofft hatte. Viel schlimmer noch, es nahm die schlechteste anzunehmende Wendung, denn so, wie es aussah, war dieser Flombeau durchaus bereit, für ein paar Kekse diesen Laden an ihre Schwester zu verschleudern und ihr damit den finanziellen Gnadenstoß zu verpassen. »Wir ... brauchen noch Zeit. Und einen vernünftigen Finanzierungsplan. Und Angebote von Handwerkern. Und ...« Sie suchte nach noch mehr Argumenten, aber sie war so schockiert davon, wie der Bürgermeister reagierte, dass ihr Kopf wie leergefegt war. »Sie müssen doch sichergehen, sich für die wirklich beste Lösung für Lamotte-Beuvron zu entscheiden«, sagte sie schließlich. »Damit Sie keinen Fehler machen.«

»Diamants à la vanille können niemals ein Fehler sein«, rief Flombeau beschwingt und stand von seinem Stuhl auf. »Ich spreche mit ein paar Leuten, und dann unterhalten wir uns weiter, ja?« Er beugte sich zu Charly vor. »Ich lasse Ihnen das Rezept meiner Maman schon einmal zukommen. Vielleicht wäre es ja möglich, dass Sie mir eine Kostprobe backen. Nur für den Geschmack, verstehen Sie? Und als Erinnerung an meine Mutter.« Der Bürgermeister leckte sich über die Lippen und rieb sich die Hände, während er Henriette, Charly und Gabriel leicht quietschend in seiner Anglerhose aus dem Büro eskortierte. »Meine Lieblingsplätzchen vor Ort. Wenn das heute mal nicht mein Glückstag ist.«

Und Henriette dachte bei sich: Sind jetzt eigentlich alle verrückt geworden?

15

Immerhin eines war der Bürgermeister: zuverlässig, wenn es um seine Lieblingsplätzchen ging.

Noch am selben Abend kam er persönlich bei Gabriel zu Hause vorbei, um der völlig konsternierten Henriette einen handgeschriebenen Zettel zu überreichen. Das Papier sah aus, als hätte es schon häufiger beim Backen neben allerlei Zutaten gelegen, Henriette entdeckte einige Fettflecken auf dem Bogen, daneben etwas, das vielleicht einmal ein Tropfen Eiweiß gewesen war, und natürlich rieselte Puderzucker aus dem Papierknick, als sie das Rezept entgegennahm und auseinanderfaltete.

»Mit den besten Grüßen an Ihre Schwester«, sagte Flombeau mit einem glückseligen Grinsen und spazierte mit beschwingten Schritten über die Steinplatten durch den Vorgarten davon.

Für einen Moment zog Henriette in Betracht, das Papier einfach verschwinden zu lassen. Doch das Pflichtbewusstsein machte ihr einen Strich durch die Rechnung. Außerdem würde es herauskommen, dass sie das heilige Rezept von Maman Flombeau »verloren« hatte, und dann wäre die Kacke richtig am Dampfen. Sie legte das zusammengefaltete Papier auf eine kleine Kommode im

Flur, in der Hoffnung, es möge dort einfach vergessen werden – aber Charly hatte Adleraugen und fand es etwa drei Minuten später.

»Ahh, Monsieur le Maire war da«, sagte sie und überflog die Zutatenliste. »Wir haben eigentlich fast alles dafür da.« Sie wuselte in die Küche und öffnete einen Vorratsschrank. »Mehl, Butter, Zucker, Eier, Salz … nur Vanilleschote finde ich keine. Ach, das können wir doch bestimmt durch etwas anderes ersetzen.«

Henriette, die in der Tür der Küche stand, riss die Augen auf. »Charly. Die Kekse heißen Diamants à la vanille. Wie willst du denn bitte die Vanille ersetzen?«

Ihre Schwester zuckte mit der Schulter. »Vielleicht mit Zimt. Oder Tonkabohne?«

Henriette suchte nach Worten. Sie konnte nicht glauben, dass Charly bereits beim ersten Backversuch – noch dazu dem »Eintrittsticket« in das Herz des Bürgermeisters, wenn man so wollte – schummeln wollte. Wenn das schon so anfing, wollte sie gar nicht wissen, wie die Sache ein Ende fand. »Geh zum Supermarkt und besorg Vanilleschoten!«, forderte sie Charly auf.

»Quatsch, das geht auch anders. Außerdem hat der Super U heute schon geschlossen.«

Henriette atmete tief durch. »Dann geh morgen früh dahin.«

Charly legte den Kopf schief. »Keine Zeit. Morgen hat Gabriel Physiotherapie in Chaumont-sur-Tharonne, das ist ein Nachbarort, aber ohne Auto eine halbe Weltreise. Dann müssen die Kekse des Bürgermeisters eben warten.«

Henriette schnaufte, schwieg jedoch. Sie würde einen

Teufel tun, ihrer Schwester einen Vortrag über gute Beziehungen zu Entscheidungsträgern zu halten. Sollte sie doch ihr eigenes Grab schaufeln, bitte schön, sie würde Charly nicht aufhalten! Im Gegenteil, das war doch das, was sie wollte: dass sich die ganze Chose in Wohlgefallen auflöste.

»Es sei denn …« Ihre Schwester sah sie an. »Yathavan könnte Vanilleschoten haben! Der kleine Obst- und Gemüseladen am Marktplatz. Komm schon, Henriette, könntest du da morgen hin? Tu mir den Gefallen.«

»Ich …« Sie suchte nach einer Ausrede. Einer Erklärung. Einer Absage. Aber sie fühlte sich sofort wie eine Verräterin, weil sie die Pläne ihrer Schwester zu durchkreuzen versuchte, obwohl sie doch eigentlich nur das Beste für Charly im Sinn hatte. Außerdem war sie sich sicher, dass es am Ende nicht auf eine Vanilleschote mehr oder weniger ankommen würde. Charly würde es auch mit allen Zutaten gelingen, die Kekse zu versauen, weil sie sich weder an Grundsätze noch an Rezepte hielt.

»Also schön«, sagte sie deshalb. »Ich mach's.«

*

Als sie am kommenden Tag, einem erneut unverschämt sonnigen Dienstag, in die Rue des Roses einbog und auf das Haus von Gabriel zusteuerte, über der Schulter einen Beutel mit zwei Baguettes, sechs Eiern, einem ominösen Käse, den der sehr redselige Yathavan ihr aufgeschwatzt hatte, der immerzu lächelte und mit dem Kopf wackelte, wenn er seine Waren in die Papiertüten gab, und den Vanilleschoten, die zu Monsieur Flombeaus diamantenem Keks-Glück fehlten, sah sie einen Mann im Vorgarten sitzen. Er hatte es sich auf einem der Stühle bequem gemacht, die um den kleinen Tisch standen, an dem Henriette, Charly und Gabriel vor ein paar Tagen noch eine Partie Rommé gespielt hatten.

Sie blieb verdutzt vor dem Gartenzaun stehen und musterte den Typen. Gabriel hätte doch sicher erwähnt, wenn er jemanden erwartete, bevor er mit Charly zur Physiotherapie aufgebrochen war. Also wer war der Mann, der – wie Henriette erstaunt bemerkte – überraschend gut aussah? Vielleicht ein Handwerker? Nein, er wirkte nicht, als arbeitete er als Klempner oder Fliesenleger, dafür waren seine Klamotten viel zu sauber, außerdem war ihres Wissens nichts im Haus defekt und musste repariert werden. Und wenn doch, wo war sein Werkzeug?

Henriette betrachtete den Mann genauer. Er war irgendwas zwischen Mitte vierzig und Anfang fünfzig, hatte dunkle, etwas längere Haare, die von einigen silbernen Strähnen durchzogen waren, einen gepflegten, grau melierten Dreitagebart und eine lässige Sonnenbrille auf der Nase. Die Ärmel seines dunkelblauen Hemds waren so weit hochgekrempelt, dass sie seine braungebrannten Unterarme bewundern konnte. Die langen, schlanken Beine steckten in einer Jeans, an den Füßen trug er geschnürte Schuhe aus Wildleder, die so weich aussahen, dass man in ihnen bestimmt wie auf Wolken ging. Keine Frage: In den unzähligen Dating-Apps, die sie für eine beachtliche Zeit mit geradezu buchhalterischer Gewissenhaftigkeit benutzt hatte, hätte sie diesen Kerl definitiv nach rechts gewischt, in der Hoffnung, dass sie ein Match wurden.

»Entschuldigung?« Henriette sprach den Mann auf Französisch an. »Was machen Sie da?«

Der Mann drehte den Kopf in ihre Richtung, schob sich die Sonnenbrille in die Haare und schirmte gleichzeitig die Augen vor der gleißenden Sonne ab. Sein Mund verzog sich zu einem Lächeln, das blitzweiße und gerade Zähne offenbarte. Er war wirklich ein schöner Mann. Allein seine Nase wirkte ein bisschen zu groß für sein Gesicht, was ihn aber nicht verunstaltete, sondern im Gegenteil attraktiver machte.

»Ich genieße die Sonne«, antwortete er und richtete sich ein wenig auf. »Und Sie?«

»Wie? Was meinen Sie?«

»Na, was machen Sie hier?«

»Ich … das geht Sie nichts an«, erwiderte sie entschieden. »Aber ich wüsste gern, warum Sie einfach so in meinen Garten kommen.«

»Ich sitze gern in den Gärten anderer Leute. Man könnte sagen, es ist meine geheime Passion.« Der Mann lächelte noch breiter, so dass sich zwei Grübchen in seinen Wangen bildeten. Ein Faktor, den Henriette sofort bemerkte, denn auf Grübchen reagierte ihr Hirn komischerweise immer mit etwas völlig Unpassendem: mit kurzen Aussetzern.

Sie blinzelte und suchte nach Worten. Was sollte man darauf nur antworten? In der Regel sprach sie mit Wildfremden nicht über ihre Passionen, insbesondere nicht über geheime.

»Wenn Sie sagen, dass das Ihr Garten ist ... wohnen Sie hier?«, fragte der Mann, stand vom Stuhl auf und kam ein paar Schritte auf Henriette zu. Die Hände steckte er dabei in die Hosentaschen, und als er näher kam, bemerkte sie, dass seine Augen flaschengrün waren und neugierig blitzten. Sie musste schlucken und machte unwillkürlich einen Schritt zurück, wie immer, wenn sie einem Mann begegnete, der genau ihr Typ war. Im Gegensatz zu den meisten anderen Menschen zeigte Henriette nämlich *kein* Interesse, wenn sie an jemandem interessiert war, sondern leider die kalte Schulter. Was ihrem Dating- und Liebesleben in der Vergangenheit nicht unbedingt zuträglich gewesen war, oft genug hatte sie sich abends allein im Bett schwarzgeärgert, aber das war eine andere Geschichte, über die sie in dieser Sekunde bestimmt nicht nachdenken wollte.

»Ich? Äh, ich ... wohne hier«, stammelte sie und gab sich Mühe, nicht in diese wunderschönen Augen zu starren. »Temporär. Ich bin auf der Durchreise, quasi.« Henriette räusperte sich. Es wäre viel zu kompliziert, diesem Mann zu erklären, weshalb sie in Lamotte-Beuvron war, denn dann müsste sie eigentlich die Kündigung erwähnen, möglicherweise auch ihre sprunghafte und ziemlich durchgeknallte Schwester, deren Beziehung zu Gabriel und, was noch schlimmer wäre, die Schnapsidee mit der Patisserie. Sie entschied sich für eine leicht frisierte Kurzversion. »Mein Onkel wird sicher jeden Moment zurück sein, und ich weiß nicht, ob er es schätzt, wenn Fremde in seinem Vorgarten sitzen.«

Der Mann zog die Augenbrauen hoch. »Ihr Onkel?«,

wiederholte er und betonte das Wort dabei besonders. »Das ist ja interessant. Ich wusste gar nicht, dass ich eine Cousine habe.«

Henriette hätte sich am liebsten die Hand vor die Stirn geschlagen. Natürlich! Der Typ war gar kein Fremder, sondern Gabriels Neffe! Julien, der Lehrer aus Paris, der in einem früheren Leben mal Patissier gewesen war. Warum war sie nicht gleich darauf gekommen? Die Nase ersetzte ja jeden DNS-Test, sie sah genau aus wie die des alten Mannes. Und wie peinlich, dass sie sich als Verwandte aufgespielt hatte! Henriette spürte, wie die Hitze in ihre Wangen stieg, und fuhr sich verlegen durchs blonde Haar.

»Das, äh … ist sicher ein wenig überraschend«, murmelte sie und hatte das Gefühl, es mit jedem Wort schlimmer zu machen.

Julien lachte herzlich. »Dass wir verwandt sind? Nun, ja, das ist in der Tat überraschend. Und auch ein wenig bedauerlich.«

Irrte sie sich, oder zwinkerte er ihr zu? Meine Güte. Der war aber aufdringlich. Und warum musste er so unverschämt gut aussehen? Als Gabriel von seinem Neffen gesprochen hatte – Neffe, Großneffe, Cousin achtzehnten Grades, sie konnte sich nicht mehr daran erinnern, in welcher familiären Beziehung die beiden Männer genau zueinander standen –, hatte sie ein anderes Bild im Kopf gehabt. Vor allem als der alte Mann erzählt hatte, dass Julien mittlerweile als Lehrer arbeite. Lehrer waren doch nicht so attraktiv! Allein schon aus pädagogischen Gründen war das nicht zu empfehlen, da konzentrierte sich doch keine Schülerin mehr auf die Lerninhalte.

Sie straffte die Schultern, machte einen Schritt nach vorn und streckte die Hand aus, wobei sie sich Mühe gab, so förmlich wie möglich zu wirken. »Henriette Süßkind.«

Julien schmunzelte. »Angenehm.«

Sie verkniff den Mund. »Charly und Gabriel müssen jeden Moment wieder da sein.«

Er lächelte sie an. »Ich würde Sie ja zu einem Kaffee einladen, aber ich habe das Gefühl, dass Sie die bessere Gastgeberin sind als ich.« Und wieder zwinkerte er, außerdem blitzten erneut seine Grübchen hervor. Henriette musste schnell wegschauen. Gleichzeitig gefiel ihr, dass er ihr die Notlüge nicht krummzunehmen schien, sogar kleine Witze darüber machte. Er hatte offenbar Humor und war nicht nachtragend. Nicht die schlechteste Kombination, und wenn er zu alledem auch noch backen konnte?

Sie hielt inne und rief sich zur Räson. Henriette Süßkind, schalt sie sich in Gedanken, hör auf, diesen Kerl anzuschmachten, reiß dich am Riemen und biete ihm was zu trinken an.

»Ich geh mal rein und setz eine Kanne auf«, murmelte sie etwas verlegen, strich sich eine Haarsträhne hinters Ohr und eilte ins Haus.

Im Flur warf sie einen flüchtigen Blick in den Garderobenspiegel, und was sie sah, war auf den ersten Blick nicht überraschend: Die weiße Leinenbluse saß ordentlich, ebenso wie die beigefarbenen Chinos. Für eine Sekunde ärgerte sie sich über dieses farblose Outfit, dafür hatten ihre Wangen ordentlich Farbe bekommen. Hatte sie ihr Gesicht nicht am Morgen noch eingecremt? Oder war es der Besuch, der ihr die Röte ins Gesicht getrieben hatte?

Während sie in der Küche stand und den Kaffee zubereitete, bemerkte sie, dass sie ruhiger wurde. Es war wirklich schon eine Weile her, dass ein Mann sie so nervös gemacht hatte.

Ein Geräusch ließ sie herumfahren. Julien stand hinter ihr im Türrahmen und beobachtete sie, immer noch mit diesem charmanten Lächeln auf den Lippen und dem blitzenden Ausdruck in den Augen.

»Darf ich Ihnen behilflich sein?«

Die Caffettiera, ein achteckiger Espressokocher, fing in diesem Moment auf dem Herd zu sprotzeln an.

»Nein, danke, ich bin schon fertig«, erwiderte Henriette und griff nach zwei Tassen im Abtropfgestell. »Milch dazu?«

»Und Zucker, ja.« Julien trat neben sie, hob die Hand an einen der Oberschränke und hielt dann inne. »Entschuldigung. Macht der Gewohnheit.«

Henriette nickte fahrig. Juliens Anwesenheit, vor allem aber seine Freundlichkeit, führten dazu, dass ihr immer wärmer wurde. Sie fächerte sich mit der Hand Luft zu, ihr Gesicht musste inzwischen knallrot sein. Um sich abzulenken, konzentrierte sie sich auf den Zucker. Wo war der bloß? Ihr Blick wanderte suchend über die Arbeitsfläche, dann öffnete sie den Schrank vor ihr, aber darin waren nur Teller. Julien schmunzelte und nickte unmerklich in Richtung des Schrankes, vor dem er stand.

»*Ici*«, sagte er leise, trat aber nicht zur Seite.

Henriette hob den Blick und sah ihm direkt in die Augen. Meine Güte, die waren ja waffenscheinpflichtig, mit langen Wimpern und vielen Lachfältchen in den Augenwinkeln. Ihre Mutter hatte immer gesagt: »Männer mit Lachfalten sind gute Männer. Die haben einen amüsierten Blick auf die Welt und genug Humor, um es viele Jahre mit einem auszuhalten.« Daran musste Henriette jetzt denken, als sie sich nicht imstande fühlte, sich von diesen Augen zu lösen, in denen sie versinken wollte, und dann dachte sie an gar nichts mehr, sondern spürte, wie irgendetwas tief in ihr drin zu schmelzen begann.

Julien holte gerade Luft und öffnete den Mund, um etwas zu sagen, als es im Flur polterte.

»Wir sind wieder da!«, rief die Stimme von Henriettes Schwester, und keine Sekunde später rumpelten Gabriel und Charly herein und machten den einzigen romantischen Moment, den Henriette in der letzten Dekade erlebt hatte, mit großem Hallo zunichte.

Vielleicht besser so, dachte sie, nahm den fauchenden Espressokocher vom Herd und zwei weitere Tassen vom Abtropfgestell. Denn einen Mann, der ihr zu allem Chaos, das sie seit einigen Tagen heimsuchte, nun auch noch den Kopf verdrehte, konnte sie garantiert nicht gebrauchen.

16

»Psst. Hetty. Schläfst du schon?«

Henriette drehte sich auf die andere Seite der Matratze, wo Charly lag und sich seit einer halben Stunde von links nach rechts wälzte. Selbstverständlich hatte sie noch nicht geschlafen. Weil es unmöglich war, in den Schlaf zu finden, wenn jemand anderes im Bett seit dreißig Minuten nach einer bequemen Position suchte, und weil sie es schlichtweg nicht gewohnt war, das Bett mit einer anderen Person zu teilen. Kai war nie über Nacht geblieben, und eine Beziehung hatte Henriette schon länger nicht gehabt, als sie sich an schlechten Tagen eingestehen wollte. Ihr Bett war ihr Heiligtum, ihr Tempel, denn wenn sie fit sein und bei der Arbeit liefern wollte, musste sie ausgeschlafen sein. Davon war sie in diesem Moment aber sehr weit entfernt. Sie warf einen Blick auf den Wecker, der hinter ihrer Schwester auf dem Nachttisch stand und die Dunkelheit des Zimmers mit seinem grünlichen Glimmen erleuchtete. Es war kurz nach Mitternacht.

»Warum schläfst du nicht?«, wollte sie von Charly wissen, die bei Henriette übernachtete, um Julien ihr Zimmer, den zweiten Raum im Obergeschoss, zu überlassen. Das war der eigentlich nicht recht gewesen, aber immer noch lieber als Juliens hochgezogene Augenbraue und sein amüsiert wirkender Blick in ihre Richtung, als Gabriel die Schlafsituation auf den Tisch gebracht und vorgeschlagen hatte, einfach auszuwürfeln, wie man die vier Personen im Haus auf die drei Betten aufteilen könne. Noch so eine irrwitzige Idee, der Henriette gleich zuvorgekommen war, indem sie entschieden hatte, dass sich die Schwestern ein Bett teilten.

»Ich bin so aufgeregt«, gab Charly zu und seufzte.

»Wegen … Julien?« Henriette war nicht entgangen, dass Gabriels Neffe ihre Schwester von Zeit zu Zeit interessiert gemustert hatte. Das war nicht weiter verwunderlich, Charly war nun wirklich kein unangenehmer Anblick, außerdem sprühte sie dieser Tage nur so vor Enthusiasmus und Begeisterung, was sie nicht nur funkeln, sondern geradezu leuchten ließ.

Charly hob den Kopf vom Kissen. »Julien? Wie kommst du denn da drauf?«

»Keine Ahnung«, murmelte Henriette und legte die Bettdecke ein wenig zur Seite. Es war warm, auch in der Nacht, und Charlys Körper strahlte Hitze ab wie eine Wärmflasche. »Findest du ihn nicht irgendwie … attraktiv?«

Einen Augenblick lang wurde es ganz still im Zimmer, dann sagte Charly ungläubig: »Ich werd verrückt. Du stehst auf den!«

»Ich?«, rief Henriette lauter als beabsichtigt und senkte gleich darauf wieder die Stimme. »Wie kommst du drauf?«

»Na, so wie du versuchst, ihm aus dem Weg zu gehen.«

»Mach ich doch gar nicht!«

»*Bof*«, entfuhr es Charly. »Das kannst du deiner Oma erzählen.« Dann rutschte sie ein Stückchen näher an Henriette ran und wisperte: »Glaubst du, er ist Single? Heiß ist er ja schon. Kann mir kaum vorstellen, dass sich den noch keine unter den Nagel gerissen hat.«

Henriette richtete die Decke ordentlich über ihrem Körper und sagte beiläufig: »So toll ist er auch wieder nicht.« Und um das Thema nicht weiter zu vertiefen, fragte sie: »Wie sieht es bei dir eigentlich aus an der Liebesfront?«

Charly kicherte. »Liebesfront? Meine Güte, bei dir klingt das, als würde man in den Krieg ziehen, wenn man sich verknallt.«

Damit hatte ihre Schwester im Prinzip recht. Nach Jahren, in denen Henriette die halbe Stadt gedatet hatte und trotzdem kein Kandidat dabei gewesen war, der sich für sie im selben Maße interessierte wie sie sich für ihn und sich zudem nicht davon abschrecken ließ, dass sie erst mal auf Abstand ging, wenn sie Gefühle bemerkte, hatte sie alle Bemühungen in Sachen Liebe eingestellt. Viel zu oft war sie mit frisch rasierten Beinen, schicker, aber unbequemer Unterwäsche und viel zu hohen Absätzen und Erwartungen zu einem Rendezvous gefahren und war enttäuscht worden. Weil die eins fünfundachtzig gemogelt waren, weil sich herausstellte, dass es einen zahnmedizinischen Grund gab, warum es von dem Mann nur Fotos mit geschlossenem Mund auf seinem Profil gab, oder weil man sich trotz angeregtem Mailverkehr vorab von Angesicht zu Angesicht nichts zu sagen hatte.

Als Henriette vor zwei Jahren von dem Date mit Alex

gekommen war, einem Investmentbanker aus London, hatte es ihr gereicht. Sie hatten sich gut unterhalten und prächtig verstanden, hatten dieselben Ziele im Leben – und schließlich bot er Henriette an, sie nach Hause zu fahren. Sie freute sich, das entwickelte sich alles in die richtige Richtung, er hielt ihr sogar die Beifahrertür auf, als sie am geparkten Wagen ankamen. Aber nur, um an ihr vorbei in eine Ablage zu greifen und einen Fusselroller herauszuholen, den er mit einem gewissenhaften Gesichtsausdruck und sehr viel Akribie anschließend über Henriettes ganzen Körper rollte. »Ich mag keinen Dreck im Auto«, sagte er als Erklärung, und Henriette stand da, vor Fassungslosigkeit erstarrt, und wusste nicht, was sie sagen sollte. Der Kerl fusselte sie ab, bevor sie in sein Auto stieg? Der würde sie garantiert auch desinfizieren, bevor er ihr zum ersten Mal unter die Bluse fasste, oder sie zur Zahnreinigung schleppen, bevor es zum Kuss kam. Nein. O nein. Es gab Grenzen. Und die Fusselrolle war eine. Henriette bedankte sich bei Alex fürs Entfusseln, machte auf dem Absatz kehrt und lief davon, und noch in der Bahn löschte sie nicht nur seine Nummer, sondern auch sämtliche Matches in den Apps und deinstallierte alles, was auch nur im Entferntesten an Dating erinnerte. Sie hatte genug von der Liebe.

Was offenbar auf Gegenseitigkeit beruhte, denn seit Alex und dem Deinstallieren aller Kennenlernplattformen war Henriette keinem interessanten Mann mehr begegnet. Manchmal kam es ihr vor wie ein Pakt, den die Liebe und sie geschlossen hatten: Du kommst mir nicht zu nahe, und ich lasse dich dafür in Ruhe.

»Lenk nicht ab«, sagte Henriette und stupste ihre Schwester sanft an. »Gibt es jemanden in deinem Leben?«

Charly tat so, als müsste sie überlegen. Dann seufzte sie. »Es gab jemanden. Aber das ist vorbei.«

»Warum?« Henriette winkelte den Arm an und legte den Kopf auf der Hand ab. Sie wusste nicht, wie lange es her war, dass sie mit Charly über Herzensangelegenheiten gesprochen hatte. Vermutlich Jahre.

»Er wollte mehr als ich.«

»Mehr?«, hakte Henriette nach.

»Familie. Kinder. Ein Haus im Grünen.«

»Klingt doch gut!«

Charly stöhnte. »Ja, für jemanden wie dich.«

»Hey, was soll das denn heißen?«, fragte Henriette mit leiser Entrüstung.

»Hetty, du wünschst dir so was. Einen für die Ewigkeit, ein schönes Zuhause, eine sichere Zukunft. Aber für mich ist das nichts.«

Darüber musste Henriette nachdenken. Es stimmte, Charly war noch nie eine Frau für Längerfristiges gewesen, sie summte eher wie eine Biene von Blüte zu Blüte und blieb so lange, wie sie wollte, um nach einer gewissen Zeit weiterzufliegen. Manchmal waren es nur Monate, vielleicht mal ein ganzes Jahr, aber im Grunde mied Charly alles, was sich nach einer allzu festen Bindung anfühlte, während Henriette den linken Arm dafür geopfert hätte, um endlich den Richtigen zu finden. Nicht, dass sie nicht allein klargekommen wäre, sie wusste, sie hatte das Zeug und auch die finanziellen Mittel, um ohne Partner durchs Leben zu gehen.

Aber wollte sie das? Würde sie das auf Dauer wirklich glücklich machen? Eine Karriere und Kohle auf dem Konto, aber eben keine klebrigen Kinderhände, die sich in ihre schoben, keine Kissenschlachten am Sonntagmorgen im Bett, keine Krümel auf dem Sofa … Wieder musste sie an Alex und seine Fusselrolle denken. Gab es überhaupt einen Mann da draußen, der zu dem passte, was sie im Angebot hatte – oder hatte sie bislang nach den Falschen gesucht? Am falschen Ort? Zur falschen Zeit? Herrje, warum war es nur so kompliziert? Sie wollte doch nur jemanden treffen, dessen Lebensentwurf sich mit ihrem deckte, der für sich selbst sorgen konnte, auf den sie sich aber auch verlassen durfte, der gute Manieren hatte, eine nicht völlig dysfunktionale Beziehung zu seiner Familie, keinen allzu großen Vergangenheitsrucksack … Gut, das war nun nicht gerade wenig, aber so schwer konnte es doch auch nicht sein, unter 8 Milliarden Menschen zumindest einen einzigen zu finden, der in ihr Suchschema passte?

Und ihre Schwester bekam die Angebote, was fürs Leben einzugehen, hinterhergeschmissen und wollte nicht. Es war einfach zum Heulen.

»Willst du denn niemals irgendwo ankommen?«, fragte Henriette mit einem sehnsuchtsvollen Seufzen.

»Wo denn? Und warum denn? Und was passiert nach dem Ankommen? Dann ist doch auch nicht alles Friede, Freude, Eierkuchen«, erwiderte Charly. »Ich bleib lieber unabhängig. Ich glaube, das ist genau mein Ding. Denn da, wo ich gerade bin, geht es mir eigentlich ziemlich gut – nämlich bei mir.«

Henriette schwieg. Sie wünschte sich manchmal, wenigstens für einen Tag mit Charly und ihrer Einstellung tauschen zu können – auch wenn sie eine gehörige Portion Respekt davor hatte. Aber wie mochte es sich anfühlen, wenn man nichts vermisste, wenn man völlig glücklich war mit dem, was man hatte, und nicht ständig auf etwas anderes warten musste? Eine Gehaltserhöhung oder den nächsten Karriereschritt, einen Partner fürs Leben? Es war Henriette fremd, diese Gedanken an die Zukunft nicht zu haben. Gleichwohl war ihr bewusst, dass sie, weil sie sich immer der Frage zuwandte, was als Nächstes kam, oft das vernachlässigte, was gerade da war. Nur selten hielt sie inne und war, wie die vielen Achtsamkeitsratgeber und Podcasts es hoch und runter predigten, ganz und gar im Moment. Möglicherweise war das ihrem Beruf geschuldet, indem es nur ums Planen dessen ging, was vor ihr lag, nie um das Jetzt und Hier oder gar das Vergangene. Oder es war eben doch ihre Persönlichkeit, die sich nicht mit dem Jetzt zufriedengab, sondern immer nach dem sehnte, was noch kommen könnte.

Eine von Charlys Fragen blieb in ihrem Kopf hängen. Was würde nach dem Ankommen passieren? Wenn Henriette all das erreicht hätte, wonach sie sich sehnte? Wie würde es weitergehen, wenn sie eines fernen Tages einen Mann, ein Haus, vielleicht Kinder hätte? Würde sie dann nicht mehr zu tun haben, als ihr Glück zu verwalten? Oder wäre sie weiter unzufrieden, würde nach mehr verlangen, in die Zukunft blicken, statt im Jetzt und Hier zu genießen?

Sie schloss kurz die Augen und atmete tief durch. Nächtliche Gedanken waren wirklich ein Ärgernis, denn sie waren selten vernünftig und brachten einen oft nirgendwohin.

»Dieser Mann, von dem ich dir gerade erzählt habe«, durchbrach Charlys Stimme die Stille. »Er war auch ein Grund, warum ich nicht mehr mit der Theatergruppe weiterziehen wollte.«

»Oh. Das ist schade.«

»So ist das Leben«, erwiderte ihre Schwester leichthin. »Und ich habe ja eine tolle neue Aufgabe gefunden.«

Henriette zögerte. »Dir ist schon klar, dass du Gabriel das Herz brechen wirst, wenn du ihn eines Tages verlässt?«

»Warum sollte ich ihn denn verlassen?«, fragte Charly langsam.

»Weil du nie lange bleibst, Charlotte.«

Ihre Schwester war für einen Moment ganz ruhig. »Das ist das Risiko, das man eingeht, wenn man sich auf Menschen einlässt. Man muss sie eines Tages verlassen, oder sie verlassen dich. Wer lebt, macht sich die Hände schmutzig.«

Henriettes Herz krampfte sich kurz zusammen, als die Worte der Mutter an ihr Ohr drangen, und sie verscheuchte die Gedanken an die brombeersaftverschmierten, kalten Finger, die sie mit noch so viel Rubbeln nicht mehr sauber bekommen hatte.

»Bist du denn glücklich?«, fragte Charly sie unvermittelt.

Reflexhaft wollte Henriette ja sagen, entschied sich dann aber für die Wahrheit. »Nein. Nicht im Moment.«

»Ein Mann?«

Sie lachte leise. »Nein. Kein Mann. Mein Job.«

»Wieso suchst du dir nicht einen neuen, wenn dich der aktuelle nicht mehr glücklich macht?«

Henriette zögerte. Sie hatte sich die letzten Tage nicht getraut, Charly von der Kündigung zu erzählen, weil sie es zum einen nicht gewagt hatte, die Worte auszusprechen, beinahe so, als ob die Entlassung erst damit wahr werden würde. Zum anderen fand sie, dass es die Argumentation, dass Charly sich nun langsam mal um ihre Zukunft kümmern solle, nicht eben stärkte, wenn sie selbst gerade völlig im luftleeren Raum flog. Doch jetzt spürte sie, dass der richtige Zeitpunkt gekommen war.

»Ich wurde …« Meine Güte, es war wirklich nicht leicht, es auszusprechen. Sie rollte sich auf den Rücken und verschränkte die Hände auf dem Bauch. »Ich habe … ach, was soll's. Sie haben mich rausgeschmissen.«

Charly setzte sich so ruckartig im Bett auf, dass die Matratze wackelte. »Hetty! Wieso erzählst du das erst jetzt?«

»Keine Ahnung. Ich habe mich geschämt, schätze ich.«

»Aber das ist ja wunderbar!«

»Äh, nein?«

»Doch. Du kannst mit mir die Patisserie führen. So jemanden wie dich können Gabriel und ich doch brauchen. Mehr als das. Mit dir im Team weiß ich, dass es gelingen wird. Oh, das wäre so großartig.«

Henriette setzte sich ebenfalls auf und knipste die Lampe auf dem Nachttisch an. »Charly, schlag dir das aus dem Kopf. Ich möchte *keine* Patisserie in Frankreich haben.«

»Warum nicht?«

»Weil es ein Hirngespinst ist.«

»Nein, die Idee ist brillant. Und wir haben doch schon fast alles, was wir brauchen. Einen Laden, einen Bürgermeister, der Kekse mag, Julien …«

Henriette merkte, wie ihr Puls kurz stolperte, als Charly den Namen nannte. Sie stellte sich vor, wie Julien in dieser Sekunde im Raum nebenan schlief, wie sie den morgigen Tag gemeinsam mit einem frisch gebrühten Kaffee begrüßen könnten und wie seine Lachfalten und Grübchen ihr Herz dabei ein wenig schneller schlagen lassen würden. Im Kopf ging sie ihr übersichtliches Gepäck durch – hatte sie vielleicht ein Kleid eingepackt? So ein Quatsch, ermahnte sie sich direkt und schickte die lächerlichen Gedanken zum Mond, der vorsichtig in ihr Zimmer schien, als würde er die Schwestern belauschen wollen.

Henriette räusperte sich. »Genau. Ihr habt alles, was ihr braucht, mal abgesehen vom Geld, den Genehmigungen …«

»Fang nicht wieder damit an. Das findet sich.«

»Wo denn? In der Schreibtischschublade?«

Charly legte Henriette die Hand auf den Arm. »Es tut mir leid mit deinem Job. Aber vielleicht ist das auch eine Chance.«

Henriette schüttelte die Hand weg. »Was soll das für eine Chance sein? Ich bin arbeitslos.« Es auszusprechen, war noch hundertmal schlimmer, als es zu sein.

»Du warst doch sowieso nicht glücklich. So viel Arbeit tut keinem Menschen gut. Man sollte sich für seinen Job nicht so aufreiben.«

»Dieser Job bedeutete mir alles, ich hatte mir da was

aufgebaut. Was richtig Gutes. Das kennst du halt nicht«, entfuhr es Henriette, weil sie spürte, dass die Worte ihrer Schwester einen schmerzhaften Stich in ihr hinterlassen hatten.

»Hetty, du kannst doch nicht nur für die Arbeit leben. Das ist doch nicht gesund.«

»Ach, aber von befristeter Stelle zu befristeter Stelle zu tingeln, ist es?«

Charly seufzte und legte sich wieder hin. »Mit mir hat das doch gar nichts zu tun. Und sei mal ehrlich, wann hast du zum letzten Mal so was wie Glück empfunden?«

Henriette ließ sich neben ihre Schwester fallen, verschränkte die Arme vor der Brust und schwieg. Diese Unterhaltung, dazu noch mitten in der Nacht, schlug ihr auf den Magen. Tief in sich drin spürte sie, dass Charly den Nagel auf den Kopf traf. Aber das wollte sie weder vor sich noch vor Charly zugeben.

Henriette knipste die Nachtischlampe aus und drehte sich auf die andere Seite. Wenn man es gewohnt war, nur für die Arbeit zu leben, war es ganz schön schwer, etwas anderes als Enttäuschung und Verzweiflung zu spüren, wenn diese Arbeit plötzlich nicht mehr da war. Sie fühlte sich hin und her gerissen, einerseits wollte sie am liebsten sofort wieder loslegen und sich in die Jobsuche werfen. Andererseits fühlte sie jedoch seit dem Rauswurf aus der Firma eine unbekannte Müdigkeit in sich. Die rastlosen Jahre, das ewige Rennen, so wenige Pausen … möglicherweise war ja doch etwas dran, was die ganzen Gurus und Coaches und auch Charly immer sagten: Man musste auch mal innehalten. Ausruhen. Sich sammeln.

»Vielleicht hast du ja recht«, sagte sie sehr leise in die Stille hinein. »Mein Leben war schon sehr stressig. Glück habe ich eigentlich nur auf der Arbeit empfunden, wenn ich ein Lob bekommen habe für meinen Einsatz oder wenn ein Projekt besonders gut lief.«

Charly schwieg, was Henriette als Aufforderung verstand, weiterzusprechen.

»Und jetzt, wo der Job weg ist, fühle ich mich so furchtbar leer. Ich weiß gar nichts mehr mit mir anzufangen und habe viel mehr schlechte Laune, als ein einzelner Mensch ertragen kann. Es tut mir leid, dass ich so unleidlich bin. Ich kenne das Gefühl nicht, keine Aufgabe zu haben, und diese Leere in mir macht mir Angst.« Sie drehte sich wieder auf den Rücken, starrte in der Dunkelheit an die Decke. »Ich bewundere dich dafür, dass du dich nie unterkriegen lässt. Dass Unsicherheit dich nicht fertigmacht, sondern du von irgendwoher dieses Urvertrauen nimmst, dass am Ende alles gut wird. Das hast du von Mama.«

Henriette spürte, wie sich ein Kloß in der Kehle bildete. Egal, wie lange ihre Mutter schon nicht mehr lebte, sie fehlte ihr immer noch, jeden Tag, vor allem an so dunklen Tagen wie zuletzt. Gerlinde Süßkind hatte die älteste Tochter immer trösten können, aber auch motivieren und beruhigen. »Das wird schon, Schatz«, hatte sie nicht nur einmal zu Henriette gesagt, »das fügt sich. Sorgen sind wie Nudeln ... «

Lautlos vervollständigte Henriette den Satz: »Man macht sich immer zu viele.« Dann spürte sie, wie sich eine Träne aus dem Augenwinkel löste und ihr langsam über die Wange lief. Sie zog die Nase hoch, atmete zweimal tief durch und drehte sich dann zu Charly um.

»Möglicherweise kannst du mir ja beibringen, wie man mit mehr Gelassenheit und Vertrauen durchs Leben geht. Das kannst du nämlich echt gut.«

Ihre Schwester schwieg weiter. Henriette wartete einen Moment, dann rückte sie noch ein paar Zentimeter mehr in die Mitte der Matratze und stupste Charly an.

»Was meinst du? Willst du mir helfen?«

Anstelle einer Antwort ertönte ein herzhaftes Schnarchen, gefolgt von tiefen und zufriedenen Atemzügen, die Henriette klarmachten, dass Charly bereits vor einiger Zeit eingeschlafen war.

17

Die Sonne kitzelte sie an der Nasenspitze, als Henriette die Augen öffnete und mit der Hand nach dem Handy auf dem Nachttisch tastete. Sie fühlte sich völlig zerschlagen, dabei war es bereits acht Uhr durch und damit eine Stunde später, als sie normalerweise aufstand. Gut, normalerweise schlief sie auch die Nächte durch und grübelte nicht bis in die frühen Morgenstunden darüber, ob sie in einer Lebenskrise steckte, die ein radikales Umdenken erforderte, oder ob sie einfach nur ganz normale Panik hatte, weil sie vor kurzem zum ersten Mal überhaupt den Job verloren hatte.

Allein Charly hatte sich von den nächtlichen Gedanken auf der anderen Bettseite nicht vom seligen Schlaf abbringen lassen. Auch jetzt hatte sie die Augen noch fest geschlossen und sah nicht so aus, als ob sie in absehbarer Zeit aufwachen würde.

Henriette schlug vorsichtig die Decke zur Seite, um ihre Schwester nicht zu wecken, und schwang die Beine über die Kante der Matratze. Sie brauchte erst mal einen Kaffee, um wach zu werden. Auf nackten Füßen tapste sie durchs Zimmer und die Stufen in die Küche hinunter, wo sie sich in den Oberschränken zu schaffen machte.

Wo war denn der Behälter mit dem Kaffeepulver? Und wo der Espressokocher? Sie kniff die Augen zusammen und versuchte, sich zu konzentrieren. Ohne Kaffee war sie morgens einfach nur ein halber Mensch.

»*Bonjour*«, sagte plötzlich eine Stimme hinter ihr, und Henriette fuhr herum, schlagartig wach. Im selben Moment, als sie Julien entspannt auf einem der Stühle am Tisch sitzen sah, wurde sie sich bewusst, dass sie nicht mehr als ein ausgewaschenes Shirt und eine Unterhose trug. Die mit der skateboardfahrenden Zitrone drauf. Henriette hatte sich in ihrer Not, weil sie eben doch nicht genug Kleidung eingepackt hatte, einen Schlüpfer von Charly geliehen, der nicht nur aussah wie aus der Kinderabteilung, sondern zu allem Überfluss auch noch viel zu groß war und schlabberte.

»Scheiße, hast du mich erschreckt«, sagte sie auf Deutsch und versuchte, den Saum des Shirts nach unten zu ziehen.

Julien grinste und erhob sich vom Stuhl, trat an einen der Oberschränke und zauberte eine Tasse hervor. Er goss Henriette Kaffee aus der Kanne ein, die auf dem Tisch vor ihm stand, hob fragend die Augenbrauen, als er den Milchaufschäumer zur Hand nahm, und füllte den Rest der Tasse auf ihr Kopfnicken hin mit Milch auf. Dann drückte er ihr den Becher in die Hand und Henriette in einer fließenden Bewegung auf einen der freien Stühle, und dabei war er sogar dazu in der Lage, ihren nackten Beinen keine weitere Beachtung zu schenken. Was Henriette einerseits sehr ritterlich fand und andererseits auch ziemlich ärgerte. Aber das waren zu viele widersprüchliche Gefühle für ihren Bewusstseinszustand, und so ließ sie alles mit sich geschehen und trank einen Schluck vom Kaffee oder besser Café au Lait, ohne etwas zu sagen.

Der jedoch schmeckte anders als sonst. Irgendwie vollmundiger. Sie blickte fragend auf die Tasse, dann in Juliens Richtung.

Er zuckte entschuldigend mit den Schultern. »Eine kleine Prise Salz ins Kaffeepulver, das ist eine Geheimzutat meiner Mutter gewesen. Ich habe mir außerdem erlaubt, noch eine Messerspitze Zimt dazuzugeben. So bekommt der Kaffee mehr ...« Julien suchte nach dem Wort.

»... Tiefe«, schlug Henriette vor.

»*Exactement.*«

Er lächelte. Sein Bart war einen Tick länger geworden als gestern, die Haare waren noch feucht von der Dusche. Das Hemd, heute in Weiß, war etwas weiter aufgeknöpft als am Vortag, dazu trug er kurze Shorts. Julien sah aus, als würde er jeden Augenblick seinen Seesack schultern und auf einer Yacht anheuern. Er wirkt so gesund, stellte Henriette irritiert fest, und kam sich mit den frischkäseweißen Beinen, auf denen, wenn man genau hinsah, ein paar blaue Äderchen durchschimmerten, geradezu kränklich vor.

»Wie hast du geschlafen?«, wollte Julien wissen und strich sich eine verirrte Strähne aus dem Gesicht.

Henriette konzentrierte sich auf den Kaffee in der Tasse. »Nicht so gut. Unruhig.«

Julien nickte nachdenklich. »Du wirkst auch ein bisschen erschöpft, wenn ich das so sagen darf.«

Henriette verkniff den Mund zu einem dünnen Strich. »Das höre ich in letzter Zeit häufiger.«

»Deshalb der Urlaub in Lamotte-Beuvron?«

Sie lachte humorlos auf. »Nein, ein Urlaub ist das nicht. Im Gegenteil.« Henriette seufzte, während sie überlegte, ob sie ihm von der Jobsituation erzählen sollte. Da sie ihn nicht kannte, ging es ihn eigentlich nichts an, aber gerade *weil* sie quasi Fremde waren, brauchte sie vor ihm auch keine Geheimnisse zu haben. »Ich suche einen neuen Job. Das Ende meiner letzten Arbeitsstelle kam sehr plötzlich.« Sie räusperte sich, da ihre Stimme mit einem Mal belegt war.

Julien ließ sie nicht aus den Augen. »Und den neuen Job suchst du hier?«

Sie lachte wieder, aber diesmal klang es anders. »Sicher nicht. Ich versuche eher, meine Schwester vor einem schrecklichen Fehler zu bewahren.«

Seine Lippen kräuselten sich. »Ich habe gestern schon herausgehört, dass du die Sache mit der Patisserie nicht gutheißt.«

Henriette schwieg und zog die Beine an, so dass die Knie beinahe ihr Kinn berührten. Ihr Shirt zog sie über die Beine. Was sollte sie dazu sagen? Sie hatte alles gesagt, was sie zu sagen hatte. Wenn Charly und Gabriel sich jetzt noch an der Idee die Finger verbrennen wollten: bitte schön.

Julien erhob sich. »Komm, ich zeig dir was.«

Henriette verschluckte sich fast am Kaffee. So viel Aktionismus am Morgen war ihr zuwider. »Ich habe keine Hose an.«

»Für das, was wir machen, brauchst du keine Hose«, erwiderte Julien und zwinkerte wieder. »Keine Hose, kein Problem.«

Gaaanz gefährliches Terrain, dachte Henriette, stand aber vom Stuhl auf und stellte sich neben Julien. »Okay. Was machen wir?«

»Croissants. Original französische Croissants.«

»Oh, sind die nicht ziemlich kompliziert?« Henriette hatte nicht viel Erfahrung beim Backen, war sich aber ziemlich sicher, dass Croissants die hohe Kunst der französischen Patisserie sein sollten.

»Sind sie.«

»Warum bereiten wir dann nicht etwas Leichteres zu?«, wollte Henriette wissen und fragte sich gleichzeitig: Warum habe ich immer noch keine Hose an?

»Ich glaube, du bist jemand, der Herausforderungen liebt. *N'est-ce pas?*«

Widerwillig stimmte sie ihm zu. Woher wusste er das? »Na gut. Wie lange dauert das Ganze?« Sie blickte an sich hinab. »Gegebenenfalls würde ich mich doch für mehr Kleidung entscheiden.«

Julien grinste breit. »Die Zubereitung von Croissants erfordert zwei Tage.«

Henriette hielt erstaunt inne. Zwei? Tage? Immerhin eine Sache wäre damit geklärt: Sie würde sich definitiv etwas zum Anziehen holen.

»Wir werden zwei Tage backen?«, fragte sie ungläubig, denn sie konnte sich nicht vorstellen, dass ein Produkt, das so wenig kostete, so viel Zeit bei der Zubereitung in Anspruch nahm. Auch wenn es in Henriettes Welt kaum etwas Köstlicheres gab und ihr deswegen jetzt schon das Wasser im Mund zusammenlief.

Julien breitete die Arme aus, und in diesem Augenblick konnte sich Henriette sehr gut vorstellen, wie er vor einer Klasse stand und die Backschüler in die Geheimnisse der Croissant-Kunst einweihte.

»*Alors*, wir werden keine zwei Tage am Stück backen. Auch wenn ich mir das mit dir und der Zitrone auf dem Skateboard sehr unterhaltsam vorstelle.«

Es blitzte in seinen Augen, und Henriette errötete.

»Der Croissantteig ist sehr empfindlich und erfordert diverse Ruhe- und Gehzeiten. Deshalb dauert die Zubereitung so lange.«

Henriette war ein wenig enttäuscht, sie hatte sich auf frische Croissants zum Frühstück gefreut, nur halt eben heute und nicht erst am Freitag. Wenn die Sterne günstig standen, wäre sie in zwei Tagen auch gar nicht mehr da und würde nicht in den Genuss ihrer ersten selbstgemachten Croissants kommen. Aber was machte das schon? Jetzt war sie hier, und Julien wollte ihr etwas beibringen, und viel Besseres hatte sie ohnehin nicht zu tun.

»Ich hole mir eine Hose, und dann legen wir los«, beschloss Henriette und ging mit zielstrebigen Schritten aus der Küche.

*

Anderthalb Stunden später rauchte Henriette der Kopf. Julien hatte sie mit dermaßen vielen Informationen vollgestopft, dass ihr ganz schwindelig war.

Alles hatte mit der Grundlage angefangen, der Détrempe (denn zu Henriettes Entsetzen hatten die Zubereitungsschritte für Croissantteig eigene Namen!), bei der Mehl, Wasser, Milch, Butter, Zucker, Salz und Trockenhefe zu einer homogenen Masse verknetet wurden. Und zwar mit den Händen, weil Gabriel keine Backmaschine im Haus hatte und Julien wie ein Hohepriester der elitären Backkunst verkündete, dass nur die Croissants auf der Zunge zergingen, deren Teig von Hand geknetet worden war. Was bei kalter Butter leichter gesagt als getan war.

Danach, als Henriettes Finger schmerzten und die Oberarmmuskeln sich beschwerten, ging es für den Teig an einen warmen Ort zum Ruhen. Julien setzte einen weiteren Kaffee auf und nahm Henriette gegenüber am Tisch Platz, die sich über das Päuschen freute.

»Und du bist also Gabriels richtiger Neffe?«, begann sie die Unterhaltung, ohne zu ahnen, welche Büchse sie damit öffnete.

Sie erfuhr in der nächsten Stunde mehr über die Familie Fournier, als sie sich hätte erträumen können, über einen streitsüchtigen Anwalt, ein Kindermädchen aus dem Elsass, den gynäkologisch versierten Valentin, die an Bauchschmerzen leidende Lorraine und den gemeinsamen Sohn Julien, der im Backen seine Leidenschaft gefunden und auch wieder verloren hatte und mittlerweile als Lehrer an der Berufsschule Patissiers ausbildete.

Was an sich eine ziemlich dröge Angelegenheit hätte werden können – wer tauchte schon gern so tief in die Familiengeschichten anderer Leute ein? –, entwickelte sich überraschenderweise genau zum Gegenteil. Henriette hing an Juliens Lippen, als er von seiner Großmutter Capucine erzählte, die nach Amerika ging, um dort zu Nancy zu werden, von der allein durch den Schwarzen Freitag verhinderten Hochzeit mit einem argentinischen Gaucho (oder so ähnlich, bei so vielen Details war Henriette möglicherweise durcheinandergekommen), sie litt mit ihr mit, als sie von der Schwangerschaft und dem auf einem Dampfschiff davonfahrenden Kindsvater erfuhr, und freute sich aufrichtig, als sie von Valentin hörte, der zu einem charismatischen Mann und hervorragenden Frauenarzt wurde. Beinahe bildlich konnte sie vor sich sehen, wie Nancy und ihr Sohn durch das Paris der 1970er Jahre schlenderten und Valentin sich an jeder Straßenecke in eine andere Französin verliebte. Sie fieberte mit, als Julien von Lorraine berichtete, der jungen Lehrerin mit den Unterleibschmerzen, von der Geburt des kleinen Julien, dem Tod des Vaters und der Reise nach Nancy, wo Selma, die perlenbehängte Behördenfrau, Gabriel Fournier, besser gesagt den Geburtsort seiner Maman ausgrub.

Als Juliens Geschichte endete, hatte Henriette das Gefühl, einen Abspann zu vermissen, wie im Kino, so bildreich und farbenfroh, detailverliebt und leidenschaftlich hatte er erzählt. Sie liebte alles daran, die Dramatik, die Kulisse, die Spielorte, vor allem aber, dass sie weder an die eigene Zukunft noch an die ihrer Schwester gedacht hatte.

Erst als Julien sich plötzlich erhob, zum abgedeckten Teig eilte und entschieden in die Hände klatschte, wurde ihr bewusst, dass sie mindestens neunzig Minuten lang mit nichts als Kaffee, Herumsitzen und Sichunterhalten verbracht hatte – eine absolute Sensation.

»Wie geht es weiter?«, wollte sie atemlos wissen.

»Der Teig muss jetzt für dreißig Minuten in den Kühlschrank, währenddessen machen wir die Tourage«, verkündete Julien voller Tatendrang und schwang die Hände wie ein Dirigent.

»Nein, nein, nicht mit den Croissants«, antwortete Henriette und schüttelte den Kopf. »Mit deiner Geschichte!«

»Die muss warten«, erwiderte Julien und machte ein ernstes Gesicht. »Croissants sind in Frankreich eine Staatsangelegenheit, die haben oberste Priorität.«

Also fing Henriette unter Juliens Aufsicht an, Butter in kleine Würfel zu schneiden und nebeneinander in ein großes Quadrat zu legen. Sie schichtete ein Blatt Butterpapier (endlich ergab der Name einmal Sinn) darauf und begann, die Quader vorsichtig zu einer einheitlichen Masse auszurollen – streng kontrolliert von Julien, der jeden Arbeitsschritt mit Argusaugen überwachte und auch mal korrigierte, wenn Henriette es ein wenig zu eilig hatte.

Ihr war gar nicht bewusst gewesen, wie viel man beim Ausrollen von kalter Butter falsch machen konnte. Und überhaupt, wie viel Butter in so einem Croissant war, das war ja beinahe unanständig. Aber, ach, wenn man schon so viel Arbeit mit den Dingern hatte, musste man sich anschließend auch belohnen.

»Wir kommen jetzt zur Faltung«, sagte Julien schließlich, als Henriette die Teigkugel zu einem Rechteck ausgerollt und das Butterquadrat mittig drauf platziert hatte, um es erneut auszurollen. »Die ist besonders wichtig.«

»Wie offenbar alles, was mit der Zubereitung von Croissants zu tun hat«, murmelte Henriette und wischte sich imaginären Schweiß von der Stirn. Mein lieber Mann, sie würde nie wieder bedenkenlos in eines dieser köstlichen Teilchen beißen. Eigentlich musste man vor jedem Croissant in die Knie gehen, oder eher vor denjenigen, die die Dinger noch von Hand herstellten.

»Bei der ersten Tour der Tourage legen wir den Teig in eine Doppel- oder Buchfalte«, dozierte Julien munter weiter, ohne Henriettes Schwächeerscheinungen zu beachten. »Dafür klappst du ein Viertel des Teigs zur Mitte und die andere Seite ebenso, und danach faltest du das Ganze in der Hälfte.«

Henriette tat, was er ihr sagte, und fand, dass der Croissantteig nun wie ein Handtuch aussah, das von Marie Kondo gefalzt worden war.

»Bei der zweiten Tour machen wir eine einfache Falte, auch Brieffalte genannt.«

Henriette blinzelte. Erst Buch, dann Brief. Das musste sie sich merken.

»Jetzt den Teig wieder ausrollen. Nein, nicht so viel Druck! Ja, genau so. Wenn du das erledigt hast, klappst du ein Drittel des Teigs nach innen und das andere Drittel darauf.«

Sie versuchte, das Rechteck so einzuteilen, dass es drei gleich große Teile ergab, aber irgendwie wollte es ihr nicht gelingen. Egal, wie oft sie eine Seite des Teigs nach innen schlug, die beiden anderen Teile wirkten immer viel zu klein oder viel zu groß.

»Ach, Mist!«, fluchte sie und biss sich auf die Lippe.

»Moment.« Julien, der die ganze Zeit ihr gegenüber am Tisch gestanden hatte, trat neben sie und legte seine Hände auf ihre Arme. »Zuerst einmal das Wichtigste. Du bist zu hektisch.«

Henriette wollte aufbegehren, immerhin stopfte Julien sie seit Stunden mit Informationen über seine Familie und die Zubereitung von Croissants voll, und zwar auf Französisch und im Wechsel, das Ganze bisher nur mit Kaffee im Magen, doch Juliens Fingerspitzen, die ihre Haut kaum merklich berührten, ließen sie innehalten.

Stand irgendwo ein Fenster offen, oder warum fröstelte sie? Und wieso war ihr dann plötzlich so warm im Bauch?

Juliens Hände führten Henriettes Finger mit einer geradezu zärtlichen Geste über den Teig.

»Schau mal, hier ist es gut, da machst du eine Falte. Und jetzt auf der anderen Seite. *Voilà.*«

Der Teig war erneut zu einem handlichen Paket gefaltet, doch Julien machte keine Anstalten, seine Hände wegzunehmen.

»Du hast Talent, 'enriette«, murmelte er, wobei ihr verwundert auffiel, dass seine Stimme ein wenig rauer klang als noch vor fünf Minuten und Juliens Nähe sie irgendwie … elektrisierte.

»Das sagst du doch sicher nur so«, hauchte sie und nahm in diesem Moment wahr, dass ihr Herz ein wenig schneller schlug.

Sie hob den Kopf und sah, dass Julien sie anblickte. Diese Augen … Henriette schluckte schwer, mit einem Mal war ihr Mund so trocken, als hätte sie sich die Packung Mehl hineingeschüttet. Ihr Blick wanderte zu Juliens Lippen. Sein Mund, eingerahmt von diesem herrlichen Dreitagebart, war schön geschwungen, die Lippen waren leicht geöffnet, und wenn Henriette sich nicht täuschte, kam dieser Mund immer näher auf sie zu, wobei sich Juliens Kopf leicht nach links beugte und ihm eine Haarsträhne in die Stirn fiel. Sie verspürte den Impuls, die Hand zu heben und die Strähne zur Seite zu streichen, aber dann hätte sie die Arme unter seinen Händen herausziehen müssen, und seine Finger hätten ihre Haut nicht mehr berührt, und obwohl Henriette eine Frau war, die gern schon über den nächsten und manchmal auch den übernächsten Schritt nachdachte, das ging ihr dann doch zu schnell. Deshalb tat sie nichts, blieb ganz still einfach da stehen und wartete darauf, dass Juliens Lippen ihren Mund berührten. Es konnte nicht mehr lange dauern, vielleicht ein Blinzeln lang, vielleicht einen Herzschlag, und dann …

Ein Rumpeln. Eine Tür, die so schnell aufgestoßen wurde, dass sie gegen die Wand knallte.

»Huch!«

Henriette und Julien sprangen auseinander, im Eifer des Gefechts fiel die Mehlpackung um, und das weiße Pulver stob über den Küchentisch und bedeckte große Teile des schwarz-weiß gekachelten Fliesenbodens.

»Entschuldigung«, sagte Charly mit deutlicher Verblüffung in der Stimme. »Ich wusste nicht, dass ihr … beschäftigt seid.«

»Wir sind schon fertig«, sagte Henriette schnell, während sie sich nach einem Blech und einem Handfeger umsah, um das Mehl aufzukehren.

»Zumindest mit dem ersten Teil«, fügte Julien hinzu, und als Henriette den Kopf hob, sah sie, dass er sie eindringlich anblickte, und dieser Blick ging ihr so durch Mark und Bein, dass sie herumwirbelte, beinahe schon fluchtartig die Küche verließ und die kommenden zwanzig Minuten unter der eiskalten Dusche verbrachte, wo sie hoffte, wieder genauso formstabil und schnittfest wie die Butter zu werden, die sie gerade stundenlang zu Croissantteig verarbeitet hatte.

18

GABRIEL

Ich bin ein Mann der Wahrscheinlichkeiten. Auch wenn ich schon lange nicht mehr als Buchmacher arbeite, gibt es doch kaum eine Stunde am Tag, an der ich nicht eine Wahrscheinlichkeit berechne.

Beim Blick hinaus aus dem Fenster in den wolkenlosen Sommertag beispielsweise liegt die Wahrscheinlichkeit für einen überraschenden Wolkenbruch in Lamotte-Beuvron bei weniger als 2,4 Prozent. Im September und Oktober, wenn der Wind über dem Atlantik die Tiefdruckgebiete über die Bretagne aufs Festland und anschließend gen Süden schickt, steigt die Wahrscheinlichkeit für einen Wetterumschwung auf 23,7 Prozent, im Januar auf über 60 Prozent.

Auch wenn ich morgens im Bett die Augen aufschlage und in meinen Körper hineinspüre, kalkuliere ich im Geist, wie wahrscheinlich es ist, dass ich heute – weil ich zwar nicht an Wunderheilungen glaube, aber die Hoffnung bekanntlich zuletzt stirbt – meine rechte Körperhälfte wieder spüre. Ich verrate nicht zu viel, wenn ich sage, dass ich mich in dieser Sache noch nie geirrt habe, denn bislang waren die 0,5 Prozent, mit der ich eine spontane Reaktivierung meines Körpers berechnet habe, verlässlich.

Das gilt aber nicht für meine Berechnungen im zwischen-menschlichen Bereich.

Manchmal, wenn ich durch den kleinen Ort flaniere, ge-schoben von der des Französischen kaum mächtigen Ag-nieszka oder der sehr viel erfreulicheren, weil redseligeren Charlotte, beobachte ich die Menschen und überlege mir, mit welcher Wahrscheinlichkeit ihnen wohl etwas Bestimm-tes im Leben widerfahren wird. Die Eheleute Didier, zum Bei-spiel, sind mittlerweile um die sechzig und streiten sich den lieben langen Tag lang. Jedes Mal, wenn ich ihnen begegne, zieht Monsieur Didier eine Schmolllippe, weil ihn seine werte Gattin wieder wegen irgendeiner Kleinigkeit gemaßregelt hat. Mal sucht er die falschen Äpfel bei Yathavan aus, mal geht er zu schnell neben ihr, zuweilen auch zu langsam, er steht ihr in der Sonne oder drückt sich im Schatten der Häu-ser herum; wie er es auch tut, Monsieur Didier kann es sei-ner Frau einfach nicht recht machen, und bleibt trotzdem bei ihr. Was erstaunlich ist, denn die Wahrscheinlichkeit für eine Trennung liegt meiner Meinung nach bei 87,4 Prozent – und dennoch ist Monsieur Didier mehrmals die Woche mit seiner Frau im Ort unterwegs und lässt sich von ihr zur Schnecke machen.

Auch die beiden Schwestern Duchamps, die seit Jahr-zehnten niemand miteinander reden gesehen hat, halten allen Wahrscheinlichkeitsrechnungen stand, die ich für sie errechnet habe. Selbst François, dessen Herz eines Tages allein aus organischen Gründen den Liebeskummer über-winden wird (53,9 Prozent), weigert sich konsequent, meinen Berechnungen Folge zu leisten.

Genau das ist die Krux, wenn man menschliches Verhalten mit Wahrscheinlichkeitsrechnungen vorherzusagen versucht. Es ist etwas anderes als bei Rennpferden, deren Platzierungen, Ställe und Jockeys man in die Gleichung aufnehmen kann. Denn Menschen verhalten sich leider sehr oft unvorhersehbar.

Ich hätte es also besser wissen müssen, als ich mich am gestrigen Abend, als Julien, Henriette, Charly und ich bei einem von ihr herrlich improvisierten Ratatouille zusammensaßen und speisten, die Wahrscheinlichkeit dafür berechnete, dass aus der vor Lebensfreude sprudelnden Charlotte und meinem einzigen und liebsten Neffen Julien ein Paar werden würde. Ich hätte wissen müssen, dass mein verklärtes Wunschdenken, Charly in welcher Form auch immer in meinem Leben zu behalten, meinen analytischen Geist vernebelte. Deswegen sah ich auch nur zwei ungebundene, attraktive Menschen, sie vielleicht ein bisschen zu wild für ihn und er vielleicht ein bisschen zu alt für sie, im Großen und Ganzen jedoch sehr kompatibel, denn beide sprühten vor Witz und Charme und konnten dafür sorgen, dass man sich in ihrer Anwesenheit für den wertvollsten Menschen der Welt hielt.

Vor meinem inneren Auge sah ich bereits, wie die beiden Hand in Hand durch Paris flanierten, wie Julien den Arm um Charlys Schultern legte und ihr einen Kuss aufs rot gelockte Haar drückte. 83,9 Prozent – solide, meinen Berechnungen nach. Die meisten Ehen kommen mit weniger aus.

Allerdings hatte ich dabei etwas vergessen – und zwar etwas sehr Entscheidendes. Henriette. Sie, die leiser als ihre Schwester ist und mehr beobachtet als sagt, wurde von Julien den ganzen Abend nicht aus den Augen gelassen. Wenn sie sich vom Tisch entfernte, folgte er ihr mit Blicken, wenn sie sich wieder hinsetzte, nahm er dieselbe Körperhaltung wie sie ein. Lachte sie, strahlte Julien über das ganze Gesicht, und wenn sie es tat, weil er etwas Humorvolles gesagt hatte, fing er regelrecht zu leuchten an.

Als Buchmacher bei Pferdewetten war ich unbestreitbar eine sichere Bank. Als Analyst menschlicher Beziehungen bin ich genauso nutzlos wie mein rechter Arm.

Ich musste meine Berechnungen deshalb korrigieren. Charlys und Juliens Wahrscheinlichkeit, sich ineinander zu verlieben, senkte ich auf weniger als 20 Prozent, wohingegen ich Julien und Henriette einen Wert von 61,3 Prozent errechnete. So wenig deshalb, weil Henriette für mich, auch nach mehreren Tagen in ihrer Gesellschaft, nach wie vor ein Buch mit sieben Siegeln ist. Tüchtig ist sie, das ist unbestritten, ehrgeizig und korrekt. Und hilfsbereit, auch wenn sie versucht, es zu verbergen. Aber als sie heute Mittag, nachdem Julien ihr gezeigt hatte, wie man Croissantteig herstellt, wieder in die Küche kam, wo ihre Schwester gerade über dem brütete, was einmal ein Finanzplan werden sollte, konnte ich in ihren Augen sehen, wie leid Charly ihr tat. Henriettes Schwester ist vieles, und vieles davon ist ganz und gar zauberhaft, doch mit Zahlen und Tabellen hat sie es eindeutig nicht. Ich überschlug im Kopf, wie lange es wohl dauern würde, bis Henriette den Anblick Charlys vor dem Taschenrechner, auf den sie wie eine Furie einhackte und den sie schließlich mit einem heftigen deutschen Kraftwort vom Tisch fegte, um gleich darauf das Gesicht in den aufgestützten Händen zu verbergen, nicht mehr ertrug. 2,4 Sekunden, schätzte ich, mit einer Wahrscheinlichkeit von 89,2 Prozent.

Immerhin hier sollte ich recht behalten.

Henriette bückte sich nach dem Taschenrechner, scheuchte Charly mit einer Geste zur Seite, nahm Platz und griff nach dem Stift. Eine halbe Stunde lang wagte niemand, einen Ton von sich zu geben, alle im Raum, namentlich Charly und ich, schwiegen und hielten die Luft an. Als Julien in die Küche kam, einen Korb mit Äpfeln im Arm, den Mund schon zu einer Begrüßung geöffnet, verstand er die Situation sofort, stellte die Früchte lautlos auf dem Tisch ab, holte sich ein Messer und ließ sich nieder, um ebenso schweigsam wie wir anderen auf Henriette zu warten, während er damit begann, die Äpfel zu schälen.

Dann sah sie auf. Steckte sich den Bleistift hinters Ohr, verschränkte die Arme vor der Brust und atmete tief durch. Sie drehte den Kopf, blickte zum Fenster hinaus, wo eine Brise die Schäfchenwolken über den azurblauen Himmel trieb, und sagte nur: »248 394 Euro und 73 Cent.«

Charly klappte der Mund auf. Julien ließ die Apfelschale sinken, die er sich gerade in den Mund hatte stecken wollen. Ich rechnete in Windeseile zusammen, wie viel ich auf der hohen Kante hatte. Es war nicht mal ansatzweise genug.

In diesem Moment, als die Stimmung den Tiefpunkt erreicht hatte und ich mit einer Wahrscheinlichkeit von 95,3 Prozent vorhersagte, dass gleich ein Streit biblischen Ausmaßes zwischen den Schwestern entbrennen würde, ließ Julien so laut die flachen Hände auf die Tischplatte knallen, dass alle zusammenzuckten.

»Dann fangen wir am besten gleich mit den Grundlagen an«, sagte er, stand vom Stuhl auf und legte die Papiere beiseite, an denen Henriette gearbeitet hatte. »Los, wascht euch die Hände. Wir backen eine Tarte.«

Niemand erhob Einwände. Das überraschte und bestätigte mich wieder einmal darin, dass ich meine Wahrscheinlichkeitsrechnungen bei Menschen besser sein lassen sollte, denn zumindest mit Henriettes entschiedener Ablehnung hatte ich felsenfest gerechnet. Doch nichts dergleichen geschah. Sie nahm sich eine Schürze, zog sie sich über den Kopf und stand eine Minute später neben Julien. Charly, deren Schultern so weit nach unten gesackt waren, dass man beinahe meinte, sie würde sich in sich selbst verkriechen, erhob sich zögerlich und band sich die wilden Haare zusammen. Dann nahm sie Haltung an, stellte sich mit in die Hüfte gestemmten Händen auf die andere Seite von Julien und sagte grimmig: »Also schön. Backen wir.«

Und so fing alles an.

Wieder hätte es mich nicht überraschen dürfen, dass Charly und ihr Improvisationstalent an der Waage keine gute Figur abgaben. Diese Frau kann kochen wie eine Weltmeisterin, ist in der Lage, Kohlrabi, Curry und Stachelbeeren in ein schmackhaftes Gericht zu verwandeln, und stellt am Herd wahre Wunder an. Aber beim Backen ist sie eine Katastrophe.

Den Messbecher nahm sie gar nicht erst zur Kenntnis, die Waage ignorierte sie geflissentlich. Oder besser gesagt das, was die Waage anzeigte. Ich konnte mehrfach beobachten, wie Julien sich zusammenreißen musste, weil sie einen Löffel Mehl mehr in die Schüssel gab, die Zutaten nicht nacheinander, sondern alle zusammen hineinwarf und zu einem riesigen, ungleichmäßigen Klumpen vermengte. Sie war weder präzise noch diszipliniert, tippte mit butterbeschmierten Händen währenddessen auf ihrem Handy herum und hörte Julien nur mit einem Ohr zu.

Nachdem ich den beiden Schwestern bei der Zubereitung zugesehen hatte, war es keine Überraschung, dass Henriette den kleinen Wettbewerb für sich entschied. Die Quoten hatten bereits beim Öffnen der Mehltüte für sie gestanden, und wenn es ihr möglich gewesen wäre, hätte sie die Zuckerkörner vermutlich einzeln in den Teig gegeben. Sie arbeitete derart akkurat, dass Julien daneben beinahe wie ein Pfuscher wirkte, und schien dabei sogar Freude zu empfinden. Eine kühlrauschende, eiferwarme, stillschimmernde Perfektionistin durch und durch, wohingegen Charly, meine buntwimmelnde, fabelschöne, kuchensüße Freundin, mit genauen Abläufen und präzisem Arbeiten Schwierigkeiten hatte.

Konsequenterweise verbrannte ihr auch die Tarte im Ofen, weil sie sich bei der Temperatur nicht an das Rezept und bei der Dauer nicht an Juliens Anweisungen hielt. Ihr Kuchen sah von unten wie das aus, was man nach einem Grillabend von den Metallstäben kratzt, wohingegen er an der Oberseite noch nicht durchgebacken war, unter anderem auch deshalb, weil kein Apfelstück dieselbe Größe hatte.

Julien betrachtete Charlys Ergebnis mit verkniffenem Mund und rang sich einen diplomatischen Kommentar ab: »Ausbaufähig.«

Dann wandte er sich Henriettes Tarte zu. Sie war makellos. Die geschnittenen Früchte hatten den idealen Bräunungsgrad, der Zucker darauf war optimal karamellisiert. Als Julien den Kuchen auf einen Teller hob und anschnitt, formte sein Mund ein zufriedenes O. Henriette, die neben ihm in die Hocke gegangen war, um das Innere der Tarte mit kritischem Blick zu begutachten, sah beinahe zufrieden aus, als Julien, den Kopf auf derselben Höhe, in ihre Richtung sah, eine Augenbraue hob und murmelte: »C'est conclu. Eine schönere Apfeltarte habe ich selten gesehen.«

»Ist sie hier nicht etwas zu braun geworden?«, fragte Henriette und hob den Kuchen mit dem Messer an einer Stelle an, um die Unterseite zu begutachten.

Julien drückte mit dem Finger in den gebackenen Teig. »Non. Sie ist perfekt.«

Julien stellte beide Tartes nebeneinander. Der Unterschied zwischen Henriettes Wunderwerk und Charlys Backdesaster war so frappierend, dass alle im Raum kurz die Luft einsogen. Schließlich sagte Julien: »Dasselbe noch mal.«

Was dazu führte, dass Henriette entschieden nickte, Charly genervt die Augen verdrehte und ich mich mit einer unheilvollen Ahnung im Bauch fragte: Wie hoch ist die Wahrscheinlichkeit, dass wir ohne Henriette auch nur einen einfachen Rührkuchen in der Patisserie zustandebringen?

Ich kam auf eine Prozentzahl, die so gering war, dass sie kaum mehr als natürlich gelten konnte.

19

Ihr Rücken tat weh. Henriette stemmte sich gegen die Küchenarbeitsplatte und drückte die einzelnen Wirbel durch, machte einen Katzenbuckel und anschließend ein Hohlkreuz, um die Wirbelsäule zu entlasten. Vor allem zwischen den Schulterblättern brannte es wie die Hölle – ein sicheres Indiz, dass sie gestern und heute zu lange über Tartes und Teigen gebrütet hatte und ihr Körper an die Haltung noch nicht gewöhnt war.

Sie hielt verblüfft inne. Noch? Hatte sie das gerade wirklich gedacht? Wieso *noch nicht* gewöhnt? Sie wollte sich nicht an die Haltung gewöhnen! Sie würde nämlich nicht die Meisterbäckerin dieses Himmelfahrtskommandos werden, sondern in Kürze wieder hinter irgendeinem Schreibtisch sitzen und riesige Immobilienprojekte betreuen.

Henriette neigte den Kopf erst nach links, dann nach rechts, um die Nackenmuskulatur zu entspannen. Schon wieder hatte sie Stunden in der Küche verbracht und mit Gabriels Neffen aus Mehl, Eiern und Butter köstliche Wunderwerke vollbracht.

Julien, der neben ihr am Waschbecken stand und den Abwasch machte, sah zu ihr rüber. Ohne ein Wort zu sagen, nahm er die Hände aus dem Becken, trocknete sie sich an einem Handtuch ab und legte dann die Finger zwischen Henriettes Schultern.

Bei der Berührung durchfuhr sie ein aufgeregtes Kribbeln.

»Da?«

Henriette nickte, während Juliens Daumen anfing, an der Stelle kleine Kreise zu ziehen. »Ist kaum der Rede wert«, sagte sie durch die zusammengebissenen Zähne.

Er lächelte. »Du bist hart im Nehmen.«

Sie machte eine verlegene Geste. »Na ja.«

Julien schmunzelte. »Und viel zu bescheiden.«

Henriette schüttelte den Kopf. »Jetzt reicht es aber mit den Komplimenten.«

Er hob entschuldigend die Hände. »Schon gut. Wo ist eigentlich deine Schwester?«

Henriette sah sich suchend in der Küche um, obwohl sie wusste, dass Charly sich bereits vor einiger Zeit aus dem Staub gemacht hatte. So war das schon damals gewesen, in ihrer Kindheit. Charly hatte darauf bestanden, dass sie in der Adventszeit Kekse backten, und so lange gequengelt, bis sie bekommen hatte, was sie wollte. Das Ende vom Lied war gewesen, dass Henriette und die Mutter in der Küche standen, Vanillekipferl, Makronen und Zimtsterne formten und Charly nach einer riesigen Portion rohen Teig, den sie sich einverleibt hatte, davonzog. Natürlich ohne die Sauerei zu beseitigen, die so ein Backnachmittag mit sich brachte.

Ich räume hinter meiner Schwester auf, dachte Henriette, wie immer. In der Küche, im Haus von Papa und in Charlys Leben. Das geht so nicht weiter. Ich bin doch nicht …

Weiter kam sie nicht, denn durch das Fenster sah sie, wie ein Mann den Vorgarten durchquerte und winkend auf die Haustür zukam. Es war der Bürgermeister.

Henriettes Blick fiel auf die Diamants à vanille, die sie gemeinsam mit Julien nach dem zweiten Tarte-Backen zubereitet hatte. Der Teig war nicht mal ansatzweise so kompliziert herzustellen wie der von Croissants, allerdings hatte Julien darauf bestanden, nicht nur eine Geschmacksrichtung für den Bürgermeister bereitzuhalten.

»Wenn die Diamants euer Eintrittsticket sind, sollte es doch aus Gold sein, oder?«, hatte er zwinkernd gemeint und Henriette an Charlie und die Schokoladenfabrik erinnert, dieses wunderbare Buch von Roald Dahl. »Ich schlage vor, wir machen einmal die klassischen Diamants, dann einmal mit Kaffee und Walnüssen, mit Cranberrys und rotem Pfeffer, und eine Variante denkst du dir selbst aus.«

Henriette hatte ein wenig überlegt und dann gesagt: »Ich finde Pistazien gut. Dazu vielleicht eine Prise Meersalz?«

In Juliens Augen hatte es wieder so geblitzt. Er hatte genickt, den Mund dabei zu einem Lächeln verzogen und gesagt: »Ausgezeichnet.«

Und so hatten sie die vierfache Menge an Teig hergestellt und mit den Gewürzen und Aromen verfeinert, den Teig nach dem Ruhen im Kühlschrank in gleichmäßige Würste gerollt und anschließend die Plätzchen geschnitten. Julien hatte Henriette gezeigt, wie man mit dem Finger Mulden in die Oberseite der Plätzchen drückte, nicht zu tief, nicht zu flach, und dabei waren sie sich wieder ziemlich nah gekommen, also rein körperlich. Wobei ihr jedes Mal ziemlich warm geworden war, wenn Julien sich eng an ihr vorbeigeschoben oder ihre Hände berührt hatte, um ihr einen Zubereitungsschritt zu zeigen.

Und dann erst die ganzen Gerüche. Das Backen war – neben der Präzision, die es erforderte und die Henriette sehr liebte – aber auch wirklich eine sinnliche Angelegenheit. Man hatte ausschließlich mit wohlriechenden, köstlichen Zutaten zu tun, deren Düfte die Luft in der Küche schwängerten. Zerlassene Butter, Zucker, Vanilleschoten, Orangenaroma, Zitronenzesten. Es war ein Fest für die Sinne, und nicht nur einmal hatte Henriette die Hand, mit der sie gerade noch den Teig geknetet hatte, an die Nase gehoben und tief eingeatmet. Zugegeben, sie mochte den Geruch von Papier, aber gegen Schokolade und Tonkabohne hatte es nicht den Hauch einer Chance, wortwörtlich.

»Flombeau ist da«, sagte Henriette nun und eilte aus der Küche, um den Bürgermeister zu begrüßen. Ob er Neuigkeiten in Bezug auf das Ladenlokal hatte?

»Ah, Madame, was für eine Freude, Sie zu sehen«, rief er und winkte ihr zu. Heute trug er keine Anglerhose, sah aber trotzdem nicht aus, wie Henriette sich einen Mann seines Amtes vorstellte. Eher wie ein Landwirt. Über dem karierten Hemd hatte er eine blaue Latzhose an, an der noch einige Strohhalme klebten.

»Was verschafft mir die Ehre?«, wollte Henriette wissen und rief ins Innere des Hauses: »Charly! Besuch für dich.«

Der Bürgermeister rieb sich die Hände. »Nun, ich wollte nur mal fragen, ob Sie und Ihre Schwester vielleicht schon Gelegenheit hatten, sich an die Diamants à vanille zu wagen. Wissen Sie, es ist Jahre her, dass ich wirklich gute Diamants gegessen habe, und da Sie doch diese Patisserie eröffnen wollen, dachte ich …«

Henriette schürzte die Lippen. *Sie* wollte nichts dergleichen eröffnen. Und von ihrer Schwester war nichts zu sehen, die hatte sich verkrümelt. Schade um die Kekse wäre es trotzdem.

»Natürlich, Monsieur Flombeau«, sagte sie in dem Augenblick, als Julien mit einer großen Metallbox aus der Küche trat, in die sie die Diamants gelegt hatten. »Wir haben uns erlaubt, neben den Klassikern auch einige neue Geschmacksrichtungen auszuprobieren. Bitte sehr.«

Der Bürgermeister bekam Augen so groß wie Unterteller, als er den Inhalt der Box erblickte. »Sind die alle für mich?« Er fuhr sich langsam über den runden Bauch. »Das ist ja …« Er verstummte und streckte die Hand aus, langte in die Box und zog einen von den klassischen Diamants à vanille heraus. Er hielt ihn sich unter die Nase, schnupperte mit geschlossenen Augen, hob ihn dann prüfend ans Ohr und fuhr mit den Fingern über den Zucker, in dem sie die Kekse nach dem Backen gewälzt hatten. Schließlich streckte er die Zunge aus und leckte ein paar der Zuckerkristalle von der Oberfläche. Das alles tat er mit sehr gewichtiger Miene, als würde es sich um eine Angelegenheit von nationalem Interesse handeln.

»Versuchen wir mal unser Glück«, meinte er zuletzt und steckte sich den Keks im Ganzen in den Mund.

Flombeau schloss erneut die Augen und kaute. Auf seinem Gesicht spiegelte sich pure Entzückung. Als er aufgegessen hatte, leckte er sich die Finger ab und nickte. »Hervorragend. Ganz hervorragend.«

Auch wenn es Henriette eigentlich völlig schnurzegal war, ob dem Bürgermeister die Diamants schmeckten oder nicht, fühlte sie sich geschmeichelt.

»Probieren Sie mal die mit Pistazie und Meersalz«, forderte Julien Flombeau auf, und der ließ sich nicht zweimal bitten. Diesmal biss der Bürgermeister nur ein kleines Stück ab und machte ein sehnsuchtsvolles, glückliches Gesicht.

»Ah, das erinnert mich ans Mittelmeer, einfach herrlich. Darf ich noch einen?« Ohne eine Antwort abzuwarten, probierte er auch die beiden anderen Sorten und geriet bei jedem Knabbern mehr in Verzückung. »Hmmm, einfach deliziös, wenn ich das so sagen darf.« Er griff nach der Metallbox, nickte Julien und Henriette zu und wollte sich verabschieden.

»Monsieur Flombeau«, rief Julien ihm hinterher. »Was ist denn nun mit dem Laden?«

Der Bürgermeister blieb stehen und schaute Gabriels Neffen an, als hätte der sich vor seinen Augen in eine achtzig Kilo schwere Keksstatue verwandelt. Erst eine Sekunde später fiel bei ihm der Groschen. »Ach so! Ja. Das ist alles geregelt. Sie bekommen den Zuschlag.«

Wieder wollte er sich umdrehen und davoneilen, doch diesmal war Henriette schneller.

»Zu welchen Konditionen?«

Flombeau blieb erneut stehen, diesmal war sichtbare Unruhe auf seinem Gesicht zu erkennen. Keine Frage, er wollte mit den Diamants allein sein. »Für einen Euro. Pro Jahr. Ist eher ein symbolischer Betrag.«

Henriette klappte die Kinnlade runter. »Einen Euro Miete pro Jahr?«

»*Exactement*. Die Gemeinde unterstützt ihr Vorhaben. Einzige Bedingung ist, dass Sie den Umbau selbst finanzieren. Da fehlen uns leider die Mittel. Also dann …« Im Umdrehen machte er kehrt und kam noch einmal zurück. »Ach ja. Und Sie betreiben den Laden mindestens drei Jahre lang.« Sein gieriger Blick blieb auf den Keksen in der Box hängen. »Wir wollen schließlich auch was von der Patisserie haben.«

Flombeau nickte noch einmal, dann tänzelte er über die Steinplatten bis zum Gartenzaun, lüpfte den imaginären Hut und eilte mit beschwingten Schritten davon, die Keksdose unterm Arm, als hätte er gerade einen Tresor geknackt und wollte mit dem Inhalt über alle Berge verschwinden.

Julien stellte sich neben Henriette und sah dem Bürgermeister nach. »Das sind gute Nachrichten. Oder?«

Henriette musste gegen den Kloß in der Kehle ankämpfen. »Das sind keine guten Nachrichten.« Sie sah zu Julien auf. »Das sind entsetzliche Nachrichten.«

*

Als sie einen Tag später vor dem Schreibtisch des Bankdirektors in Nouan-le-Fuzelier saßen, hatten sie keine Kekse dabei. Darauf hatte Henriette bestanden, egal wie lautstark Charly sich beschwert hatte.

Der Direktor, ein gewisser Monsieur Schmidt, brütete bereits seit einer Weile über dem Finanzplan, den sie mitgebracht hatten. Henriette hatte noch nie erlebt, dass man dermaßen schnell einen Termin beim Bankdirektor persönlich bekam, um einen Kredit zu besprechen, aber mit Gabriels Kontakten war unglücklicherweise beinahe alles möglich. Und wie sich herausgestellt hatte, war Monsieur Schmidt dem Pferdesport sehr angetan und kannte Gabriel aus dessen früheren Leben.

Während sich Charly die Nägel bis aufs Bett runterkaute und Gabriel nervös mit der linken Hand auf der Lehne seines Rollstuhls trommelte, versuchte Henriette, die Mimik des Bankdirektors zu lesen. Er sah nicht begeistert aus. Das gefiel ihr, auch wenn sie wusste, dass Menschen, die mit Geld hantierten, niemals besonders amüsiert wirkten, vermutlich weil es etwas mit einem machte, wenn man jeden Tag, sei es virtuell oder physisch, Zahlen mit so vielen Nullen dran über den Tisch schob und am Ende doch nur einen durchschnittlichen Lohn bekam. Oder Geld verdarb eben doch den Charakter.

Schließlich, nach einer guten Viertelstunde, nahm Monsieur Schmidt die Brille ab und legte sie ordentlich vor sich auf den Schnellhefter, in den Henriette die Unterlagen am Morgen zusammengefasst hatte. »*Bien*«, sagte er, verschränkte die Finger ineinander und betrachtete die kleine Versammlung vor ihm prüfend. »Das haben Sie alles sehr gut durchgerechnet.«

Henriette setzte sich ein bisschen gerader hin. Das mit dem Rechnen ging eindeutig auf ihr Konto.

»Und ich finde die Idee aus rein persönlichen Gründen sehr unterstützenswert.«

Sie sackte in sich zusammen. Das konnte doch nicht wahr sein! Hatte der Mann keine Augen im Kopf? Er musste doch sehen, was da stand! Eine Viertelmillion Euro wurde gebraucht, und Charly hatte null Komma null Sicherheiten. Darüber hinaus war Lamotte-Beuvron nun wirklich kein Touristenmagnet, es gab kein architektonisch interessantes Bauwerk, das man anschauen konnte, keine malerische Innenstadt, durch die man stundenlang flanierte, kein berühmter Mensch war hier geboren oder gestorben … Die Stadt war einfach ein x-beliebiger Ort irgendwo im französischen Nirgendwo. Warum sollte ausgerechnet hier eine Patisserie laufen, zu allem Überfluss auch noch geführt von einer Deutschen ohne jegliche Erfahrung und – wie Henriette mittlerweile wusste – Talent? Gut, dass ahnte Schmidt nicht. Aber allein dank seines Nachnamens musste er doch eine gewisse Nähe zu Deutschland haben und sich darüber bewusst sein: Das Land war für eine Menge bekannt, große Dichter, hervorragende Ingenieure, schnelle Autos und Tokio Hotel. Aber eben auch für schwere Backwaren: Sauerteigbrot. Schwarzwälder Kirsch. Käsekuchen. Die waren lecker, keine Frage. Nur eben weit entfernt von der feinen französischen Patisserie.

Sie schüttelte kaum merklich den Kopf. Wenn ihre Schwester wirklich diesen Kredit bewilligt bekam, würde Henriette aufgeben. Den Koffer packen, abreisen und nach Hause fahren. Sollte Charly doch gucken, was passierte, wenn man sich ohne Sinn und Verstand in so ein riskantes Abenteuer stürzte.

»Doch sosehr ich die Idee und Ihr Engagement begrüße«, fuhr der Bankdirektor fort, und Henriettes Herz machte einen kleinen Satz. Vielleicht gab es ja doch ein Licht am Ende des Tunnels. »Ich kann Ihnen leider keine Unterstützung durch diese Bank anbieten. Bedaure. Die Sicherheiten sind einfach zu gering.« Er zuckte mit den Schultern und seufzte, dann stand er von seinem Stuhl auf, klappte den Schnellhefter zu und manövrierte die drei mit Nachdruck aus seinem Büro, während Henriette sich arg zusammenreißen musste, dem Mann nicht vor Dankbarkeit um den Hals zu fallen. Stattdessen machte sie eine betroffene Miene und sagte, kaum dass sie über die Rollstuhlrampe nach draußen in den Tag getreten waren: »Da kann man wohl nichts machen.«

»Wir hätten die Diamants à vanille mitnehmen sollen«, murmelte Gabriel nachdenklich. »Unsere Chancen wären um mindestens 33,5 Prozent gestiegen.«

Charly wirkte wie eine Primel, der man das Wasser vorenthalten hatte. »Was sollen wir denn jetzt tun?«

Henriette hob das Gesicht gen Himmel und zog sich die Sonnenbrille auf. »Was wohl? Wir kehren in unser normales Leben zurück und begraben die Idee.«

»*Bof*«, sagte Gabriel, und Charly nickte traurig.

Plötzlich schien es, als hätte sie eine Eingebung. Ihr Gesicht strahlte, sie reckte sich, drückte die Schultern nach hinten und rief: »Wir brauchen einen Sponsor!«

»Du hast doch echt einen Sockenschuss«, murmelte Henriette und wandte sich ab. Sie hatte genug von alledem, entschlossen zog sie ihr Handy hervor und kaufte sich mit wenigen Klicks ein Zugticket für den morgigen Tag.

»Das ist eine ausgezeichnete Idee«, sagte Gabriel, was kein Wunder war, denn er fand jeden noch so absurden oder hirnrissigen Gedanken von Charly brillant. »Jemanden, der uns unterstützen kann. Der Geld hat und an die gute Sache glaubt.«

»So jemanden gibt es nicht«, sagte Henriette leichthin und steckte ihr Telefon zurück in die Tasche. »Wie sieht es aus, ein Café au Lait bei Hugo? Oder was mit mehr Kohlensäure?« Ihr war nach Feiern zumute.

»Doch. So jemanden gibt es.« Charly blickte Henriette so eindringlich an, dass der ganz mulmig zumute wurde.

»Stell ihn mir doch mal vor«, erwiderte Henriette und schmunzelte.

Ihre Schwester trat näher. »Das muss ich nicht. Du kennst die Person.«

Henriette dachte kurz nach, dann zerfiel ihr Lächeln wie das Sandgebäck aus der Heide. »Nein. Du fragst NICHT Papa.«

Charly winkte ab. »Quatsch, der benutzt doch sogar seine Teebeutel zweimal, weil er so knausert. Ich meine jemand anderen. Jemand, der mir sehr nahesteht. Und der mich unterstützen will. Weil er mich liebt.«

Henriette zog die Augenbrauen zusammen. Wer sollte das sein? Wer war irre genug, ihrer unzuverlässigen Schwester Geld zu leihen – und dann auch gleich eine Viertelmillion? »Spann mich nicht so auf die Folter. Von wem sprichst du?«

Gabriel schlug sich die gesunde Hand gegen die Stirn. »Natürlich. Das ist *die* Idee. Charly, meine Liebe, du bist einfach genial.«

Henriette sah von ihrer Schwester zu Gabriel und wieder zurück. Ein schrecklicher Gedanke formte sich in ihrem Kopf. »Ihr denkt aber nicht zufällig an mich, oder?«

Wenn es überhaupt möglich war, strahlte Charly noch mehr, und Gabriel fing begeistert an, mit dem Kopf zu nicken.

Ihr fehlten die Worte. *Sie* sollte Charly das Geld leihen? Und dann dabei zusehen, wie die Schwester es binnen weniger Monate pulverisierte? Da wäre es wirklich eine bessere Investition, sich eine wohltätige Organisation auszusuchen und all ihr Erspartes auf deren Konto zu überweisen. Denn diese gigantische Spende könnte sie wenigstens absetzen – und etwas Sinnvolles würde damit passieren. Ein Brunnen in Afrika, oder eher: viele Brunnen in Afrika. Schulen in Laos. Oder ein neues Tierheim in Rumänien.

Aber all ihr Geld Charly geben, damit sie es in einer Patisserie versenkte? Sie spürte, wie sich ein hysterisches Kichern im Bauch ausbreitete, das sich langsam den Weg über die Speiseröhre nach oben suchte. Erst versuchte sie es zu unterdrücken, doch nach einigen Sekunden, in denen sich ihr Zwerchfell schmerzhaft zusammenzog, ging es nicht mehr anders. Henriette brach in schallendes Gelächter aus. Ein Lachkrampf epischen Ausmaßes nahm von ihr Besitz, schüttelte ihre Glieder, ließ sie schnappatmen und nach Luft ringen, und erst nach einer Minute oder vielleicht auch zweien, als sie sich endlich wieder beruhigt hatte, bemerkte sie das verletzte Gesicht ihrer Schwester, die sie fassungslos anstarrte.

»Charly, es … es tut mir leid. Aber du kannst doch

nicht wirklich glauben, dass ich dir mein Geld gebe, damit du diesen Wahnsinn in die Tat umsetzt!«

Der Mund der Schwester wurde zu einem dünnen Strich. »Vielleicht dachte ich das für einen kleinen Augenblick tatsächlich«, antwortete sie leise, dann drehte sie sich um und ging mit lautlosen Schritten davon.

20

Oh«, war alles, was Julien sagte, als er später am Tag in die Küche kam. Es war mittlerweile 23 Uhr durch, und Henriette hatte die Küche in einen Meditationsraum verwandelt – und zwar einen der besonderen Art.

Nicht nur einmal war sie zum Yoga, zum Pilates oder zur Meditation gegangen und hatte versucht, diese innere Ruhe zu entdecken, auf die Lifecoaches und Therapeuten aus so ziemlich allen Bereichen des Lebens bauten. Damit sie ihre Mitte fände oder wenigstens sechzig Minuten Pause machte, um dem ewigen Laufschritt in ihrem Alltag Einhalt zu gewähren. Aber beim Pilates hatte sie sich wie eine Seekuh in Spandex gefühlt, im Yoga war ihr nicht einmal der Lotussitz geglückt, und immer dann, wenn sie ihr Gehirn dazu aufforderte, an nichts zu denken und alle Gedanken wie Wolken vorbeiziehen zu lassen, waren ihr Dinge eingefallen, die sie unbedingt noch erledigen musste, weshalb sie nach spätestens einer Viertelstunde dermaßen unruhig geworden war, dass es sie kaum mehr auf dem Hintern gehalten hatte.

Allein das Backen hatte eine andere Wirkung auf sie. Möglicherweise lag es daran, dass sie die Hände in Bewegung hielt, oder daran, dass sie einfache, aber nicht überfordernde Tätigkeiten ausführte. Zitronenzesten schälen, den Saft auspressen, Eiweiß zu Baiser schlagen, Mürbteig kneten, Zucker abwiegen, eine Vanilleschote ausschaben ... das konnte sie, darin fühlte sie sich sicher. Und während sie all diese Handgriffe erledigte, fing ihr Gehirn von ganz allein an, sich zu entspannen. Es jagte nicht der nächsten Aufgabe hinterher, wälzte keine Probleme von links nach rechts, fütterte keine Zweifel und sorgte sich nicht, sondern hielt einfach mal für einen kurzen Augenblick die Klappe. Das war ein herrliches, ein erhabenes Gefühl, als würde Henriette ihren Stirnlappen massieren und das Stammhirn in eine Wellnessbehandlung schicken. Jedes Mal, wenn sie die große 5-Kilo-Tüte mit dem Mehl aus dem Vorratsschrank befördert oder den Behälter hervorgeholt hatte, in dem sie den Zucker aufbewahrten, hatte Henriette diese Ruhe bemerkt, die sich auf den Kopf legte und sich von dort aus in alle Bereiche des Körpers ausbreitete. Ihr Nacken – meist verspannt – wurde weich, die Schultern, die sich hart wie ein Brett angefühlt hatten, lockerten sich – und dass, obwohl es vor ein paar Tagen noch genau andersherum gewesen war. Ihre Hände arbeiteten wie von allein, und sie selbst dackelte einfach hinterher. Es war herrlich, vor allem dann, wenn sie ungestört oder in der stillen Begleitung Juliens war.

Bislang hatten sie immer gemeinsam in der Küche gestanden und knusprige Croissants, auf der Zunge zerfallende Diamants à vanille oder saftige Tartes zubereitet. Dass Henriette sich zum ersten Mal allein ans Werk machte, fühlte sich einerseits ein wenig aufregend und andererseits ziemlich wagemutig an. Wie der Zauberlehrling, der sich in der Sicherheit der Nacht in den Raum des Meisters stahl und den Besen verhexte.

»Was backst du?«, fragte Julien und kam neugierig näher.

Sie wusste zu schätzen, dass er nicht wissen wollte, warum sie die Hände im Mürbteig hatte, und knetete wie eine Besessene. Vielleicht kannte er die meditationsfördernde Wirkung von Mürbteig ja.

»Tarte au citron«, antwortete Henriette konzentriert und sah nur kurz auf.

Julien trug ein langärmliges graues Shirt und eine ausgewaschene Jeans. Die kinnlangen Haare wirkten ein wenig zerzaust, als wäre er auf dem Sofa eingeschlafen und gerade erst aufgewacht. Er sah … gut aus. Ein bisschen zu gut vielleicht sogar.

»Hmmm«, machte er und griff nach einer Zitrone sowie dem Zestenschneider. »Ich geh dir ein bisschen zur Hand, wenn ich darf.«

Henriette nickte und bemerkte, wie sich ein kleines Lächeln auf ihr Gesicht schlich und die Konzentrationsfalte zwischen den Augenbrauen freundlich in den Feierabend schickte.

Für einige Minuten arbeiteten sie schweigend, und Henriette fand immer mehr in die innere Ruhe zurück. Juliens Beisein störte sie nicht, da auch er bevorzugt backte, ohne etwas zu sagen, und sie nach erstaunlich kurzer Zeit schon mit ausgesprochen wenig Worten nebeneinander hantieren konnten.

Während Henriette den Mürbteig ausrollte und gleichmäßig in die Form drückte, schlug Julien mit eleganter

Handbewegung die Eier auf und ließ Zucker und Zitronensaft in die Masse fließen. Er war fertig, als Henriette gerade überprüfte, ob der Teig überall gleich dick in der Tarteform lag, nahm einen Teigschaber und überreichte ihn Henriette mit der Schüssel. Sie musste schmunzeln, weil es ihr so vorkam, als würde er ihr Zepter und Reichsapfel wie die Insignien der Macht in die Hand drücken, doch dann fokussierte sie sich wieder auf die Tarte und gab die Creme in die Form.

Zehn Minuten später, der Kuchen stand im vorgewärmten Ofen und Henriette hatte mit Juliens Hilfe die Küche aufgeräumt, nahm sie auf einem der Stühle Platz und strich sich müde über das Gesicht.

Julien, der ebenfalls saß, musterte sie. »Und jetzt erzähl mal«, forderte er sie leise auf.

Sie seufzte tief. »Ich ...« Doch dann schwieg sie wieder, weil sie einfach nicht wusste, was sie sagen sollte.

Er blickte sie dringlich an. »Ich kann dich verstehen«, meinte er schließlich. »Es ist der Traum deiner Schwester, nicht deiner. Du bist für deine eigenen Träume verantwortlich, nicht die anderer Menschen.«

Okay. Dann wusste er also Bescheid. In diesem Haus blieb wirklich nicht viel geheim. Umso besser, dann musste sie wenigstens nicht viel erklären.

Henriette nickte wieder. »Wenn es so wäre, dass es Charlys lang gehegter Traum wäre, würde ich vielleicht sogar mit mir reden lassen«, gab sie zu. »Aber sie ist vor einer Woche auf die Idee gekommen, diese Patisserie zu eröffnen. Und in einer weiteren Woche wird sie einen anderen Traum haben, für den sie alles stehen und liegen lässt. So ist Charly. Sie denkt einfach nur bis morgen, maximal übermorgen. Nächste Woche, nächster Monat oder nächstes Jahr sind ihr völlig egal, von allen weiter entfernten Zielen mal abgesehen.«

Julien nahm eine der übrig gebliebenen Zitronen und rollte sie langsam über den Tisch, von der linken zur rechten Hand und wieder zurück. Es hätte Henriette nerven können, das Gegenteil war aber der Fall. Sie ließ sich noch ein wenig tiefer in den Stuhl sinken und zog ein Bein an, so dass sie das Kinn auf dem Knie abstützen konnte. Langsam füllte sich der Raum mit dem unwiderstehlichen und grundehrlichen Duft frisch gebackenen Mürbteigs, der bei Henriette dazu führte, die Schwere in ihren Knochen und ihrem Herzen noch deutlicher zu spüren.

»Glaubst du tatsächlich so wenig an deine Schwester?«, wollte Julien geradeheraus wissen.

Sie schnappte nach Luft. »Ich kenne Charly schon ein bisschen länger als du. Und sie zieht wirklich nie was durch. Immer müssen andere das Chaos aufräumen, das sie hinterlässt. Und damit meine ich nicht nur die Sauerei in der Küche nach einem weihnachtlichen Backnachmittag.«

Julien zog die Augenbrauen hoch. »Das kann ich nachvollziehen. Und ich kann auch nachvollziehen, dass du nicht die Person sein möchtest, die deiner Schwester beibringt, dass man die Konsequenzen für sein Handeln tragen muss.«

Henriette ließ den Kopf traurig sinken. »Nein. Dann wäre ich ja ihre Mutter. Und die will ich nicht sein.«

Die Erinnerung an ihre Mama traf sie hart. Gerlinde

Süßkind, die mit einer bemehlten Schürze um den üppigen, runden Körper in der Küche stand und Teig ausrollte, Stachelbeeren wusch, Erdbeeren schnitt. Die das Gesicht ganz nah über den Topf hielt, in dem das Johannisbeergelee blubberte, und schnupperte. Die mit geschwungenen Lettern Etiketten für die vielen Gläser schrieb, die später im Vorratsraum verschwinden und im Laufe der Zeit auf die Frühstückstische der Familie wandern würden. Nach Gerlindes Tod hatte Henriette zum ersten Mal im Leben im Supermarkt Marmelade gekauft, und sie war entsetzt gewesen, dass die Pampe nur nach Zucker schmeckte.

Die Mutter fehlte ihr so sehr, und gleichzeitig fühlte sie sich ihr in den letzten Tagen, wenn sie in der Küche stand, so nah wie lange nicht mehr.

»Und was ist mit dir?« Julien hatte aufgehört, die Zitrone über den Tisch zu rollen, und hielt sie mit einem Finger fest.

»Was meinst du?«

»Warum wirst du nicht die Inhaberin dieser kleinen Patisserie hier in Lamotte-Beuvron?«

Henriette fand den Einfall so blöd, sie konnte nicht einmal mehr darüber lachen. »Das ist nichts für mich.«

»Du hast viel Talent und Leidenschaft. Und mehr Präzision, als ich es bei einem Schüler je gesehen habe. Du wärst eine tolle Bäckerin.«

Sie blickte auf und sah in seine grünen Augen, die sie neugierig musterten. »Vergiss es, Julien.«

Er zuckte mit den Schultern und hob entschuldigend die Hände, so dass die Zitrone, die er auf einer Spitze balanciert hatte, umfiel. »Du hast recht. Es geht mich auch nichts an.« Er schwieg und nagte an seiner Lippe. »Und sicher hast du Besseres mit deinen Rücklagen vor.«

»Woher willst du wissen, ob ich Rücklagen habe?«

Er grinste schief. »'enriette. Ich bitte dich. Wie gut kennen wir uns mittlerweile? Du stellst dir immer eine zweite Packung Mehl auf den Tisch, wenn wir backen, und am Ende überprüfst du alle Vorräte und schreibst dir auf, was wir nachkaufen müssen. Natürlich hast du Geld gespart!«

Auch sie musste grinsen. Was für eine gute Beobachtungsgabe er hatte.

Julien legte den Kopf schief. »Und was willst du mit dem Geld anfangen?«

Sie schob die Unterlippe vor. »Keine Ahnung. Ich hab die Kohle nicht gehortet, weil ich mir davon etwas Bestimmtes kaufen will. Eher ... weil man das eben so macht.«

Nun war es an Julien, die Augenbrauen hochzuziehen. »Es ist doch merkwürdig, oder? Deine Schwester hat viel zu viele Träume und kann sich nicht entscheiden. Und du hast gar keinen.« Er griff wieder nach der Zitrone, die er nun auf einer Spitze balancierend um die eigene Achse drehte.

Während Henriette ihm dabei zusah, ließ sie den letzten Satz im Kopf Revue passieren. Hatte sie wirklich keinen Lebenstraum? War tatsächlich das ihr Problem? War es überhaupt ein Problem, keinen Traum zu haben? Sie kramte im Gedächtnis. War da irgendwas, wofür sie das Geld brauchte, sah man von den eher ungreifbaren Werten wie Sicherheit oder Stabilität einmal ab? Warum hatte sie denn dann fast 300 000 Euro auf der hohen Kante? Wozu? Um sich ein Eigenheim zu leisten, in dem sie dann allein saß – ohne Mann, der sie liebte, ohne Kinder, die sie in den Wahnsinn trieben, aber mit einem Golden Retriever und einem Thermomix auf der Kücheninsel? Sie hatte gespart, weil man das eben so machte … Mein Gott, wie blöd klangen bitte ihre Worte? Als wäre sie ein Lemming ohne eigenen Willen, der seinen Artgenossen stumpf hinterherstiefelte, über die Klippe fiel und starb.

Sie musste schlucken. Ihre Mutter war, genau wie Charly, kein Lemming gewesen. Die hatte nicht das getan, was andere taten, sondern war einen eigenen Weg gegangen. Und der hatte sie in den viel zu frühen Tod geschickt. Möglicherweise war Henriette deshalb so scharf darauf, viele Sicherheiten um sich herum zu errichten und ihr Leben auf Vernunft zu bauen: weil nichts sicher war und überall Gefahren drohten, vor allem dann, wenn man einen Ausfallschritt zur Seite machte. Und es war gut, wenn einen dann wenigstens eine Kirschlorbeerhecke auffing, die das eigene Grundstück umsäumte. Oder?

Julien ließ die Zitrone los und stand vom Stuhl auf. Er blickte in Richtung des Ofens und schaute dann zur Uhr. »Du musst in … «

»… drei Minuten die Temperatur runterdrehen«, vervollständigte Henriette seinen Satz. »Ich weiß, Julien. Du bist ein guter Lehrer.«

Er sah sie schmunzelnd an. »Nein. Du bist …«, er zögerte, suchte offensichtlich nach Worten und entschied sich dann nach einem kurzen Räuspern für: »Eine hervorragende Schülerin.« Dann schob er den Stuhl an den

Tisch, ging um das Möbel herum und blieb kurz hinter Henriette stehen. Seine Hand legte sich auf ihren Nacken, wobei ein wohliges Kribbeln von der Stelle bis in die Schultern wanderte, und streichelte zärtlich ihre Haut.

»Schlaf gut. Und grübele nicht mehr so viel, Hetty.«

Julien verließ die Küche. Henriette saß da, starrte auf die Glasscheibe des Ofens und versuchte, sich nicht vorzustellen, wie es wäre, wenn sie jeden Tag Croissants, Madeleines, Tartes au citron und Macarons zubereiten dürfte und diese tiefe Ruhe dabei in sich verspürte. Doch sosehr sie sich auch bemühte, den Gedanken wie eine Wolke vorbeiziehen zu lassen, es wollte ihr einfach nicht gelingen. Sie sah sich vor dem inneren Auge in dem Laden stehen, den Charly und Gabriel gefunden hatten. Der Fußboden aus Holz knarzte unter ihren Füßen, die Wände waren bewusst nicht renoviert, teilweise sah man das Mauerwerk hervorblitzen. Indirekte Lichter erleuchteten die mintfarbene Theke mit den vielen Etageren, Platten und riesigen Gläsern darauf, in denen Kekse, Bonbons und Backwerk den Kundinnen und Kunden das Wasser im Mund zusammenlaufen ließen. In den gleichfarbigen Regalen dahinter standen selbstgemachte Marmeladen, Chutneys und Nussaufstriche. Aus unsichtbaren Boxen plätscherte französische Musik, ein Akkordeon klimperte, das sie an Montmartre erinnerte, und es roch nach Zimt, Zucker, Vanille und einem feinen Butteraroma. Während Henriette zwei noch warme Croissants in eine weiße Papiertüte legte und die Ecken der Tüte zwirbelte, kam ein Mann aus der Backstube im hinteren Bereich, ein großes Blech mit Erdbeer-Windbeuteln balancierend.

Es war Julien, und er hauchte im Vorbeigehen Henriette einen Kuss auf die Wange ...

Sie blinzelte, erschrak, rappelte sich vom Stuhl auf und machte einen großen Satz zum Backofen. Die Tarte! Beinahe wäre sie verbrannt. Und nur wegen eines hirnrissigen, nichtsnutzigen Tagtraums.

21

Sie hatte unbedingt einen letzten kleinen Spaziergang durch Lamotte-Beuvron unternehmen wollen, anderthalb Stunden bevor der Zug nach Paris fuhr. Mit gemächlichen Schritten lief Henriette auf den kleinen Marktplatz zu, die Hände in den Hosentaschen der Chinos, die Tasche baumelte über ihrer Schulter. Heute lag Regen in der Luft, dicke Wolken brauten sich am Himmel zusammen, auch wenn die Temperaturen immer noch mild waren. Sie blieb stehen und legte den Kopf in den Nacken. Bald würde es ein riesiges Donnerwetter geben.

Sie atmete tief durch und ließ den Blick wandern. Der Marktplatz von Lamotte-Beuvron lag so friedlich da wie immer. Auf der Terrasse von Hugo kritzelte François wieder mit Feuereifer auf einem Stapel Papieren herum, während sein Beagle auf dem Rücken lag und die Beine in die Luft streckte. Die beiden schweigsamen Schwestern erhoben sich gerade von ihrem Platz und nickten Hugo knapp zu, der aber alle Hände voll zu tun zu haben schien, da er beflissen um eine Gruppe Menschen herumwuselte, die an einem der größeren Tische saß, und dabei wie ein englischer Butler nickte und knickste, während er Getränke servierte.

Henriette kniff die Augen zusammen. Das waren doch der Bürgermeister und … täuschte sie sich? Nein, der Bankdirektor dieses Nachbarorts war auch dabei. Aber wer waren die beiden Anzugträger und die Frau im Kostüm? Sie saßen kerzengerade da, lächelten unbestimmt und warfen sich vielsagende Blicke zu.

Henriette legte den Kopf schief. Sie kannte solche Treffen, immerhin war sie in den letzten zehn Jahren selbst beinahe wöchentlich Teil eines solchen Meetings gewesen. Man traf die Entscheidungsträger der Stadt, machte gut Wetter, lachte an den richtigen Stellen und legte schließlich ein Angebot für irgendeinen Ortsteil vor, den man in ein Wohnsilo mit überteuerten Apartments für arbeitende Singles verwandeln wollte.

In diesem Augenblick erhob sich der Bürgermeister (heute trug er irritierenderweise keine Anglerhose und sah auch nicht aus, als käme er gerade aus dem Stall, vielmehr hatte er sich sogar ein Jackett angezogen – was Henriette nur noch mehr beunruhigte), streckte den Arm aus und lud die kleine Gesellschaft ein, ihm zu folgen. Hugo, der gerade im Begriff gewesen war, mit einer Flasche Champagner auf die Terrasse zu treten, drehte enttäuscht ab und verschwand unverrichteter Dinge wieder im Inneren seiner Brasserie.

Alle standen von den Stühlen auf. Henriette folgte der Richtung, in die Flombeaus Arm zeigte – und erstarrte.

Es gab nur ein einziges Gebäude auf dem Marktplatz, das nicht bewohnt und in einem sanierungsbedürftigen Zustand war. Henriette fuhr der Schreck in die Glieder, als sie erkannte, welchem Ereignis sie da gerade beiwohnte.

Das waren Investoren. Bauunternehmer, Immobilien-
haie. Menschen, die sich nicht um kleine Ortschaften und
ihren Charme kümmerten, sondern die nur Profite und
Gewinnmaximierung im Auge hatten. Die ein Stadtbild
veränderten, weil es ihnen egal war, die Mietpreise in die
Höhe trieben, weil sie sich nur für die Anzahl der Nullen
hinter der Summe interessierten, die am Ende auf ihrem
Konto stand. Wenn solche Leute über einen kleinen Ort
wie Lamotte-Beuvron herfielen, würde er sich verändern,
Stück für Stück, aber: für immer.

Im Kopf überschlug sie die Fakten. Von Lamotte-
Beuvron bis Orléans waren es gerade einmal fünfzig Minuten mit dem Zug, bis Paris nicht einmal zwei Stunden. Es gab genug Menschen, die sich die Mieten in den
großen Städten nicht mehr leisten konnten oder aber
die Hälfte der Woche von zu Hause aus arbeiteten, weil
die Pandemie der Welt das Homeoffice geschenkt hatte.
Diese Menschen, meistens junge Paare oder alleinstehend,
brachten natürlich ein bisschen Geld in die Kommunen,
in denen sie lebten – aber sie hatten auch ganz besondere
Ansprüche, denen die Gemeinden in der Regel Rechnung
trugen. Discounter, in denen man günstig Lebensmittel
bekam, Coffeeshopketten und Geschäfte, die man auch
aus großen Städten kannte. Alles gleich, nur in etwas kleiner, alles aus der Retorte, ohne Charme, ohne Persönlichkeit.

Sie musste an den Tagtraum von gestern Abend denken. Der Laden mit mintfarbener Theke. Die großen gläsernen Vorratsbehälter, handgeschriebene Etiketten auf
den Marmeladengläsern. Ein paar Tische und Stühle auf

dem Gehweg davor, der Bürgermeister, der vor dem Feierabend noch rasch ein paar Diamants à vanille mitnahm,
François, der sich ein Eclair gönnte, nachdem er den ganzen Tag an seinen Briefen gearbeitet hatte, Kinder, die
ihre Mütter anbettelten, ihnen ein paar der Bonbons zu
kaufen, die in den riesigen Gläsern auf der Theke in allen
Farben des Regenbogens funkelten.

Ohne dass sie hätte sagen können, was den Impuls
letztendlich gab, setzte sie sich in Bewegung und marschierte schnurstracks auf die kleine Ansammlung von
Menschen zu, die sich auf den Laden zubewegte. Flombeau erklärte gerade irgendwas, der Bankdirektor nickte,
beide wirkten regelrecht aufkratzt und gleichzeitig ein
wenig duckmäuserisch. Auch dieses Verhalten kannte
Henriette gut. Vermutlich überschlug Monsieur Schmidt
im Geiste schon die Zinseszinsen, die ein Kredit mit sich
brachte.

Als sie näher kam, hörte sie die Stimme des Bürgermeisters.

»Die angrenzenden Häuser gehören alle Privatper-
sonen, aber ich glaube nicht, dass es eine Schwierigkeit
darstellen würde, diese vom Verkauf zu überzeugen. Sehen Sie, das sind alles ältere Leute, die sich ein ruhiges
Leben auf dem Land wünschen. Die Mieteinnahmen sind
überschaubar, die Immobilien müssten alle renoviert werden, und eine Renovierung macht bekanntlich Arbeit und
kostet Geld ...« Er lächelte breit. »Geld, dass Sie haben,
meine Damen und Herren, aber das den einfachen Leuten
hier fehlt. Ich bin mir sicher, dass ich bei der Vermittlung
helfen könnte, wenn Sie wirklich beabsichtigen würden,

den ganzen Block ... also ...« Er sah sich aufgeregt um, schnappte nach Luft. »Das würde hier schon sehr vieles verändern.«

Henriette lief noch schneller. Die schmale Kladde fiel ihr wieder ein, die auf dem Schreibtisch des Bürgermeisters gelegen hatte. Das war das Exposé der Baufirma gewesen. Es war genau, wie sie befürchtet hatte. Die Anzugträger gehörten zu einer Firma, die ganze Viertel oder Straßenzüge aufkaufte, alles abriss und daraus Wohnraum und Gewerbeflächen machte, die sich anschließend nur Yuppies oder große Ketten leisten konnten. Im besten Fall würde der Plan aufgehen, die Bahn würde noch vier Zugverbindungen mehr von Lamotte-Beuvron nach Orléans oder sogar Paris einrichten, und der Ort würde fortan zum Speckgürtel der großen Städte gehören – tagsüber wie leergefegt und abends voller müder, karriereorientierter Menschen, die eben nicht in die Brasserie von Hugo gingen oder Gemüse bei Yathavan kauften, sondern die Online-Dating betrieben und sich Sushi über eine Lieferdienst-App kommen ließen.

Und im schlimmsten Fall? Im schlimmsten Fall würde das Lottospiel der Immobilienfirma nicht aufgehen, die nichtssagenden Neubauten würden zu unerschwinglichen Mietpreisen unbewohnt bleiben und nicht nur durch ein einzelnes, verwaistes Gebäude, sondern eine ganze Reihe von Leerständen das Stadtbild verändern.

In weiter Ferne grollte ein Donner. Die Wolkenberge am Horizont kamen ihr nun fast wie ein dunkles Orakel vor.

»Halt!«, rief Henriette und wunderte sich selbst darüber, wie entschieden ihre Stimme klang. »Monsieur Flombeau, ich unterschreibe.«

Was sagte sie da? Waren das wirklich ihre Worte, die da aus ihrem Mund purzelten? Hatte sie jetzt völlig den Verstand verloren?

Der Bürgermeister blickte sich um. »Ach, Madame Süßkind.« Verlegen schaute er von Henriette zu den Geschäftsleuten. »Sie hatten sich nicht mehr gemeldet, und da dachte ich … Nun ja. Man muss sich ja alle Optionen offenhalten, nicht wahr?« Er lächelte so breit und unverbindlich, als würde er für ein Wahlplakat posieren. »Darf ich Ihnen die Herrschaften vorstellen? Das sind … «

»Ist mir egal«, wischte Henriette seine Begrüßung zur Seite. »Wir unterschreiben Ihr Angebot und eröffnen die Patisserie.«

Der Bankdirektor hüstelte. »Mit Verlaub, Madame, Sie werden von unserem Kreditinstitut kein Geld bekommen, da Ihre Schwester … «

Henriette baute sich vor dem Mann auf und sagte: »Ich brauche keinen Kredit, Monsieur Schmidt. Ich habe Erspartes, das für die Renovierung ausreicht. Vielen Dank.«

Der Bankdirektor machte ein Gesicht, für das man keine Interpretationshilfe brauchte. Er sah gerade nicht nur einen dicken Fisch durch die Lappen gehen, sondern bemerkte wohl in diesem Augenblick, dass er am Ende vielleicht ohne Zinseszinsen würde auskommen müssen. Auch der Rest seiner Entourage wirkte nicht amüsiert.

Flombeau indes schien begeistert. »Das wäre natürlich meine liebste Lösung, Madame Süßkind. Ihre Diamants waren ja wirklich zum Niederknien, und wenn die Immobilie im Besitz der Stadt bleibt, ist mir das selbstredend recht.« Er lächelte den beiden Herren und der Frau in den Anzügen zu. »Das ist nichts Persönliches, aber ich muss das Wohl der Gemeinde naturgemäß über alles andere stellen.«

»Und Ihr persönliches Wohl, Monsieur Flombeau«, beeilte Henriette sich zu sagen. »Es wäre uns eine Freude, die Diamants mit wöchentlich wechselnden Geschmacksrichtungen in das Programm aufzunehmen, als Aushängeschild unserer Patisserie, wenn Sie es so wollen.«

Die Augen des Bürgermeisters funkelten. »Na, dann lassen Sie uns gleich in mein Büro gehen und die Sache fix machen. Wann können Sie mit der Renovierung beginnen?«

»Nächste Woche«, hörte Henriette sich sagen, obwohl sie eigentlich etwas ganz anderes vorgehabt hatte. Ob sie das Zugticket nach Frankfurt noch stornieren konnte? Ach, bei einem so hohen Geldbetrag, den sie offensichtlich in Kürze in ein Projekt investieren würde, war das auch schon egal. In ihrem Kopf verbanden sich die Gedanken zu einem gewaltigen Strudel und wirbelten alles durcheinander.

»Wunderbar«, freute sich Monsieur Flombeau, dann ertönte ein lautes Ploppen, und alle drehten sich um.

Hinter ihnen stand Hugo mit einer Flasche Champagner und einem Korb, in dem Sektgläser lagen, und sagte: »Ich habe gehört, es gibt etwas zu feiern?«

*

Henriette stand vor dem Haus in der Rue des Roses und wusste nicht, was sie als Nächstes tun sollte. In ihrem Inneren war es erstaunlich ruhig. Eigentlich hätte sie erwartet, dass ein Sturm der Gefühle toben müsste, doch überraschenderweise fühlte sie sich ... gefasst. Sie hatte den Mietvertrag unterschrieben und sich damit auf eine lange Zeit an Lamotte-Beuvron sowie die Patisserie gebunden. Natürlich gab es ein Sonderkündigungsrecht, wenn der Laden nach sechs Monaten noch nicht eröffnet war, diese Sicherheit hatte sich Monsieur Flombeau erbeten, und Henriette hatte dem zugestimmt. Denn wenn die Sache nach einem halben Jahr nicht lief, würde sie auch nach drei Jahren nicht laufen, das wusste sie aus eigener Erfahrung.

Sie wischte sich eine nasse Haarsträhne aus dem Gesicht. Eine Viertelstunde lang hatte das Unwetter über dem kleinen Ort gewütet, dann war die Wolkenfront weitergezogen und hatte Lamotte-Beuvron wieder verlassen, allerdings nicht ohne Henriette bis auf die Unterhose zu durchnässen.

Aber darum kümmerte sie sich in diesem Moment nicht. Die einzige Frage, die sie beschäftigte, war: Wie würde sie das alles den anderen verklickern? Ihren plötzlichen Gesinnungswechsel? Und vor allem, dass sie die Hilfe jedes Einzelnen brauchte, um die Patisserie zu stemmen? Ohne Julien wäre sie verloren, er hatte ihr in den vergangenen Tagen zwar eine Menge beigebracht, aber das reichte doch niemals, um so einen Laden selbst zu führen. Gabriel war ein Herz von einem Menschen, aber sie brauchte jemanden, der zusammen mit ihr die schweren Mehlsäcke schleppte. Und Charly? Die konnte anpacken, wenn sie denn wollte. Aber würde sie auch wollen? Und zwar nicht nur für 48 Stunden, sondern länger?

Eine eiskalte Hand griff nach Henriettes Herz, und sie fröstelte. Was habe ich getan?, fragte sie sich und musste sich kurz am Gartenzaun festhalten. Die Verantwortung rollte wie ein Schwertransport heran und raubte ihr beinahe den Atem. Henriette schloss die Augen und sog die Luft tief in den Bauchraum ein. Das war ganz normal, dass sie gerade durchdrehte. Immerhin hatte sie gerade eine für sie völlig untypische, ja beinahe unnatürliche Entscheidung getroffen, impulsiv, irrational und getrieben von nichts als Gefühlen.

Sie spürte, dass ihre Hände zitterten, als sie das kleine Gartentürchen öffnete und auf die nassen Steinplatten trat, die sie durch den Vorgarten bis zur Haustür trugen. Dort angekommen, atmete sie noch einmal tief durch und betrat dann das Haus. Das Herz klopfte ihr bis zum Hals, und sie befürchtete, jeden Moment umzukippen. Gelächter führte sie wie durch einen Tunnel in die Küche, wo Julien, Gabriel und Charly saßen und frühstückten.

Ihre Schwester warf einen Blick auf die Uhr. »Wir haben uns schon gefragt, wo du bleibst. Dein Zug geht in zwanzig Minuten.« Sie sah Henriette noch einmal genauer an. »Meine Güte, du bist ja völlig durchnässt! Warte, ich hole eine Decke.«

Charly sprang auf, rannte ins Wohnzimmer und war kurz darauf mit einer Wolldecke wieder da, die sie Henriette über die Schultern legte. »Komm, raus aus den nassen Klamotten.«

Henriette zog die Decke enger um die Schultern. »Es geht schon, danke.« Sie überlegte, ob sie sich hinsetzen sollte, aber die Unruhe in ihrem Inneren verbot es ihr. »Ich muss euch etwas sagen.«

Den dreien entglitten die Gesichtszüge, und Charly sank wieder auf den Stuhl.

»Du bist krank.« Gabriel schlug sich die gesunde Hand vor den Mund.

»Ist was mit Papa?« Charly war ganz bleich geworden.

»Sie hat jemanden kennengelernt«, mutmaßte Julien und fuhr sich mit einer Hand durchs Haar.

»Jetzt hört mir doch mal zu«, unterbrach Henriette die Vermutungen, und dann erzählte sie von der Situation auf dem Marktplatz, den Herren Flombeau und Schmidt und den Anzugträgern, dass sie nicht nur das Gebäude mit dem Laden darin, sondern den halben Marktplatz kaufen und dem Erdboden gleichmachen wollten, und Gabriel wurde ganz still, Charly sehr aufgebracht, und Julien lehnte sich im Stuhl zurück und begann, Henriette aufmerksam zu beobachten, als dürfte ihm kein Wort entgehen.

»Das war's«, murmelte Gabriel schließlich. »Die Wahrscheinlichkeit, dass wir das noch abwenden können, ist im Promillebereich.«

In Charlys Augen glitzerten Tränen. »Wir hätten echt was Tolles daraus machen können. Verdammter Mist.«

Nur Julien guckte Henriette nachdenklich an. »Ich habe das Gefühl, dass du uns noch nicht alles gesagt hast.«

Sie nickte langsam. »In letzter Sekunde kam jemand

auf den Marktplatz und hat Flombeau überzeugen können, ihm den Laden zu vermieten.«

Drei Paar Augen glotzten sie ungläubig an.

»Was? Wer würde so etwas tun?«, stammelte Charly. »Und warum?«

»Es ist höchst unwahrscheinlich, dass so jemand plötzlich auf der Bildfläche erscheint«, überlegte Gabriel laut und schüttelte den Kopf. »Das Leben steckt wirklich voller Überraschungen.«

Julien ließ Henriette nicht aus den Augen. »Oh, 'enriette«, flüsterte er und lächelte.

»Was?« Charly sah von ihm zu ihrer Schwester und wieder zurück. »Was ist passiert? Was kriegen wir nicht mit?«

Henriette seufzte tief, griff nach der Tasche und zog die sechs mittlerweile etwas welligen Seiten heraus, die sie vor einer halben Stunde unterschrieben hatte. »Charly, du musst mir versprechen, dass du das mit der Patisserie ernst meinst.«

Ihre Schwester riss die Augen auf. »Das tue ich! Das tue ich wirklich. Ich wünsche mir nichts sehnlicher.«

»Wenn du mich hängenlässt …«

Charly schüttelte den Kopf, sie wirkte aufgeregt, die Wangen waren gerötet. »Niemals, Hetty.«

Henriette seufzte. »Das will ich hoffen. Ansonsten hätte ich nämlich einen fürchterlichen Fehler begangen, als ich den Mietvertrag auf fünf Jahre unterschrieben …«

Mehr konnte sie nicht sagen, denn Julien und Charly sprangen gleichzeitig von den Stühlen auf, während Gabriel einen erleichterten Aufschrei von sich gab. Dann waren mit einem Mal alle bei ihr und fielen Henriette um den Hals, und sie, die das eigene Leben bis vor wenigen Tagen eigentlich sehr gut im Griff gehabt hatte, wusste nicht, ob sie lachen oder weinen oder beides auf einmal tun sollte.

22

Dass die Leute an einem Sonntag nichts Besseres zu tun haben«, murmelte Henriette nachdenklich und band sich die Haare zu einem Dutt hoch. »Warum helfen die alle? Sie bekommen kein Geld von mir.«

»Weil sie an die gute Sache glauben«, erwiderte Charly, die gerade im Begriff war, die Ärmel des zitronenfarbenen Hemds hochzukrempeln, das sich auf die typische Charly-Art mit der Farbe der Haare biss und trotzdem gut aussah. »Beschwer dich nicht. Du hast gesagt, du brauchst Hilfe. *Et voilà*, hier ist sie.«

Henriette schüttelte still den Kopf. Sie konnte sich nicht daran erinnern, wann sie einmal einer ihr im Grunde fremden Person einen Tag ihres Lebens und ihre helfende Hand geboten hatte, weil sie an die gute Sache glaubte.

»Darf ich mal?«, wollte François in dieser Sekunde wissen und drückte sich an Henriette vorbei. Er trug einen altersschwachen Stuhl vor sich her, den er in den großen Container vor dem Laden befördern wollte.

»Moment.« Charly stellte sich ihm in den Weg. »Ich glaube, aus dem Ding kann man noch was machen.«

Henriette runzelte die Stirn. »Der bricht zusammen, wenn ich nur daran denke, mich auf ihn zu setzen.«

Ihre Schwester legte den Kopf schief. »Sag das nicht. Ein bisschen Leim, ein paar Schrauben und ein neuer Anstrich, und der Stuhl ist wie neu.«

Henriette zuckte mit den Schultern. »Wenn du meinst.«

Die Sondereinsatzgruppe, die sich gestern Abend noch bei Gabriel zu Hause versammelt hatte, war vollständig gekommen. Darunter waren nicht nur Julien und Gabriel, sondern auch Leute aus dem Ort, die der alte Mann angerufen hatte: François, den Henriette zum ersten Mal im Stehen sah, kein Papier bekritzelnd, sondern zupackend. Sein Hund Bruno lag draußen auf der Straße vor dem Laden in der Sonne und überwachte die rein- und rausgehenden Helfer wie ein Bademeister. Yathavan, der Gemüsehändler, der sich nicht hatte lumpen lassen und für die Instandsetzung des Ladens gleich zwei seiner Neffen mitgebracht hatte, Raj und Ravi, die mit zwei riesigen Besen in der Hand im hinteren Teil des Ladens standen und den Schutt zusammenkehrten. Auch Hugo war gekommen – vermutlich eher, weil er herausfinden wollte, ob Henriette und Charly seiner Brasserie mit ihrem Laden Konkurrenz machen würden. Doch selbst er trug alte Bretter, Eimer mit Sand und Staub und kaputte Gegenstände raus in den sonnigen Sonntagvormittag.

Es waren sogar Leute gekommen, die Henriette nur vom Sehen kannte, zum Beispiel Agnieszka, die polnische Haushaltshilfe von Gabriel. Sie war eine große Frau, fast doppelt so breit wie Henriette, und sie war eine regelrechte Urgewalt, stark wie zwei Männer und mit einem grimmigen Arbeitseifer ausgestattet, der die anderen ehrfurchtsvoll zur Seite treten ließ, wenn sie sich den Weg ins Innere des Ladens fräste. Sie wirbelte mit niemand Geringerem als Monsieur Flombeau, dem Bürgermeister persönlich, in der Küche und schmiss alles raus, was nicht mehr wiederzuverwenden war.

Denn das war das erklärte Ziel der Aktion heute: rauswerfen, was rausmusste, und behalten, was man noch reparieren konnte.

»Wir müssen sparen!«, hatte Henriette gestern Abend ihr Mantra kundgetan und es heute Morgen bei der Lagebesprechung mehrmals wiederholt. »Wenn etwas nicht wirklich aus dem letzten Loch pfeift, versuchen wir, es zu retten.«

Charly, die sich qua notorischem Geldmangel und der Vorliebe für Flohmarktmöbel und Secondhandklamotten mit zweiten Chancen besser auskannte als jeder andere, hatte sich der Sache angenommen. Sie stand am Eingang des Ladens und scannte alles, was die Helfer an ihr vorbeitrugen, auf seine Nutzbarkeit. Links neben dem Container stand der Transporter von Yathavan, in den Charly all die kleinen Tische, wackligen Stühle, kleinen und großen Küchengeräte sowie allerlei Nippes einladen ließ, damit der Gemüsehändler sie später zu Gabriel in die Garage fuhr, wo Charly beabsichtigte, alles in Ruhe zu sichten und herzurichten. Das war ganz in Henriettes Sinn. Nicht, weil sie auf zusammengewürfeltes Zeug stand – im Gegenteil. Sondern weil sie wusste, dass jeder Cent, den sie nicht in die Anschaffung neuer Dinge steckte, in der eigenen Tasche blieb. Und weil Charly den halben gestrigen Tag damit verbracht hatte, Bilder im Internet herauszusuchen, mit denen sie Henriette schließlich überzeugte, dass die Patisserie noch charmanter und authentischer wirken würde, wenn nicht alles wie aus einem Guss und nigelnagelneu wirkte, sondern sie Dinge wiederverwendeten. Außerdem: Es war ja Charlys Laden. In dem konnte sie machen, was sie wollte, auch wenn es am Ende wie in einer kunterbunten Hippiebude aussehen würde.

»Vertrau mir, Hetty«, hatte Charly gestern Abend vorgeschlagen. »Ich weiß, was ich tue.«

Und Henriette hatte geseufzt und sich gesagt: Was soll's. Es kann nur schiefgehen.

Sie sah, wie ihre Schwester ein kleines Regal kritisch unter die Lupe nahm und Hugo, der das Möbel trug, die Anweisung gab, es in den Transporter zu stellen. Keine Ahnung, was Charly mit dem Ding vorhatte. Solange es am Ende genug Möglichkeiten zum Sitzen gab, war es Henriette in diesem Augenblick egal. Und austauschen konnte sie die Sachen im Notfall immer noch.

»He, hört mal alle her!«, rief Charly in diesem Moment laut, und alle stellten die Arbeit ein und blickten in ihre Richtung. »Wir brauchen noch ein paar Sitzgelegenheiten in der Patisserie, außerdem Geschirr, Tassen und Gläser. Könnt ihr zu Hause mal schauen, was ihr entbehren könnt, und es mir in den kommenden Tagen zu Gabriel in die Garage bringen?«

Henriette musste tief durchatmen. Das würde bestimmt ein völlig irres Sammelsurium an Gegenständen im Laden werden. Keine Tasse würde zur anderen passen, die Stühle wären unterschiedlich hoch, jeder Tisch sähe anders aus … Ob das was werden konnte? Sie spürte eine Hand auf der Schulter und sah hoch. Julien lächelte sie an. Sein

Gesicht war mit Staub bedeckt, das dunkle Haar wirkte von noch mehr grauen Strähnen durchzogen als sonst.

»Hab Vertrauen«, raunte er ihr zu. »Deine Schwester kriegt keinen vernünftigen Mürbteig hin, aber im Improvisieren ist sie eine Institution.«

Henriette musste schmunzeln. Er hatte recht. Möglicherweise war Charlys Vision des Ladens genau das, was er brauchte, um gut nach Lamotte-Beuvron zu passen. Außerdem hatte Henriette genug auf dem Zettel, den sie wohl besser gleich auf Endlospapier angelegt hätte. Weil die To-dos unendlich waren und gefühlt jede Minute neue Aufgaben dazukamen, hatten sie sich gestern dazu entschieden, sich die Punkte untereinander aufzuteilen. Gabriel würde sich um den ganzen Papierkram kümmern, Genehmigungen, offizielle Dokumente, Gewerbeanmeldung und so weiter. Charly war für die Inneneinrichtung verantwortlich und das, was sie »Kleinvieh« nannte. Julien übernahm alles, was mit der Backstube zu tun hatte. Und Henriette sorgte sich um den Rest, was vor allem bedeutete: Renovierung des Ladens und Instandsetzung des Prunkstücks, der großen Theke.

Sie hatten einen Plan. Alle Verantwortlichkeiten waren verteilt. Und trotzdem war es für Henriette unvorstellbar, dass sie in spätestens drei Wochen den Laden eröffnen wollten.

Zusätzlich zu den vielen Stunden, die sie ab jetzt auf der Baustelle verbringen würde, hatte Julien ihr abendliche Backlektionen verordnet. »Du musst alles lernen, was die französische Patisserie zu bieten hat«, hatte er gesagt.

»In wenigen Wochen?«

»Du bist schnell, blitzgescheit und sehr talentiert. Ich sehe darin kein Problem«, hatte er sie beruhigt.

Doch die Vorstellung, dass Julien nach den Sommerferien, in denen er offensichtlich nichts Besseres zu tun hatte, als Charly und ihr mit dem Laden zu helfen und ihnen beiden das Backen beizubringen, damit sie es wenigstens bis zu den Herbstferien schafften, die Julien versprochen hatte, in Lamotte-Beuvron zu verbringen, nicht mehr da sein würde, sorgte für ein mulmiges Gefühl im Magen. Vor allem dann, wenn sie sich überlegte, wie es mit der Patisserie weiterging, wenn sie erst einmal wieder in Frankfurt war. Aber auch der Gedanke daran, dass sie nicht mehr jeden Tag gemeinsam die köstlichsten Rezepte ausprobieren würden, schmerzte sie tief im Inneren. Sie war Julien dankbar, dass er ihr so viel von seinem Handwerk beigebracht hatte, und wenn sie ehrlich war, freute sie sich wie ein kleines Kind auf die noch folgenden abendlichen Backstunden.

Dabei müsste doch eigentlich Charly lernen, wie sie die göttlichen Croissants zubereitet, dachte sie. Ob sich Julien im Klaren darüber war, dass es ihnen überhaupt kein bisschen helfen würde, wenn Henriette die Meisterbäckerin würde, aber im weit entfernten Frankfurt saß? »Darum kümmern wir uns, wenn es so weit ist«, hatte er gesagt, als sie ihn darauf angesprochen hatte.

Der Satz war zu so etwas wie dem heimlichen Motto dieses wahnwitzigen Plans geworden. Ein Schritt nach dem anderen. Henriette atmete ein weiteres Mal tief durch und wiederholte den Satz, der ihr so fremd vorkam, dass es beinahe schmerzte.

»Entschuldigung?« Ravi, einer von Yathavans Neffen, ein siebzehnjähriger Hüne, wollte sich an Henriette vorbeidrängeln. In den Händen trug er einen muffigen Karton, in dem sich offenbar einige alte Dokumente befanden.

Henriette trat einen Schritt zur Seite und kollidierte beinahe mit Gabriel, der von hinten herangerollt war.

»Moment! Die Kiste will ich haben«, sagte er und klopfte mit der Hand auf seine Schenkel.

Ravi zuckte mit den Schultern. »Von mir aus.« Dann stellte er den Karton, der vor Dreck und Staub nur so strotzte, auf Gabriels Oberschenkeln ab.

»Was willst du damit?«, fragte Henriette, die sich zwar langsam mit dem Gedanken anfreundete, dass Charly einige Dinge aus dem Laden wohl retten und wiederverwenden würde, sich aber beim besten Willen nicht vorstellen konnte, was Gabriel mit dem alten Krempel anfangen wollte.

Der wiederum zog ein Papier aus der Box und blies den Staub runter. »Man weiß nie«, murmelte er geistesabwesend. »Manchmal verstecken sich in Dokumenten Geheimnisse.«

»Und manchmal versteckt sich darin nur noch mehr Müll. Wirf das weg.«

Gabriel hörte ihr gar nicht mehr richtig zu. Er legte das Papier beiseite und grub tiefer in der Kiste herum. »Ach, sieh mal. Das ist so was wie ein Notizbuch.« Der alte Mann hielt ein abgegriffenes, in Leder eingebundenes Büchlein hoch. »Was da wohl drin steht?«

»Vielleicht eine Anleitung, wie wir Charly dazu bekommen, nicht nur die Möbel neu zu lackieren, sondern auch ein vernünftiges Millefeuille herzustellen«, murmelte Henriette und fuhr sich mit der Hand über die Stirn. »Ich hoffe wirklich, dass sie weiß, worauf sie sich da eingelassen hat. Wenn Papa von der Sache erfährt ... Der wird gar nicht begeistert sein und mich wahrscheinlich fragen, was mich geritten hat. Ich kaufe meiner Schwester eine Patisserie.« Sie lachte auf, und es klang ein bisschen hysterisch. Wieder wollte die Panik von ihr Besitz ergreifen, wieder spürte sie die Finger, die sich um ihren Magen legten und fest zupackten, doch Henriette konnte sich nicht weiter damit beschäftigen, da in diesem Moment Julien aus dem Backraum hinter der Theke kam und sich mit in die Hüfte gestemmten Armen vor ihr aufbaute.

»Die Elektrogeräte sind alle hinüber«, sagte er und pustete sich eine staubige Strähne aus der Stirn. »Die müssen wir ersetzen.«

Henriette, die damit gerechnet hatte, dass der heutige Tag auch Hiobsbotschaften bereithielt, nickte ergeben. Von ihrem virtuellen Bankkonto wurden mit einem saftigen *Katsching* 30 000 Euro abgezogen. Vielleicht mehr. Sie schnaufte.

»Wo bekommen wir neues Equipment her? Gibt es da einen besonderen Handel für?«

Julien wiegte den Kopf hin und her. »Lass mich mal machen. Ich habe da eine Idee. Wie viel Geld kannst du entbehren?«

Sie lachte wieder. »Am besten so wenig wie möglich.«

Julien nagte an der Unterlippe. »Okay. Ich fahre nächste Woche nach Paris. Vielleicht habe ich Glück.« Er blickte

Henriette mit strahlenden Augen an. »Und du begleitest mich.«

»Ich?! Nein, das geht nicht. Ich muss doch die Baustelle überwachen.«

Gabriel sah von dem Büchlein auf. »Lass nur, Henriette, einen Tag kommen wir auch ohne dich aus. Und den Handwerkern Feuer unterm Hintern machen, das kriege ich auch hin.« Dann grinste er: »Lass dir die Stadt der Liebe mal besser nicht entgehen.«

Henriette schaute Gabriel verblüfft an, als würde sie sich von ihm ertappt fühlen, und brachte mit krächzender Stimme hervor: »Darüber reden wir noch.«

»Sehr gern«, sagte Julien und lächelte sie an.

Erneut bemerkte Henriette, dass dieses Lächeln mit diesen unwiderstehlichen Grübchen etwas in ihr auslöste. Etwas, das ihr nicht *nur* gefiel … Denn was sie noch weniger brauchen konnte als eine Patisserie in Lamotte-Beuvron war eine hoffnungslose Liebe in Paris. Sie wollte den Blick abwenden, wollte sich von diesem neugierigen, forschenden Ausdruck in seinen flaschengrünen Augen lösen, doch es wollte ihr nicht gelingen. Die Lachfältchen um seine Augenwinkel kräuselten sich noch mehr, und sein Mundwinkel zuckte.

»Du hast da was«, sagte er, hob die Hand und zupfte Henriette etwas aus dem Dutt.

Sie fuhr sich verlegen übers Haar. »Ist ziemlich staubig hier. Schwer vorstellbar, dass wir in ein paar Wochen im Laden backen können.«

»Ich weiß nicht, 'enriette«, sagte Julien langsam. »Mit dir ist ziemlich vieles vorstellbar.«

Ihr Herz schlug schneller, als es sollte, und sie spürte, wie ihre Wangen heiß wurden. Warum machte Julien ihr so viele Komplimente? Das war doch völlig unangebracht. Sie hatten so viel Arbeit zu erledigen, wie konnte er sich da Zeit fürs Flirten nehmen? Außerdem ... sie war nicht interessiert. Sie wollte keine Spielchen, sie wollte kein Abenteuer für ein paar Sommernächte in Frankreich und womöglich in ein paar Wochen mit einem gebrochenen Herzen in Frankfurt sitzen. Sie wünschte sich endlich einen Mann, der an ihrer Seite sein wollte, etwas Festes, etwas, auf das sich aufbauen ließe. Julien war attraktiv, er roch sogar noch besser als seine Plätzchen, seine Hände waren zart und gleichzeitig stark, sein Blick ließ ihre Knie weich werden, aber Henriette war ja nicht blöd: Sie war mit Sicherheit nur eine von vielen Frauen, die er mit all seinen schwer zu übersehenden Vorzügen zu verführen wusste.

Sie öffnete den Mund, um Julien eine möglichst unverfängliche Frage zum Zustand der Backstube zu stellen, als ein lauter Schrei das geschäftige Treiben im Laden durchbrach.

»Seht euch das an!«, rief Charly laut. »Das sind noch die originalen Tapeten aus den Fünfzigern! Ich glaub, mich tritt ein Pferd. Die behalten wir. Komme, was wolle.«

Henriette schloss die Augen und stöhnte. »Möbel aus fünf Jahrzehnten, alte Tapeten und Geschirr, das nicht zusammenpasst. Ich hoffe wirklich, dass Charly einen Plan hat.«

Julien lachte. »Den hat sie, Hetty. Ganz sicher.«

23

GABRIEL

Wenn mich später, nachdem alles vorbei war, jemand gefragt hätte, wie oft ich in den Wochen vor der Eröffnung meine Berechnungen über den Haufen geworfen habe, hätte ich keine Antwort für ihn gehabt, da die Zahl gegen unendlich tendierte. An manchen Tagen sah es so aus, als würden wir vor dem geplanten Termin fertig werden. Vor allem Charly legte einen solchen Feuereifer an den Tag, dass man sie eigentlich nur als Naturgewalt bezeichnen konnte. Sie stand in den frühen Morgenstunden auf, trank einen Kaffee im Stehen in der Küche und verzog sich dann in die Garage neben meinem Haus, die niemand außer ihrer Person und Julien betreten durfte und aus der bis in den Abend hinein Schleifgeräusche, Hammerschläge und viele, viele Flüche drangen. Außerdem umgab sie ununterbrochen ein feiner Geruch von Sägespänen, Holzleim und Lack. Doch was sie dadrinnen fabrizierte? Es blieb ihr Geheimnis. Einzig ihre Fingerspitzen, die Tag für Tag in einer anderen Farbe leuchteten, mal in Zuckerwatterosa, mal in Pistazieneisgrün, mal in zartem Flieder oder sanftem Babyblau, verrieten, dass es bunt werden würde.

Henriette zog jedes Mal die geraden, fast durchsichtigen Augenbrauen zusammen, wenn sie ihre Schwester mit diesen Händen voller Farbreste ins Haus kommen sah. »Was zur Hölle treibt sie da?«, fragte sie nicht nur einmal ins unbestimmte Nichts, das ihr jedoch niemals eine Antwort gab, und meistens hatte sie auch gar keine Zeit, sich weiter damit zu beschäftigen, weil ich ihr einen Vertrag oder eine Anmeldung zur Prüfung und Unterschrift vorlegte, weil Julien mit ihr über ein bestimmtes Rezept sprechen wollte oder eine andere Person, die sich an der Renovierung des Ladens wie selbstverständlich beteiligte, in der Rue des Roses oder auf der Baustelle selbst auftauchte und Henriettes Aufmerksamkeit auf sich zog.

Sie war ein Faszinosum, und einmal mehr schalt ich mich einen Narren, weil ich diese ruhige, oft ernst wirkende Frau so unterschätzt hatte. Henriette wirkte in diesen chaotischen, verrückten und wilden Wochen wie ein Fels in der Brandung. Nichts konnte sie aus der Ruhe bringen, sie fand für alles eine Lösung, meist pragmatischer Natur, fest im Sattel sitzend, wie ihr Wesen es normalerweise versprach, so manches Mal aber auch überraschend und originell, wie ich es bisher nur von ihrer Schwester kannte. Als beispielsweise Julien eines Abends vom Teigkneten aufsah, mit großen Augen in die Runde blickte und Henriette fragte: »Wie soll der Laden eigentlich heißen?«, schloss die nur für einen Moment die Augen und sagte dann gelassen: »Das ist doch ganz einfach. Sœurs du sucre.« Zuckerschwestern. Einen besseren Namen hätte sie gar nicht vorschlagen können.

Doch nicht immer war es so leicht. Als die Handwerker zum Beispiel herausfanden, dass die Toilette hinter der Backstube komplett erneuert werden musste, samt Abfluss, durch den wirklich gar nichts mehr durchging, oder als Julien verkündete, dass ein Starkstromanschluss für den Backofen hermusste, da kam auch die robuste, sturmerprobte Henriette kurz ins Wanken. Manchmal ging sie mit unsichtbaren Gewitterwolken über dem Kopf ins Bett, doch spätestens am nächsten Morgen fand ich sie am Küchentisch sitzend vor, über das alte Vokabelheft gebeugt, in dem sie eine seitenlange Aufgabenliste pflegte, und die Gewitterwolken waren verzogen. Dann nahm sie häufig einen Stift, blickte mir fest in die Augen und sagte, während sie ein Wort auf der Liste mit Nachdruck durchstrich: »Ich hab's.«

Es ist interessanterweise nicht so, dass die Probleme weniger werden, wenn man sie löst – häufig entstehen für jedes Problem, das von der Liste gestrichen wird, zwei neue, die es zu bewältigen gilt. Ein Mensch wie Charly, vermutlich aber auch jemand wie ich oder Julien, hätten unter dieser Last, diesem verzauberten Topf, aus dem umso mehr Herausforderungen, Aufgaben und Dilemmata wie der Brei aus dem Märchen der Gebrüder Grimm blubberten, je mehr man daraus aß, den Verstand verloren. Zu Recht, denn keiner von uns hat das Format dieser Henriette Süßkind, die mir manchmal vorkam, als habe sie acht Arme und drei Gehirne, die schneller als wir alle zusammen dachte und uns immer einen Schritt voraus war.

Und ich, der ich Henriette vor allem in den ersten Tagen unserer gemeinsamen Zeit für ein bisschen bieder gehalten hatte, eindeutig weniger aufregend als ihre Schwester und vielleicht sogar etwas spießig, musste meine Meinung von Grund auf revidieren. Denn das, was Charlotte an Charme und Ausstrahlung abbekommen hatte, das hatte die Natur in doppelter Ausführung an Henriette verteilt, allerdings in ganz anderen Bereichen, und die verbargen eine Schönheit, die man erst auf den dritten Blick erkannte, aber die, ohne dass man es direkt mitbekam, einen ganz eigenen Zauber auf die Menschen um sie herum versprühte. Sie war ein Genie, wenn es um Planungen ging, und mit ihrer strukturierten, klaren Art eine Inspiration für jeden. Raj und Ravi, den Neffen von Yathavan, zwei ansonsten eher faulen Gesellen, die sich nur für frisierte Mopeds und die Röcke der Mädchen interessierten, die umso kürzer wurden, je höher die Temperaturen stiegen, bot Henriette einen Sommerjob an. Für ein paar Euro am Tag verrichteten sie jede noch so anstrengende Tätigkeit im Laden, spachtelten die Löcher in den Wänden aus, schliffen die große Theke ab, verlegten Stromleitungen und kratzten den Dreck aus den Fugen in der Backstube, alles unter der strengen, aber gerechten Aufsicht Henriettes.

Yathavan, der Onkel, trat an einem Morgen, als seine Neffen gerade dabei waren, die freiliegenden Mauerteile mit Schwämmen zu säubern, neben mich und sagte: »Für mich heben die Halunken keinen Apfel auf, und ich zahle ihnen mehr als Henriette! Aber für sie würden sie alles tun. Sie hat so eine Art an sich ... «

Ich blickte Yathavan an. »Sie ist unglaublich.«

Der Gemüsehändler nickte voller Ehrfurcht. »O ja. Ihr gelingt es, dich um etwas zu bitten, und am Ende denkst du, es war deine Idee.«

Das traf es auf den Punkt. Außerdem wusste diese mondsichelscharfe, morgenlächelnde, stillsonnige Henriette, wie man sich mit den Menschen im Ort gut stellte. Nicht weil sie sich anbiederte oder freundlicher gab, als sie war. Nein, Henriette war verbindlich. Wenn sie sagte: »Ich melde mich morgen bei dir«, dann tat sie das. Und wenn sie versprach: »Ich mache das möglich«, dann stimmte es. In den zwei Wochen, in denen wir mit vereinten Kräften an der Eröffnung des Ladens arbeiteten, erlebte ich es nie, dass sie jemandem etwas zusicherte, was sie nicht halten konnte.

Besonders überraschend fand ich das nicht, was ich jedoch nicht erwartet hatte, war, wie sehr ihre Verbindlichkeit auf so ziemlich jeden Menschen abfärbte, mit dem sie zusammen war.

Sogar auf Charly. Und erst recht auf meinen Neffen Julien.

Nicht, dass er unzuverlässig war, keineswegs. Doch mit welchem Engagement er sich in die Sache stürzte, ließ selbst mich, seinen ihn liebenden Onkel oder Großcousin oder was auch immer, staunen.

Irgendwie gelang es ihm, einen alten Kontakt aus seinem früheren Leben aufzutreiben, der das Problem mit der Küchenausstattung behob. Jacques war einer von Juliens Lehrer an der Patisserie-Schule gewesen – und sein größter Förderer. Als Julien nach einer Dekade des Backens das Handtuch geworfen hatte, hatte Jacques es zunächst persönlich genommen und seinem früheren Schützling einen bitterbösen Brief geschrieben, in dem er ihm die Freundschaft aufkündigte. »Melde dich erst wieder bei mir, wenn du zur Vernunft gekommen bist«, schrieb Jacques an Julien, und nun fand mein Neffe, dass der Zeitpunkt gekommen war. Ohne Ankündigung tauchte er bei Jacques zu Hause auf, klopfte an der Tür und senkte betreten das Haupt, als sein Ausbilder öffnete.

Jacques sah ihn lange an. Dann knurrte er: »Wurde auch Zeit.« Und ließ Julien eintreten.

Nachdem die erste halbe Stunde vergangen war, in der die beiden Männer einander erzählten, was in den letzten fast zwanzig Jahren der Kontaktsperre passiert war, kam Julien zum eigentlichen Grund seines Besuchs und berichtete Jacques mit nervös gekneteten Fingern von Henriette und Charlotte und dem Laden Sœurs du sucre und fragte Jacques schließlich, ob er nicht irgendjemanden kenne, der ihm, oder besser gesagt den Schwestern, günstig in die Jahre gekommene Geräte vermachen könne. Der alte Lehrer schwieg, seufzte und sah Julien an.

»Wirst du in den Laden einsteigen?«

»Das ist nicht ... geplant«, murmelte Julien verlegen.

Jacques schwieg erneut, seufzte noch einmal und stand dann aus dem Sessel auf, nickte Julien zu und führte ihn in den Keller. »Kannst du alles haben«, sagte er und hob im selben Moment die Hand. »Und nein, ich will dafür kein Geld. Ich bin froh, wenn der Krempel noch zu etwas Sinnvollem zu gebrauchen ist. Und mit sinnvoll meine ich: Back endlich wieder, Julien!«

Mein Neffe druckste herum, denn er wollte Jacques nichts versprechen, was er nicht halten konnte, ihn kein zweites Mal im Leben so enttäuschen, außerdem machte ihm das Unterrichten Spaß, die langen Ferien waren zudem ein Plus, und das Einkommen stimmte ebenfalls. Aber war das etwas, was er mit Jacques besprechen wollte? Keineswegs. Also ließ er sich zu einem unbestimmten »Ich tue, was ich kann« hinreißen und fuhr zwei Tage später erneut von Lamotte-Beuvron nach Paris, dieses Mal mit dem Transporter von Yathavan, um alles abzuholen, was Jacques entbehren konnte. Und das war nicht gerade wenig.

Ravi und Raj staunten, als Julien mit dem Lieferwagen vor dem Laden parkte, vom Fahrersitz sprang und die Hintertüren aufriss.

»Das sind ja krasse Geräte«, nuschelte Raj, der gerade wie der sprichwörtliche Schluck Wasser in der Kurve herumstand und Däumchen drehte, wenn ihm Henriette nicht sofort eine neue Aufgabe übertrug – was sie natürlich nach nur einem Tag begriff, weshalb Raj in der Folge selten über Langeweile klagen konnte.

Ravi, der zwei Jahre älter, ernster und darüber hinaus geschickter mit den Händen war, packte beherzt zu und schloss bis in die Abendstunden hinein mit Julien zusammen die Maschinen an. Als Henriette weit nach zehn Uhr aus der Rue des Roses in den Laden kam, um sich ein Bild über den Fortschritt des Tages zu machen, musste sie sich am Türrahmen zur Backstube festhalten und suchte nach Worten.

»Ich kann es nicht glauben«, stammelte sie schließlich, zog ihr Heiligtum, das Heft mit den zu erledigenden Aufgaben und der immer wieder revidierten Kalkulation heraus und kritzelte darin herum. »Und die Maschinen funktionieren alle?«

Julien nickte stolz. »Wir haben sie schon angeschlossen und getestet. Sie sind einsatzbereit. Ach, und noch etwas. Die Maschinen wurden uns geschenkt. Du musst keinen Cent dafür bezahlen.«

Das verschlug Henriette, die von Juliens Besuch in Paris und Jacques, seinem alten Ausbilder, nichts gewusst hatte, ein weiteres Mal den Atem, und spätestens an diesem Punkt hätte ich meine Wette verloren, denn dass einer Henriette Süßkind nicht nur einmal, sondern zweimal binnen weniger

Sekunden die Worte fehlten, das hätte ich niemals erwartet und erst recht nicht hochgerechnet.

Und was ich ebenfalls niemals für möglich gehalten hätte: dass Henriette einen Ausfallschritt nach vorn machte, die Arme um Juliens Hals warf und sich fest an ihn drückte.

»Wir können es vielleicht wirklich schaffen«, flüsterte sie in seine Schulter und bemerkte vor lauter Erleichterung und Überraschung nicht, dass Julien seine Nase in ihrem offenen Haar vergrub und Henriettes Duft tief einsog.

24

Was ist denn eigentlich der Unterschied zwischen Pflaumen und Zwetschgen?«, wollte Henriette wissen, während sie die Auslage des Obsthändlers bestaunte, vor dessen Stand sie haltgemacht hatten.

Sie waren in Orléans auf dem Markt. Paris sei noch besser, fand Julien, aber Henriette hatte sich geweigert, Lamotte-Beuvron und die Baustelle für einen ganzen Tag zu verlassen.

»Kein Problem, in Orléans bekommst du alles, was du zum Backen brauchst«, hatte Julien gesagt.

Allerdings würde sie das mit Yathavan besprechen müssen, der sicher nicht begeistert wäre, wenn sie die frischen Zutaten nicht bei ihm kauften. Und wie wichtig eine gute Nachbarschaft war, das hatte Henriette in den vergangenen Tagen und Wochen nun wirklich begriffen.

Es kam ihr immer noch merkwürdig vor, dass sie im Ort von jedem Menschen mit Namen begrüßt wurde. Sie, die Jahrzehnte nur in Großstädten gelebt hatte, die nicht einmal wusste, wie die Leute auf ihrer Etage im Frankfurter Apartmentblock hießen, auch weil sie für niemanden Pakete annahm und sich die eigenen immer ins Büro schicken ließ, weil sie sowieso nie zu Hause war. Sie wusste nur, dass der Typ unter ihr wöchentlich die Bettgespielinnen wechselte, zumindest keuchte und stöhnte jedes Wochenende eine andere weibliche Stimmlage im Schlafzimmer eine Etage tiefer. Was ihr am Anfang noch unangenehm gewesen war, hatte sich im Laufe der Zeit jedoch wortwörtlich versendet. Wie Kirchturmglocken, die man irgendwann nicht mehr hörte, nahm Henriette die Laute von untendrunter gar nicht mehr richtig wahr.

Passenderweise nahm Julien in diesem Moment zwei Früchte aus den Körben und hielt sie Henriette hin. Beide sahen aus wie perfekt geformte menschliche Hinterteile.

»Das hier«, er hob die linke Hand hoch, in der eine lilafarbene Frucht lag, »ist eine Pflaume. Ihr Fruchtfleisch ist weich und saftig, und sie hat einen kleinen Kern.« Julien wedelte mit der Frucht in der anderen Hand. »Zwetschgen sind kleiner und oval. Wenn du drückst, merkst du, dass sie etwas fester sind. Den Kern kann man außerdem leichter aus dem Fleisch lösen, wenn man die Frucht halbiert, am besten machst du das genau hier, zwischen den beiden Backen.«

Henriette spürte, dass ihr die Wärme in die Wangen stieg. Wenn Julien so vor ihr stand und über die Backen der Obstsorten sprach, wo sie doch gerade noch an den promiskuitiven Nachbarn gedacht hatte, wurde sie schon ein bisschen kribbelig. Ihr Blick blieb wieder einmal an seinem attraktiven Gesicht hängen. Sie hatte mit Julien in den letzten Wochen sehr viel Zeit verbracht, vor allem aber sehr viel Zeit sehr nah beieinander, weil er ihr etwas zeigte, sie anwies, ihre Hand führte, wenn sie eine Ganache verstrich, oder ihr half, einen Biskuit zu halbieren, um ihn anschließend mit Sahne zu dekorieren, die Himbeeren symmetrisch und ordentlich darauf zu verteilen und das Ganze mit Puderzucker zu bestäuben. Mittlerweile waren sie einander sogar so vertraut, dass sie sich manchmal denselben Löffel teilten, wenn sie eine Füllung abschmeckten. Und erst gestern war es im Arbeitseifer dazu gekommen, dass Julien seinen Finger in die Schokoladencreme auf dem Teigschaber getunkt und Henriette kurzerhand zum Probieren hingehalten hatte. Und sie – konzentriert bei der Sache und nichtsahnend – hatte nicht einmal gezuckt, sondern einfach seinen Zeigefinger abgelutscht. »Hm, lecker«, hatte sie gesagt und dann erschrocken aufgeblickt, direkt in seine tiefgrünen, forschenden Augen, die genauso verblüfft gewirkt hatten wie sie selbst.

Einzig der Wecker, der in dieser Sekunde geklingelt hatte, weil die Macarons aus dem Ofen mussten, hatte sich völlig unbeeindruckt von der knisternden Atmosphäre in der Backstube gezeigt.

Henriette spürte eine Gänsehaut, die ihren Körper von oben nach unten überzog, und machte einen verlegenen Schritt zurück. Sie fühlte sich eindeutig von Julien angezogen, und wenn sie nicht total falschlag, ging auch er ihr nicht aus dem Weg ... im Gegenteil. Seine Berührungen wurden länger und wirkten mittlerweile nicht mehr zufällig, sondern durchaus beabsichtigt. Und immerhin, sie wusste, dass er nicht vergeben war. Das hatte Gabriel ihr ungefragt mitgeteilt, als er neulich wegen der Gewerbeanmeldung mit ihr in den Nachbarort gefahren war. Henriette hatte nur unbestimmt genickt und nichts dazu gesagt, immerhin war sie nach wie vor nicht an einer Liaison interessiert. Aber gefreut hatte es sie. Weil sie eben doch etwas häufiger an Julien dachte, als ihr lieb war. Und weil sie sich seit kurzem morgens etwas mehr Zeit im Bad ließ, um Wimperntusche aufzutragen und sich die Haare hochzubinden.

»Komm«, sagte Julien und wies ihr mit der Hand den Weg. »Da hinten gibt es die ersten Kirschen. Die sind perfekt für eine Clafoutis.«

»Oder für Kirschstreuselkuchen«, sagte Henriette, wobei sie das deutsche Wort verwendete.

Julien blieb stehen. »Wofür?!«

Sie lachte. »Kirschstreuselkuchen.«

»Was ist das?«

Henriette übersetzte das Wort auf Französisch, und Julien riss die Augen auf.

»Warum verknotet ihr euch die Zunge bei dem Wort? Und sagt es nicht wie wir? Ich kann eure Version nicht mal aussprechen.«

»Versuch es doch mal«, neckte sie ihn.

Julien straffte die Schultern, öffnete den Mund und spitzte die Lippen. »*Quiche* … nein. *Kische* … nein! Moment, ich hab's. *Kischscheuseku* … Okay, ich kapituliere.«

Henriette konnte sich kaum halten vor Lachen. »So ist das, wenn ich versuche, Französisch zu sprechen. Meine Zunge verformt sich zu einer Brezel!«

Julien sah sie eindringlich an, wollte offenbar etwas sagen, entschied sich aber um. »Hast du ein anderes Wort, das ich versuchen kann?«

»Klar. Schwarzwälder Kirschtorte.«

Er verdrehte die Augen. »Vielleicht ein leichteres?!«

»Bienenstich.«

»Das kann ich«, meinte er und versuchte es sofort. Aber heraus kam nur ein *Bie-nön-schdisch-dings*, das Henriette nicht gelten lassen wollte.

»Okay, ich gebe dir ein kinderleichtes Wort«, sagte sie schließlich.

»Na danke«, entgegnete er knurrend.

»Kalter Hund.«

»*Kalter 'und?*«, wiederholte er beinahe fehlerfrei. »Will ich wissen, was das ist?«

Henriette lachte noch lauter. »Lieber nicht. Gegen die französische Patisserie kann Kalter Hund nun wirklich nicht ankommen.«

Sie schlenderten nebeneinander weiter, der geflochtene Korb baumelte an Juliens Arm, und wenn es im Gedränge zu eng wurde, schob er sich kurz vor sie, als ob er sie vor den Menschen, die ihnen entgegenliefen, schützen wollte. Das gefiel Henriette, denn auch wenn sie im Leben hervorragend allein zurechtkam, war es ein schönes Gefühl, wenn ihr ein Mann die Tür aufhielt oder den Weg für sie frei machte. Vor allem dann, wenn er sie ansonsten auf Augenhöhe behandelte.

»Weißt du eigentlich, warum dein Onkel so viele Stunden über diesem alten Buch brütet, das er im Laden gefunden hat?«

Julien schüttelte den Kopf. »Keine Ahnung. Ich habe ihn neulich dabei erwischt, wie er einige Texte daraus ins Reine übertragen hat.«

»Was steht in dem Buch?«

»Ich weiß es nicht«, gab Julien zu. »Gabriel ist manchmal ein bisschen schrullig. Und alte Kamellen und Geschichten von früher sind einfach voll sein Ding.«

»Was du nicht sagst«, erwiderte Henriette lachend, die auch Gabriel mittlerweile so gut kennengelernt hatte, dass sie seine Marotten ebenso mochte wie die Geschichten von früher. Denn auch wenn er sehr oft schweigend und mit geschlossenen Augen dasaß und wieder irgendeiner Erinnerung hinterherhing: Manchmal fing er eben doch an zu erzählen, und wenn er es tat, war es immer ein großes Vergnügen. Er ließ kein Detail aus, begab sich auf Irrwege und in Nebengeschichten, kam aber immer wieder zurück auf den Pfad und endete meistens in einer Pointe. Am liebsten hätte Henriette Gabriel gefragt, ob er bei den Zuckerschwestern nicht als Unterhaltungsprogramm einsteigen wollte. Eine Anekdote am Tag, ein Märchen pro Woche, das wäre doch eine sehr interessante Sache. Vielleicht würde sie ihn wirklich mal fragen.

Julien ergriff ihre Hand und zog sie durch die Menge. Henriette ließ ihn lächelnd gewähren, schloss für einen Moment die Augen, während er sie führte, und spürte seine warme Haut an ihrer. Er brachte sie an einen kleinen Stand, der unter der Last der hellroten Kirschen beinahe zusammenzubrechen drohte, und als er ihre Hand losließ, gab sie sich Mühe, den feinen Hauch der Enttäuschung in sich zu ignorieren.

»Die sehen wunderbar aus«, erklärte er Henriette und warf dem Verkäufer hinter dem Stand einen kurzen Blick zu. »Dürfen wir probieren?«

»*Naturelement*«, erwiderte der Mann freundlich und suchte zwei schöne Exemplare aus.

Henriette griff zu und steckte sich die Frucht in den Mund. »Herrlich!«, seufzte sie, als die milde Säure und die Süße auf ihrer Zunge explodierten.

»Sag ich doch.« Julien wirkte zufrieden. »Wir nehmen fünf Kilo.« Dann drehte er sich zur Seite, guckte, dass niemand kam, und spuckte den Kirschkern so weit, wie er konnte.

Henriette brach in Gelächter aus. »Du bist so kindisch.«

»Bin ich gar nicht. Und ich wette, du kannst nicht so weit spucken.«

»*Bof*«, sagte Henriette, die den Kirschkern im Mund herumschob und nicht so recht wusste, wie sie das Ding wieder loswerden sollte. Wirklich spucken, wie Julien? Sie fühlte einen inneren Widerstand. Und dann dachte sie sich: Was der kann, kann ich doch schon lange.

Sie blickte sich um. Nein, keiner da, den sie aus Versehen treffen konnte. Sie lehnte sich zurück, beförderte den Kirschkern mit der Zunge vor die Lippen – und spuckte.

»*Bravo!*«, rief der Verkäufer und klatschte, denn Henriette hatte Julien fast um einen halben Meter übertroffen.

»Das kann ich nicht auf mir sitzen lassen«, sagte der, nahm sich eine weitere Kirsche und steckte sie sich in den Mund. Während er die Frucht aß, dehnte er die Arm- und Nackenmuskulatur wie ein Spitzensportler und brachte sich in Position. »Und jetzt pass mal auf«, sagte er, holte tief Luft und … Der Kern fiel ihm direkt vor die Füße.

Henriette riss die Arme in die Luft. »Yes!«

Der Kirschverkäufer legte den Kopf schief und zwinkerte Julien zu. »Spiel, Satz und Sieg. Tut mir leid.«

Julien machte ein entschlossenes Gesicht. »Ich fordere eine Revanche.«

Doch Henriette hielt sich lachend an seinem Oberarm fest. »Julien, wir brauchen die Kirschen für die Clafoutis, nicht damit du dein Ego streicheln kannst.«

Er lächelte sie an, und in seinen Augen blitzte es wieder so. »Da hast du recht. Mein Ego wird durch dich außerdem schon genug gestreichelt.«

Henriette stutzte. Ihr Französisch war in den letzten Wochen deutlich besser geworden, aber manchmal, wenn Julien etwas zu ihr sagte, war sie sich nicht sicher, ob sie alles richtig verstand. Vor allem dann, wenn es etwas war, dass man auch anders hätte verstehen können. Das war auch ein Grund, warum sie auf seine vermeintlichen Flirtangebote nicht einging. Viel zu groß war ihre Sorge, dass sie ihn einfach nur missverstand und sich damit zur kompletten Idiotin machte, weil er eben *nicht* mit ihr flirtete, sondern einfach nur nett war.

Der Verkäufer hatte die Kirschen in Juliens Korb gelegt und das Geld von Julien entgegengenommen. Der schob seinen Arm unter den Griff und wandte sich zum Gehen.

»Ich glaube, wir haben viel zu viele Kirschen gekauft«, sagte er und tat so, als ob er unter dem Gewicht des Korbs zusammenbrechen würde.

Henriette nahm zwei Früchte heraus, deren Stiehle zusammengewachsen waren, und hängte sie sich über das linke Ohr. »Wie gefällt dir mein Ohrring?«

»Zum Anbeißen«, sagte Julien mit einem Augenzwinkern, das Henriette wieder durch Mark und Bein ging, und fügte schließlich hinzu: »Der Korb ist jetzt auch viel leichter.«

»Schön, dass ich helfen konnte.« Henriette berührte sacht die Kirschen, die unterhalb ihres Ohrläppchens baumelten. »Meine Mutter hat das immer mit uns gemacht.«

Juliens Blick wurde ernster. »Du erzählst nie von ihr. Von deinem Vater weiß ich, dass er ein echter Einsiedlerkrebs ist, der mehr Macken und Marotten hat, als ein einzelner Mensch sich ausdenken kann.«

Henriette lachte leise. »Oh ja. Ich hoffe, ich werde im Alter nicht wie er.«

»Na ja. So wie du die Spülmaschine einräumst …« Juliens Mundwinkel zuckte.

Wenn man so viele Stunden nebeneinander arbeitete, blieb es nicht aus, dass man sich kennenlernte. Und wenn man sich kennenlernte, fing man eben auch an, über die eigene Familie zu sprechen. Deswegen – und vielleicht auch, weil Julien so offen mit seiner eigenen verworrenen Biographie gewesen war –, hatte sie ihm vor ein paar Tagen auch von ihrem Papa erzählt, der gefühlt jeden Tag einsamer und merkwürdiger wurde und um den sie sich Sorgen machte.

»Ich muss ihn unbedingt wieder besuchen. Ich war viel zu lang nicht bei ihm«, sagte sie nachdenklich, während sie an der Unterlippe kaute.

»Warum nicht?«

Sie zuckte mit den Schultern. »Zum einen, weil mich

seine Einsamkeit fertigmacht. Zum anderen, weil ich die Erinnerung an Mama so schlecht ertrage. Sie ist noch überall im Haus. Allein durch ihre Handschrift. Vor allem auf Marmeladengläsern.«

Julien lächelte. »Kochte sie gern ein?«

»Und wie. Meine Mama war die Marmeladenkönigin.« Henriette schaute auf ihre Armbanduhr, die auch das Datum anzeigte. »Heute ist übrigens der vierzehnte Tag der Johannisbeere. Würde sie noch leben, würde sie wahrscheinlich seit Tagen eimerweise rote Beeren im Garten sammeln.«

Er blinzelte. »Das hört sich nach einer phantastischen Frau an. Hast du manchmal mit ihr eingekocht?«

Henriette machte einen Schritt nach vorn. Sie wollte weitergehen, möglicherweise auch nicht über ihre Mutter sprechen, weshalb sie sich unbewusst von Julien entfernte. »Ja. Oft.«

»Das hast du nie erzählt.«

Wieder zuckte sie mit den Schultern, aber diesmal kam sie sich fast bockig dabei vor. »Ist das denn wichtig?«

Julien trat neben sie, und sie liefen langsam weiter. »Ich glaube schon. Es könnte für die Patisserie wichtig sein.«

Henriette blieb wieder stehen. »Julien, ich werde nicht bleiben. Sobald die Zuckerschwestern eröffnet sind, fahre ich nach Frankfurt zurück. Ich muss mich beim Arbeitsamt melden.«

Das war nur die halbe Wahrheit, denn dank der dreimonatigen Kündigungsfrist würde Henriette noch bis Ende September volles Gehalt bei null Arbeitsstunden bekommen. Gleichwohl konnte sie nicht ewig in Lamotte-

Beuvron bleiben und so tun, als wäre die Zukunft egal. Sie musste sich kümmern, Bewerbungsfotos machen, Inserate durchsuchen, mit anderen Headhuntern sprechen, die Fühler ausstrecken ... Marmeladen für die *Sœurs du sucre* würden ihr nicht helfen.

»Ich weiß. Du wirst uns verlassen«, erwiderte Julien in diesem Augenblick leise, und wenn Henriette sich nicht täuschte, klang seine Stimme ein wenig traurig dabei.

»Ich komme wieder, sobald ich Urlaub habe. Aber den kann ich erst nehmen, wenn ich einen Job habe.«

»Richtig.« Julien lächelte wieder. Es sah angestrengt aus. »Ich muss ja eigentlich auch zurück nach Paris. Wegen der Schule.«

»Hm«, machte Henriette und schwieg. Irgendwie sorgte das Thema für schlechte Stimmung.

Zum Glück war Julien ein unerschütterlicher Optimist, der sie gekonnt zurück in die Gute-Wetter-Zone manövrierte. »Auf jeden Fall geben Gabriel, François, Yathavan und meine Wenigkeit unser Bestes, damit Charly nicht auch noch die Schaufenster in Pastellfarben anstreicht.« Er pflückte sich eine der Kirschen vom Stiehl, die immer noch über Henriettes Ohr baumelten, und hielt sie Henriette vor den Mund. »Aber nur, wenn du versprichst, dass du wiederkommst.«

»Deal«, antwortete Henriette und schnappte sich mit dem Mund die Kirsche. Dass ihr Magen dabei einen kleinen Lupfer machte, ignorierte sie besser.

25

E rde an Charly?«, Henriette hatte nun seit geraumer Zeit versucht, die Aufmerksamkeit ihrer Schwester zu gewinnen. »Diese Sache mit dem wohltätigen Zweck«, setzte sie zum bestimmt fünfzigsten Mal an. »Ich habe das durchgerechnet, es wird finanziell nicht hinhauen.«

Doch Henriettes Worte prallten an Charly ab, als hätte sie sich einen Schutzumhang umgeworfen, der sie gegen Sorgen und Probleme jeglicher Art immun machte. Stattdessen fuhr diese den Citroën 2CV, den sie sich von François geborgt hatten, mit mindestens zwanzig Stundenkilometern zu viel in die Kurve, so dass sich der Wagen gefährlich zur Seite neigte. Henriette quiekte und suchte nach einem Griff oberhalb der Tür, um nicht aus dem offenen Fenster geschleudert zu werden. Aber ihre Hand fasste ins Nichts.

»Charly! Fahr langsamer, um Gottes willen!«

»Würde ich gern, aber ich hab vergessen, wie man mit dieser komischen Schaltung einen anderen Gang einlegt«, rief Charly lachend und trat wieder aufs Gas, bevor der Motor abwürgte.

Henriette schickte ein Stoßgebet zum Himmel. Das war so typisch ihre Schwester: nicht zuhören, wenn jemand ihr etwas erklärte, sondern einfach einsteigen und losfahren. Und das am besten in einem geliehenen Auto, auch noch einem Oldtimer, mit dem der unglückliche Briefeschreiber sicherlich schöne Erinnerungen verband, der ihm etwas bedeutete, mit dem er vielleicht sogar einen letzten Ausflug mit seiner geliebten ... Ups, sie kannte den Namen der Frau gar nicht, der François seit Jahr und Tag Briefe schrieb, die er niemals abschickte. Oder war es doch Charly, genau wie Henriette am ersten Tag ihres Aufenthalts in Lamotte-Beuvron vermutet hatte? Ach, es war doch im Grunde völlig egal, in wen François so unsterblich verliebt war.

Sie brausten in den nächsten Ort hinein, immer noch mit viel zu hohem Tempo, und Henriette fasste sich ein Herz.

»Tritt die Kupplung!«, befahl sie Charly, die überraschenderweise genau das tat, dann packte Henriette den Knüppel der Revolverschaltung und schaltete in den niedrigeren Gang. »Kupplung kommen lassen ... und jetzt bitte *gesittet* weiterfahren.«

Charly sah sie grinsend an. »Du bist so eine Spielverderberin.«

Henriette streckte ihr die Zunge raus. »Ich habe einen beachtlichen Teil meines Ersparten in deine Geschäftsidee gesteckt. Da lass ich mich doch nicht von dir umbringen, bevor du mir das bis zum letzten Cent zurückgezahlt hast.« Sie sah aus dem Fenster und seufzte. »Sofern du nicht vorher alles an irgendeine Organisation verschenkst.«

»Du wirst Barbara lieben«, beschloss ihre Schwester und bog links ab, natürlich ohne vorher zu blinken.

Als sie drei Minuten später am Ortsrand angekommen waren und Charly die Ente nun doch abwürgte, atmete Henriette tief aus. Sie war noch am Leben. Das war mehr, als sie zwischendurch erwartet hatte.

»So. Und jetzt sagst du mir bitte, wer Barbara ist und was wir hier machen.«

Charly stieg aus dem Wagen und schlug die Tür zu, schob sich die Sonnenbrille in die von der Fahrt verwuschelten Haare und stapfte los. »Wirst du schon sehen!«

Henriette folgte ihr hastig. Vor sich sah sie ein Haus, das vielleicht mal zu einem Bauernhof gehört hatte. Im Hintergrund breitete sich ein Meer aus Weizen aus, dessen Ähren im Wind sanft hin und her wogten. Es war so malerisch schön, dass es fast wie eine Kulisse wirkte. Das Haus wirkte ein bisschen heruntergekommen, aber auch charmant. Die Fensterläden waren hellblau gestrichen, genau wie das große hölzerne Eingangstor, auf dem ein Schild angebracht war: *Attendez les chiens!*

»Hunde?«, wollte Henriette verdutzt wissen, und in diesem Moment fing das Bellen an. Es kam aus Dutzenden Kehlen, manches wirkte schrill, wie von einem Pinscher, aber es war auch ein tiefes, grollendes Bellen zu hören, das sie an einen Seelöwen erinnerte.

Wo in drei Teufels Namen hatte Charly sie hingebracht?

Ihre Schwester rief laut: »Wir sind da!«, dann stieß sie, das Schild am Hoftor ignorierend, die Tür auf, und eine Sekunde später schoss das erste kläffende Fellknäuel auf die beiden Schwestern zu, dicht gefolgt von weiteren Hunden. Sie kreisten sie ein, sprangen an ihnen hoch, fiepsten, winselten, einer schleckte Henriettes Hand ab. Das Herz blieb ihr in der Brust stehen. Sie hatte keine Angst vor Hunden, aber meistens traf sie die auch angeleint am Mainufer – und wurde nicht von einem ganzen Rudel überfallen.

»Odin! Minerva. Runter da!« Eine stämmige Frau in den Fünfzigern erschien und versuchte, den aufgeregten Vierbeinern, die immer noch in allen Tonlagen bellten, Einhalt zu gebieten. »Artemis, hör auf damit. Und Thor!« Sie machte einen Schritt auf den größten Hund zu, der sich anhörte, als ob er heiser in eine Blechtonne bellen würde. Kein Wunder, dass er nach dem Gott des Donners benannt war.

Die Frau scheuchte den Großteil der Hunde wieder auf den Hof und wandte sich Henriette und Charly zu. »Entschuldigt bitte. Das Leben mit Hunden ist wie das Leben mit einer Horde Vierjähriger.« Dann lachte sie und nahm Henriettes Schwester in den Arm. »Schön, dass ihr es einrichten konntet.«

»Danke, dass du dir Zeit nimmst«, antwortete Charly und stellte dann Henriette vor. »Das ist meine große Schwester Hetty.«

Henriette verkniff sich, ihren eigentlichen Namen zu sagen. »Angenehm«, meinte sie stattdessen.

»Kommt rein. Ich habe uns einen Kuchen gebacken«, erwiderte Barbara und sagte gleich darauf: »Aber keine Angst. Keinen Hundekuchen.«

Henriette musste schmunzeln. Auch wenn sie immer noch keine Ahnung hatte, warum sie nicht im Laden war, um die letzten Arbeiten vor der großen Eröffnungsparty in zwei Tagen zu überwachen, mochte sie die Frau mit dem großen Busen und den von grauen Strähnen durchzogenen braunen Haaren, die sie sich auf dem Kopf zu einem wilden Knoten zusammengebunden hatte, der Henriette entfernt an ein Vogelnest erinnerte.

Barbara führte sie zu einer Sitzgruppe, über der sich wilder Wein rankte. Auf dem Tisch vor der schmalen Bank stand ein Erdbeerkuchen neben einer Kanne mit Kaffee und drei Tellern samt Tassen.

»Kscht, Anubis, Osiris, runter da«, sagte Barbara und verscheuchte zwei schwarze Dackel, die es sich auf der Bank gemütlich gemacht hatten. »Und Odin – Schnauze runter!«

Der Hund, mit dem Barbara gesprochen hatte, war von so hohem Wuchs, dass er nicht einmal den Kopf heben musste, um am Erdbeerkuchen zu schnüffeln. Er sah zum Fürchten aus, das graue Fell zerzaust, die Lefzen nach unten hängend.

»Ist das ein Irischer Wolfshund?«, wollte Henriette wissen und lehnte sich beeindruckt zurück, als Odin sich ihr näherte, um an ihr zu schnuppern.

»Das stimmt. Lass dich von seiner äußeren Erscheinung nicht verunsichern. Im Herzen ist er ein Schaf.«

Das Schaf, das vorneweg sicher sechzig, wenn nicht siebzig Kilo wog, legte seinen Kopf auf Henriettes Oberschenkel ab und sah sie aus großen, traurigen Augen an.

»Der ist aber zutraulich«, sagte Charly grinsend.

»Das war nicht immer so«, sagte Barbara, verteilte Stücke vom Erdbeerkuchen auf den Tellern und goss Kaffee ein. »Ich habe ihn aus dem Tierheim. Da saß er in der letzten Ecke seines Zwingers und hat sich nicht mal an seinen Napf getraut. Der Arme wurde von allen anderen Hunden gemobbt, selbst von den Pinschern.«

Henriette ließ den Blick schweifen. Auf dem Hof wuselten sicher fünfundzwanzig Hunde herum, vielleicht mehr. Manche aalten sich in der Sonne, andere balgten miteinander, einer kratzte sich mit dem Hinterlauf das Ohr, ein anderer nagte an etwas, das wohl mal ein Schuh gewesen war, vermutlich von Barbara. Dabei fiel ihr auf, dass Barbara keine Vorliebe für eine bestimmte Rasse zu haben schien, es ging einmal fröhlich durch den Gemüsegarten, vom Königspudel über das, was sie für einen Spitz hielt, weiter hinten lag einer, der vielleicht ein Beagle war, so genau kannte Henriette sich nicht aus.

»Sind das alles deine Hunde?«, wollte Charly wissen.

Barbara nippte am Kaffee und schmunzelte. »Ja und nein. Ja, weil ich sie aus oft schrecklichen Verhältnissen rette, sie bei mir aufpäppele und ihnen ein Zuhause gebe. Und nein, weil mein Ziel nicht ist, sie alle zu behalten, sondern weil ich versuche, für sie ihre Menschen zu finden.«

Nun begriff Henriette. Barbara war so was wie ein privates Tierheim und Vermittlungsorganisation in einem.

»Wie finanzierst du das?«, wollte Henriette wissen, und als ihr klar wurde, dass die Frage vielleicht ein bisschen forsch gewesen war, fügte sie hinzu: »Entschuldige bitte, ich will nicht zu neugierig sein.«

Barbara lachte. »Nur zu, ich rede gern über meine Leidenschaft und freue mich, wenn sich jemand für die Arbeit interessiert.« Dann wurde sie ernst. »Über Spenden, ausschließlich. Ich bekomme keine staatliche Unterstützung. Dafür müsste ich Auflagen erfüllen, die ich mir nicht leisten kann. Einzelzwinger, bestimmte Vorgaben bei der Vermittlung … und eine vernünftige Buchhaltung, mit der ich aber auf Kriegsfuß stehe.« Sie lächelte verlegen. »Ich komme so durch und kann was Gutes tun. Das reicht mir.«

Henriette staunte. »Aber wie finanzierst du dich? Von irgendwas musst du doch leben.«

Die ältere Frau schmunzelte. »Ich bin Religionslehrerin an der Grundschule und habe nur ein kleines Stundendeputat. Zum Leben reicht es, das Haus gehörte meiner Familie, da fallen nur die Reparaturen und Energiekosten an. Den Rest stemme ich, wie gesagt, über Spenden.«

Unglaublich, fand Henriette, aber auch bewundernswert. Dass sich ein Mensch so sehr seiner Überzeugung verschrieb. Sofort bekam sie ein schlechtes Gewissen, denn ihre Überzeugung war bislang gewesen, Karriere zu machen und möglichst viel Geld zu verdienen. Wann hatte sie das letzte Mal etwas gespendet? Vermutlich mit zwölf an den Kreuzotterschutzverein, die sie in der Fußgängerzone angequatscht hatten.

Sie legte Odin die Hand auf den Kopf, und er seufzte. Religionslehrerin, das erklärte natürlich auch die Namen der Hunde.

Charly, die ihr erstes Kuchenstück schon aufgegessen hatte und sich gerade ein zweites nahm, fragte: »Hast du sie alle nach Gottheiten benannt?«

Barbara nickte. »Das mache ich meist erst nach ein paar Tagen oder Wochen, wenn ich ihre Geschichte und ihr Wesen kenne und entschieden habe, was zu ihnen passt. Das zum Beispiel«, sie deutete auf einen wirklich sehr hässlichen Mops, dessen Augen beinahe aus den Höhlen quollen und der beim Atmen fürchterliche Geräusche machte, »ist Baron Samedi, der Totengott aus dem Vodoo. Wenn du ihn neben dir im Bett liegen hast, und er fängt an zu schnarchen, weißt du, warum.«

Charly brach in Lachen aus, und auch Henriette musste sich die Hand vor den Mund schlagen. Der Mops sah wirklich übel aus, und er hörte sich an, als würde es jeden Moment mit ihm zu Ende gehen.

»Und das ist Lucia.« Barbara zeigte in Richtung einer schneeweißen, wunderschönen Hündin mit einem Fell, das in der Sonne glänzte. Sie hatte schwarz umrandete Augen, die sie kritisch und aus sicherer Entfernung musterten. »Eigentlich der Name einer Heiligen, aber in Schweden feiert man sie wie eine Gottheit, sogar mit eigenem Tag, dem 13. Dezember, und ich bin nicht päpstlicher als der Papst bei der Namensvergabe.«

»Sie ist wirklich unfassbar schön«, staunte Henriette, während sie Lucias Blick auf sich spürte. »Wo kommt sie her?«

»Aus Sardinien. Sie ist ein Herdenschutzhund-Mix, ausgesetzt von einem Schäfer irgendwo im Hinterland. Eine Organisation vor Ort, mit der ich zusammenarbeite, hat sie vor dem sicheren Tod gerettet, und dann habe ich sie zu mir genommen. Lucia ist sehr zurückhaltend, das ist rassetypisch. In drei bis vier Monaten kann ich versuchen, ein Zuhause für sie zu finden.«

Henriette spürte, dass die Anwesenheit der Hunde etwas in ihr veränderte. Sie wurde ... ruhiger. Mittlerweile hatten sich fast alle Vierbeiner abgelegt und dösten. Manche kuschelten sich aneinander, andere lagen lieber etwas abseits. Odin hatte ihr Bein mittlerweile ziemlich vollgesabbert, aber das war Henriette erstaunlicherweise egal. Es war schön, ihn am Kopf zu streicheln und dabei zu beobachten, wie sehr er es genoss.

Auch wenn sie sich ein Leben wie das von Barbara niemals für sich selbst vorstellen konnte: Sie war beeindruckt. Aus eigenen, bescheidenen Mitteln rettete die Frau Hunde und gab ihnen ein Zuhause auf Zeit. Aus Überzeugung und um Gutes zu tun, genau wie viele andere Menschen, die sich in einem Ehrenamt engagieren und dem Gemeinwohl verschrieben. Egal ob es darum ging, Tiere zu retten, Flüchtlingskindern das Lesen beizubringen oder alte Menschen zu versorgen – sie taten das, um die Welt, zumindest im eigenen, kleinen Radius, ein bisschen besser zu machen.

Zweifel nagten an ihr. Warum war sie noch nie auf die Idee gekommen, sich für etwas oder jemanden zu engagieren? Die Mittel hätte sie gehabt. Und wenn schon nicht die Zeit, dann zumindest das Geld. Aber sie hatte immer nur an sich gedacht, war in ihrer Bubble durch ein privilegiertes Leben getrieben, in dem es nur auf den Einzelnen ankam. Für was für ein Unternehmen hatte sie die ganze Zeit eigentlich gearbeitet? Sie erinnerte sich an Pflockinger, der sich nicht nur einmal fürchterlich über den Mietdeckel in Berlin aufgeregt hatte. Dabei verdiente er schon ein Vielfaches mehr als der durchschnittliche Bürger, ließ sich in einer Limousine durch die Gegend chauffieren und machte ausschließlich Urlaub in Luxusressorts. Wie konnte sich so jemand überhaupt das Recht herausnehmen, über die Bedürfnisse anderer zu urteilen? Einmal hatte er sich sogar dazu hinreißen lassen, in einer Pressekonferenz zu fluchen: »Wenn die Leute sich die Mieten in Berlin nicht mehr leisten können, müssen sie eben nach Cottbus ziehen!« Damals hatte Henriette geschluckt und sich ein bisschen geschämt für seine Aussage, die natürlich einen Shitstorm der Extraklasse hervorgerufen, außer der Aufregung aber nicht viel bewirkt hatte. In diesem Moment, als sie an die Szene dachte, fiel ihr ein Zitat von Marie-Antoinette, der Ehefrau des verschwenderischen Königs Ludwig des XVI. ein. Die hatte angeblich, als das hungernde Volk auf die Straße gegangen war, um gegen die Prunksucht des Königs zu demonstrieren, verständnislos gefragt: »Wenn die Leute kein Brot haben, warum essen sie dann keinen Kuchen?«

Der Satz hätte auch von Pflockinger kommen können.

Sie versuchte, den Ex-Chef zu vergessen, und richtete die Aufmerksamkeit wieder auf das Hier und Jetzt. Ihr Blick fiel auf einen hellbraunen Hund, der in der Ecke des Hofes saß und den Kopf hängen ließ. »Und wer ist das?«

Barbara drehte den Kopf und seufzte. »Unser Neuzugang und Sorgenkind. Ich habe noch keinen Namen für sie. Sie ist seit einer Woche hier, aber sie isoliert sich die meiste Zeit.«

»Erzähl uns ihre Geschichte«, bat Charly, die ihr zweites Stück Erdbeerkuchen unbemerkt aufgegessen hatte und sich zufrieden ein paar Krümel aus dem Mundwinkel strich.

Henriette bemerkte, dass Barbaras Blick glasig wurde.

»Das wird jetzt ein bisschen traurig. Das Tierheim hat mich vor zwei Wochen angerufen, die Hündin sei vor den Toren angeleint aufgefunden worden. Nicht gechippt, kein Halsband. Einfach abgegeben. Nach der Untersuchung durch den Tierarzt wurde klar, dass sie etwa acht oder neun Jahre alt sein muss und ihr ganzes Leben für die Zucht missbraucht wurde. Sie ist ein Golden Retriever, vermutlich reinrassig. Aber das sieht man ihr kaum an.«

Henriette bemerkte den Kloß im Hals viel zu spät und konnte nichts dagegen tun, dass ihr die Tränen in die Augen stiegen. »Das ist ja furchtbar.«

»Aber nicht so selten, wie man denkt. Privatleute verdienen sich was dazu, indem sie ihre Hündin ein bis zwei Mal im Jahr decken lassen und die Welpen für 1000 bis 1500 Euro verkaufen. Alles schwarz, natürlich.«

Henriette konnte ihren Blick nicht von der Hundedame nehmen, wie sie so allein dasaß, den Kopf eingezogen, als ob sie sich verstecken wollte. »Darf ich ... darf ich zu ihr?«, fragte Henriette schüchtern.

Barbara lächelte. »Natürlich. Sie ist sehr freundlich, aber eben zurückhaltend. Ich glaube, sie hat im Leben noch nicht viel kennengelernt.«

Henriette schob Odins Kopf vorsichtig zur Seite und erhob sich. Zuerst trottete er ihr hinterher, während sie sich einen Weg durch die Hunde bahnte, die überall herumlagen und keine Anstalten machten, sich vom Fleck zu bewegen. Als er aber bemerkte, wohin sie ging, blieb er stehen und machte sitz.

Sie trat auf die Hündin zu, die den Kopf, als sie Henriette bemerkte, noch tiefer hängen ließ. Aus einem Impuls heraus ging Henriette in die Knie und beschloss schließlich, sich im Schneidersitz auf den Boden zu hocken. »Hallo«, sagte sie leise zur Hündin, die noch keinen Namen hatte, »ich bin Hetty. Du bist aber eine Hübsche.«

Es dauerte einen Moment, dann drehte die Hündin den Kopf beinahe unmerklich in Henriettes Richtung. Ihr buschiger Schwanz schlug einmal kurz auf den Boden auf.

»Oh, ich freue mich auch, dich kennenzulernen«, sagte Henriette und streckte die Hand aus.

Die Hündin zögerte noch einen Augenblick, dann streckte sie den Kopf aus und versuchte, an Henriettes Fingern zu schnuppern.

»Kann ich noch näher ran?«, wollte sie von Barbara wissen.

»Ich glaube schon. Sie wirkt nicht so verängstigt wie sonst. Du hast etwas an dir, was sie mag, glaube ich«, antwortete die.

Henriette beugte sich nach vorn und streichelte ganz sanft eine der Pfoten der Hündin. Die erstarrte zuerst, schien dann aber zu bemerken, dass Henriette ihr nichts Böses wollte – und erhob sich, um ein Stück auf sie zuzukommen.

»Ich glaube, da haben sich zwei gesucht und gefunden«, murmelte Charly leise, während sie sich ein drittes Stück Kuchen auf den Teller schob. Henriette wollte gerade widersprechen, als die Hündin noch näher kam und ihren Kopf gegen Henriettes Hand drückte.

»Huch, ich … na, hallo«, flüsterte die verblüfft und fing an, das hellbraune Fell zu kraulen.

Die Hündin rückte weiter heran, schnupperte an Henriettes Gesicht und leckte ihr schließlich einmal kurz über die Finger.

»Ihr Fell hat so eine schöne Farbe«, sagte Henriette, während sie die Hände darin vergrub. Sie konnte die einzelnen Rippen darunter fühlen, an dem Hund war wirklich nichts dran. Sie sah eher wie ein Afghanischer Windhund aus, so dünn, wie sie war, nicht wie ein Golden Retriever. »Wie Karamell.«

»Famfastischer Name«, rief Charly mit vollem Mund. »Fo follte fie pfeiffen. Caramelle!«

»Das entscheide doch nicht ich«, erwiderte Henriette, ohne das Kraulen des Hundes zu unterbrechen, »sondern Barbara. Und Caramelle ist auch gar kein göttlicher Name.«

Barbara schwieg einen Augenblick, und dann sagte sie: »Wie die Hunde von ihren Besitzern genannt werden, ist mir völlig egal. Hauptsache, sie haben es dort gut und müssen nie wieder auf ein Dach über dem Kopf, einen vollen Napf und Streicheleinheiten verzichten.«

»Hm«, machte Henriette unbestimmt, die nichts dagegen tun konnte, dass sie sich für einen kurzen Moment ein Leben mit Hund ausmalte – was natürlich völliger Blödsinn war. Frankfurt war keine gute Stadt für Vierbeiner und ihr Job völlig ungeeignet, um sich um einen Hund zu kümmern. Davon mal abgesehen konnte sie sich schon vorstellen, dass es schön war, immer jemanden bei sich zu haben, Spaziergänge in der Natur mit Begleiter zu machen oder auch einfach nur von jemandem erwartet zu werden, wenn man nach einem langen Tag nach Hause kam …

Stopp damit!, maßregelte sie sich. Du wirst jetzt nicht schwach, nur weil du einen Hund streichelst. Das ist Wahnsinn.

»Ich bin mir sicher, dass sie bald schon ein tolles Zuhause findet«, rang Henriette sich ab und überlegte gleichzeitig, dass Caramelle, so sie denn so heißen würde, unbedingt ein Bad und Fellpflege vertragen konnte.

Und dann sagte sie den Satz, den sie in den letzten Wochen viel zu häufig aus dem Mund ihrer Schwester gehört hatte, selbst: »Ich habe da eine Idee.«

*

»Es ist doch nur auf Probe«, sagte Henriette zum bestimmt vierten Mal.

Charly haute mit Schmackes den nächsten Gang rein, und der Motor heulte auf. »Du bist völlig durchgeknallt!«, schimpfte sie. »Und unverantwortlich. Ich wollte doch nicht mehr, als dass wir Barbara etwas von unseren Einnahmen abgeben. Aber nein, meine superschlaue Schwester muss ja gleich diesen Vorschlag machen!« Sie schnaubte und fuhr so rasant in die Kurve, dass Henriette die Augen zukniff.

»Nun reg dich doch nicht so auf«, erwiderte Henriette knapp und warf einen Blick auf die Rückbank, wo Caramelle in der Mitte saß und sich darauf konzentrierte, nicht das Gleichgewicht zu verlieren.

Natürlich war die Entscheidung, den Hund mitzunehmen, völlig unvernünftig. Das wusste sie. Und gleichzeitig fühlte es sich ausgesprochen richtig an. Caramelle hatte sich in ihrer Anwesenheit wohl gefühlt, das hatte man gesehen, selbst wenn man kein Hundekenner war, und auch Barbara hatte es bestätigt. Außerdem war die Frau dankbar für jeden Hund, der zumindest für ein paar Tage oder Wochen raus aus einer Situation kam, in der er nicht er selbst sein konnte, und dass das für Caramelle galt, war unübersehbar.

»Nehmt sie mit. Probiert es. Wenn es passt, habe ich Glück gehabt, und Caramelle erst recht. Und wenn nicht, dann suchen wir weiter. Gott allein wird es wissen«, hatte sie zu Henriette und der fassungslosen Charly zum Abschied gesagt, nachdem sie der Hündin ein Geschirr angelegt und ihnen noch eine Wochenration Hundefutter sowie zwei Näpfe und eine Decke zum Schlafen mitgegeben hatte. »Das ist mehr Komfort, als Caramelle in den letzten Jahren gewöhnt war. Vielleicht ist es für sie nur wie eine Art Wellnessurlaub bei euch. Oder eben das Ticket in ein neues Leben.«

»Ich kann es einfach nicht fassen«, stöhnte Charly erneut.

Henriette drehte sich zu ihr und blickte sie amüsiert an. Auf eine gewisse, wenn auch kindische Art bereitete es ihr ein Vergnügen, dass sich die Rollen ausnahmsweise einmal vertauscht hatten. »Weißt du was? Dafür, dass du einen ständig vor vollendete Tatsachen stellst und in völlig wahnsinnige Projekte reinziehst, reagierst du ganz schön übertrieben.«

Charly schnappte nach Luft, wollte widersprechen – und schwieg. Nach einer Weile sagte sie: »Was passiert mit Caramelle, falls du wieder nach Frankfurt gehst?«

»*Wenn* ich wieder nach Frankfurt gehe«, sagte Henriette entschieden. »Dann bleibt der Hund bei dir.«

»Nein!«, rief Charly. »Ich kann das nicht. Die Verantwortung ist mir zu groß.«

»Ach, aber dir einen zinslosen Kredit von deiner Schwester für eine Patisserie über einen sechsstelligen Betrag geben lassen, das geht ohne Verantwortungsgefühl, was?«

»Touché«, brummelte Charly und wurde sofort wieder ernst. »Und wenn ich nicht in Lamotte-Beuvron bleiben will? Wenn es mich weiterzieht?«

»Äh, du hast gerade einen Laden eröffnet. Ich korrigiere mich, er ist noch nicht mal eröffnet! Du bleibst schön da und kümmerst dich um die *Sœurs du sucre*. Du gehst nirgendwo hin, Madame. Und damit kannst du auch den Hund behalten.«

Charly schwieg. Es war ihr anzusehen, dass Henriettes Worte sie getroffen hatten. Schließlich sagte sie: »Ich weiß nicht mal, ob Gabriel eine Hundehaarallergie hat. Das ist wirklich keine gute Idee, Hetty.«

»Wenn ich dich mal zitieren darf«, erwiderte Henriette zufrieden, streckte die Hand nach hinten aus und kraulte Caramelle an der Brust, »alle großen Ideen klangen am Anfang wie hirnverbrannter Mist.«

26

Irgendjemand hatte ein Akkordeon mitgebracht und spielte Melodien aus »Die fabelhafte Welt der Amélie«. Alle Tische und Stühle waren besetzt, zum Teil mussten die Gäste vor dem Laden auf dem Trottoir sitzen, aber das schien niemanden zu stören. Seifenblasen flogen durch die Luft, in der die bunten Girlanden über den Schaufenstern flatterten. *Sœurs du sucre* stand in geschwungenen, wunderschönen Buchstaben auf dem Schild über dem Eingang, Marzipanrosa auf Mintgrün – dieselbe Farbe, in der die alte Theke in neuem Glanz erstrahlte.

Dahinter standen Henriette, Julien und Charly und schnitten im Akkord Kuchen an, gossen selbst gemachte Zitronenlimonade in alte Marmeladengläser und Kaffee in Tassen, die alle unterschiedlich aussahen und eben deshalb auf charmante Art zusammenpassten.

»Kann noch mal jemand Sahne aufschlagen?«, rief Henriette und strich sich eine blonde Strähne hinters Ohr, die sich aus der Frisur gelöst hatte.

»Wird erledigt!«, antwortete Julien und verschwand schnell in der Backstube.

»Charly, kannst du die restlichen Eclairs holen? Das Blech ist schon wieder leer.«

»Mache ich gleich«, sagte ihre Schwester keuchend, »ich muss aber erst eine Ladung frischen Kaffee kochen, sonst sitzen die Leute gleich auf dem Trockenen.«

Ein Champagnerkorken ploppte. »Da kann ich aushelfen!«, rief Gabriel und lachte so breit, dass sein Gesicht nur noch aus Falten zu bestehen schien. Der sparsame Hugo hatte nicht nur vierzig Sektgläser als Leihgabe mitgebracht, sondern auch zwei Kartons mit Champagnerflaschen, die er nun nacheinander öffnete und in die Gläser goss.

Henriette sah, wie Gabriel die Hand ausstreckte und Caramelle auf den Kopf legte. Die bei Barbara noch so schüchterne Hündin hatte sich, sofern das für einen Hund möglich war, in den alten Herrn schockverliebt. Als Henriette und Charly sie zu ihm nach Hause brachten, machten sie Caramelle, kaum dass sie die Tür hinter sich geschlossen hatten, von der Leine los und ließen sie einen Streifzug durchs Haus unternehmen. Die Küche inspizierte sie zuerst, vorsichtig, wie auf Samtpfoten, dann schlich sie ins Wohnzimmer und entdeckte anschließend das letzte Zimmer des Erdgeschosses. Gabriels Schlafzimmer, in dem er gerade auf der Bettkante saß und versuchte, sich mit einer Hand die Socken auszuziehen.

Als er Caramelle sah, ihre schmale Gestalt, den leicht geduckten Kopf, hielt er verblüfft inne, genau wie die Hündin. »Nanu«, sagte er nach einigen Momenten, in denen er sich offenbar sammeln musste, ließ die Socke sinken und legte die Hand mit der offenen Fläche nach oben auf seinem Oberschenkel ab. »Wer ist denn diese Schönheit?«

Caramelle trat näher, zögernd, aber neugierig, schnupperte an Gabriels Rollstuhl, an seinem Knie und seinen Fingerspitzen. Sie ließ zu, dass er sie zärtlich unter dem Kinn kraulte, und legte schließlich ihren Kopf in seiner Hand ab, und damit war der Bund fürs Leben zwischen Gabriel und Caramelle besiegelt. Zwei Lebewesen, nicht mehr ganz taufrisch, an manchen Stellen versehrt, aber auf der Suche nach Liebe und Freundschaft.

Zur Feier des heutigen Tages hatte Gabriel ihr einen der mit Helium gefüllten Luftballons ans Halsband gebunden. »Damit ich sie immer sehen kann, auch wenn sie nicht bei mir ist.« Aber das wäre nicht nötig gewesen, denn Caramelle wich Gabriel nicht mehr von der Seite. Selbst als Agnieszka ihn am Morgen für die große Eröffnung gebadet hatte, hatte er darauf bestanden, dass die Hündin mit ins Bad durfte, was Agnieszka mit einem polnischen Satz kommentierte, den glücklicherweise niemand ins Französische oder Deutsche übersetzen konnte.

»Ein Match made in heaven«, sagte Charly kopfschüttelnd, als ihr Blick ein weiteres Mal auf das ungleiche Paar fiel, und sie lächelte. »Das war eine gute Idee von dir, Hetty.«

»Die Eclairs!«, mahnte Henriette. »Und irgendjemand holt bitte noch einen Apfel-Lavendel-Kuchen aus dem Kühlschrank! Die Leute scheinen verrückt danach zu sein«, murmelte sie leise und schüttelte mit einem Lächeln auf den Lippen den Kopf.

Julien hatte für die Patisserie der Schwestern nicht nur ein neues Rezept kreiert, er hatte den Kuchen sogar nach ihr benannt: *La magie d'Henriette.* »Der Lavendel hat dieselbe Farbe wie deine Augen«, hatte er gestern Abend zu ihr gesagt, als er sie mit dem Kuchen in der Hand in der Backstube der Patisserie überrascht hatte.

»Schon auf dem Weg!«, rief Charly und verschwand in den Hinterraum, während Henriette mit geschickten Fingern zwei Croissants aus dem Korb angelte und auf einen mit einer Serviette verzierten Teller legte, um sie über den Tresen an Raj zu reichen. Er und sein Bruder waren die Aushilfskellner, die all diejenigen bedienten, die an einem der Tische Platz genommen hatten. In Zukunft würden sich die Gäste die Getränke und Kuchen an der Theke abholen – aber heute wäre die Schlange davor zu lang geworden und hätte Henriette nur noch zusätzlichen Stress bereitet.

Und den hatte sie ohnehin schon. Die halbe Auslage war bereits leer gefuttert, und sie hatten gerade zum dritten Mal Kaffee in der riesigen Maschine aufgesetzt, die die Landfrauen ihnen geliehen hatten. Niemals hätte sie damit gerechnet, dass so viele Leute zur Eröffnung vorbeischauen würden. Es kam ihr vor, als wäre nicht nur ganz Lamotte-Beuvron da, sondern auch alle Nachbarorte.

»Ahhh, Madame Süßkind!«, hörte sie eine Stimme, blickte auf und sah den Bürgermeister vor sich stehen. »Was für ein wunderbarer Laden das doch geworden ist«, sagte er anerkennend, während er den Blick über die Köpfe der Leute schweifen ließ. »Und so französisch.«

Sie musste ihm zustimmen. So skeptisch sie gewesen war, ob man mit derart wenig Geld und Zeit aus der alten Bruchbude etwas machen konnte, so sehr war sie überrascht worden. Die Wände waren frisch gestrichen, nur nicht die an der linken Seite. Die Neffen des Gemüsehändlers hatten den Putz von dieser Wand komplett heruntergeklopft und die Fugen im Mauerwerk neu verspachtelt. Die hellen Backsteine passten farblich perfekt zum Holzboden, der nach der Behandlung mit Öl in einem herrlichen Honiggelb erstrahlte. Obwohl kein Stuhl dem anderen glich und die Tische allesamt unterschiedliche Größen und Formen hatten, passten sie zusammen, und das war einzig und allein Charly zu verdanken. Sie hatte sämtliche Möbel abgebeizt, geschliffen und repariert und sie anschließend in verschiedenen Pastellfarben gestrichen. Die Bezüge mancher Stühle waren aus demselben Textil, einem beigefarbenen gröberen Stoff, den Charly auf irgendeinem Flohmarkt in der Umgebung aufgegabelt hatte. Auch wenn jede Vase auf den Tischen eine andere Form hatte, wirkte es wie aus einem Guss, vielleicht auch durch die Ranunkeln in Rosa und Pink darin. *Sœurs du sucre* hätte sich genauso gut auch als cooler Vintage-Laden in Paris-Montmartre oder einer anderen europäischen Großstadt befinden können und wäre bestimmt ein begehrtes Motiv für Instagram und Co. Der Laden war hell, geschmackvoll eingerichtet und wirkte doch ein wenig zusammengewürfelt, was ihn von den großen Ketten, in denen es im Grunde immer gleich aussah, auf angenehme Art unterschied.

»Sagen Sie, Madame Süßkind, haben Sie noch ein paar Diamants für mich?«, wollte Flombeau wissen und leckte sich die Lippen.

Henriette lächelte. »Natürlich. Wir haben gestern noch

welche für Sie gebacken, Monsieur. Warten Sie einen Moment, ich hole sie eben aus der Backstube. Ravi? Übernimmst du mal bitte?«

Der Junge nickte und wandte sich den nächsten Kunden zu, einem Vater mit zwei Töchtern, vielleicht fünf und sieben, beide mit Zahnlücken, die mit glänzenden Augen die Patisserie hinter der Glasscheibe bewunderten.

Henriette wischte sich die Hände am Handtuch ab, das in ihrem Hosenbund klemmte, drehte sich um und eilte in die Backstube. »Julien, wo hast du denn die Diamants für den Bürgermeister ...«

Sie erstarrte. Ihr Herz raste, oder es blieb stehen, sie wusste es nicht. Sie sah nur dieses Bild vor sich, das sich auf direktem Weg vom Kopf in ihr Herz bewegte und dort zu einem kurzem, aber kräftigen Schmerz wurde.

Julien und Charly drehten die Köpfe in ihre Richtung. Sie standen eng beieinander, so eng, wie man eigentlich nur dastand, wenn man gerade im Begriff gewesen war, sich zu küssen – oder es bereits getan hatte. Dass Juliens Hand auch noch auf Charlys Wange lag, machte die Sache nicht besser.

»Was macht ihr da?«, hauchte Henriette atemlos und spürte noch einen schmerzhaften Stich in der Brust. Sie konnte nicht glauben, was sie sah. »Bist du deshalb immer zu ihr in die Garage geschlichen?«, fauchte sie Julien an. »Wie lange geht das schon zwischen euch?«

»Was?« Julien riss die Augen auf. »Henriette, du verstehst das völlig falsch.«

»Das glaube ich nicht. Im Gegenteil, mir wird gerade einiges klar.« Sie drängte sich an den beiden vorbei in den hinteren Teil, wo eine weitere Metallbox mit Keksen für den Bürgermeister stand, schnappte sich die Kiste und eilte wieder aus der Backstube, das Brennen in den Augen ignorierend. Nur schnell wieder unter Leute kommen, dachte sie, die Hände beschäftigen, an etwas anderes denken.

»Warte, Henriette«, rief Julien ihr hinterher, doch sie achtete nicht auf ihn.

»Monsieur Flombeau«, rief sie mit leicht zitternder Stimme und reichte dem Bürgermeister die Metallbox über die Theke. »Hier sind Ihre Kostbarkeiten.«

Er öffnete den Deckel, sog den Duft des Backwerks ein und schloss genießerisch die Augen. »Mein Diabetologe wird Sie verfluchen, Madame Süßkind, aber für mich sind Sie eine Heilige! Viel Erfolg mit dem Laden.«

Henriette schnaubte, während sie das Handtuch auf den Tresen warf. Immer noch dabei, die Tränen zu ignorieren, die sich wie vor einem Staudamm in ihren Augen sammelten und danach verlangten, endlich durchzubrechen. Von wegen Erfolg, dachte sie, dieser Laden, dieser Ort, Julien … wie konnte ich nur so dumm sein!

Eine Hand berührte ihren Ellenbogen. »Henriette, ich muss dir unbedingt noch etwas erzählen.« Es war Gabriel, der sich ihr unbemerkt genähert hatte. Er zog das Büchlein hervor, das er zwischen all dem Unrat im Laden gefunden hatte. »Was hier drin steht, ist eine echte Sensation. Pass mal auf …«

»Gabriel«, fuhr sie ihn an, »ich habe für deine Geschichten jetzt keine Zeit.« Der Tonfall ihrer Stimme war so scharf gewesen, dass er zusammenzuckte und sich eilig davonmachte, was der Grund war, warum sie das schlechte Gewissen sofort überkam. Doch sie konnte kaum geradeaus denken, geschweige denn fühlte sie sich dazu imstande, freundlich zu sein. Sie war froh, wenn sie nicht fluchtartig den Laden verließ, nach Hause rannte und sich auf dem Bett zusammenrollte und weinte.

Julien und Charly. Wirklich? Direkt vor ihren Augen? Wie hatte sie das nicht mitbekommen können? Und viel schlimmer, wie konnte ihre Schwester ihr das antun? Sie wusste doch, dass Henriette Julien mochte ... spätestens seit dem nächtlichen Gespräch vor einigen Wochen. Oder hatte sie, Henriette, ein bisschen zu deutlich gesagt, dass sie sich mit Julien nichts vorstellen konnte, weil sie in Frankfurt lebte und er in Paris, und Charly hatte daraufhin keine Skrupel mehr gehabt? Denn was Henriette nicht wollte, darauf durfte sie auch keinen Anspruch anmelden?

Sie schnappte sich einen Lappen und begann mit energischen Bewegungen, die Ablage des Tresens von den Krümeln zu befreien. Der Kaffee war außerdem fertig, und schon wieder kamen neue Leute in den Laden, was eine willkommene Ablenkung war.

Während sie konzentriert und in dem Versuch, sich so wenig wie möglich anmerken zu lassen, die Bestellungen abarbeitete, wanderten ihre Gedanken in die Vergangenheit. Sie bemerkte ein altes, aber umso bekannteres Gefühl in sich aufsteigen, dass sie schon länger nicht mehr gespürt hatte: Neid. Henriette war nie etwas zugefallen. In der Schule hatte sie sich für die guten Noten anstrengen müssen, auch Freunde hatte sie nie leicht gefunden. Zu verschlossen war sie gewesen, schon als Kind, im Gegensatz zu Charly. Egal ob sie fünf, fünfzehn oder fünfundzwanzig gewesen war, wenn ihre Schwester einen Raum betrat, wandten sich ihr die Menschen zu. Henriette hatte früh gelernt, dass sie immer ein bisschen mehr leisten musste als Charly, ob im Turnverein oder im Klassenzimmer, jedes Mal war es ihre Schwester gewesen, die im Mittelpunkt gestanden hatte. Auch bei den Eltern, die nicht nur einmal gesagt hatten: »Hetty ist ein Selbstläufer. Aber um Charly machen wir uns Sorgen.«

Von wegen, Selbstläufer. Das war harte Arbeit, immer ein gutes Zeugnis nach Hause zu bringen und das Studium mit Bestnoten abzuschließen. Das fiel ihr doch nicht einfach so in den Schoß! Und nach all der Aufmerksamkeit, die Charly ihr im Laufe des gemeinsamen Lebens schon weggenommen hatte, wollte sie ihr jetzt noch Julien wegschnappen?

Henriette hielt inne und blinzelte. Wegschnappen? Wie könnte ihre Schwester ihr etwas nehmen, was Henriette gar nicht gehörte?

»Hetty, rede mit mir.« Charly war neben sie getreten und sah sie aus großen Augen an.

»Es gibt nichts zu besprechen«, antwortete Henriette knapp, ohne in Charlys Richtung zu blicken.

»Doch, du hast das in den völlig falschen Hals bekommen. Julien hat mir nur geholfen, weil sich meine Haare in einem Ohrring verfangen haben …«

Nun blickte sie ihrer Schwester doch ins Gesicht. »Schön. Ich freue mich für euch.«

»Jetzt hör aber auf!«, rief Charly laut, doch Henriette ließ sie nicht weitersprechen.

»Halt den Mund und mach dich nützlich. Wenigstens einmal in deinem Leben.«

Das hatte gesessen. In Charlys Augen sammelten sich Tränen. »Hetty ...«

»*Bonjour*, Madame, was kann ich für Sie tun?«, fragte Henriette in diesem Moment und wandte sich demonstrativ der Frau vor der Theke zu, die sich für Millefeuille und zwei Cappuccino entschied.

Charly stand immer noch daneben, die Finger knetend, einen verletzten und hilflosen Ausdruck im Gesicht. »Was kann ich tun, damit du mir glaubst?«

Henriette drehte sich zu ihr um. Sie wusste, wie kalt und abweisend ihre Miene in diesem Moment auf die Schwester wirken musste, aber das war ihr egal. Professionalität war ihr Schutzpanzer, und den brauchte sie gerade dringender als je zuvor.

»Hol die Sahne, die Julien geschlagen hat, sofern er nach der Behandlung deines Ohrläppchens noch Zeit dafür gefunden hat. Und dann mach verdammt nochmal deinen Job. Denn ich bin morgen nicht mehr da.«

Ihre Schwester ließ den Kopf sinken, verzog sich aber in den Hinterraum, und Henriette blieb mit einem Gefühl im Magen zurück, dass sich so dermaßen anders anfühlte als vor einer halben Stunde. Als hätte jemand eine dicke Wolke vor die eben noch scheinende Sonne geschoben und damit einen grauen Schleier über all die bunten Möbel, die liebevoll verzierten Torten und die Musik aus dem Akkordeon gelegt. So fühlte es sich also an, wenn man wirklich nichts mehr im Leben hatte, was einem wichtig war.

27

Als die letzten Gäste endlich gegangen waren, schloss Henriette die Ladentür von innen ab und drehte das kleine Emailleschild auf FERMÉ. Alle waren weg, sogar Charly – was kein Wunder war. Zum einen hatte sie die Eiseskälte, mit der Henriette sie seit dem Moment in der Backstube abgestraft hatte, vermutlich nicht länger ertragen, zum anderen war sie der Typ Mensch, der besser feiern als aufräumen konnte. Darüber ärgerte sich Henriette heute aber ausnahmsweise nicht, und ab morgen konnte es ihr gleichgültig sein, wie der Laden aussah, wenn Charly ihn am Feierabend verließ.

Sie war immer noch aufgewühlt. Wenn da wirklich etwas war zwischen Julien und Charly ... Und da musste etwas sein. Warum sonst wäre ihr Julien für den Rest des Nachmittags aus dem Weg gegangen? Im Grunde hatte er die Backstube nach dem Ohrläppchen-Debakel, das genauso gut ein Kuss gewesen sein konnte, nicht mehr verlassen, war nur kurz nach vorn gekommen, wenn er weitere Bleche mit Köstlichkeiten oder Kuchen brachte und die leeren Etageren und Platten mitnahm, um sie zu spülen, und hatte erleichtert gewirkt, als Henriette alle Helfer nach 18 Uhr aus dem Laden gescheucht hatte.

Sie nahm ihr Smartphone in die Hand und entsperrte das Display. Henriette brauchte Trost. Irgendetwas, das noch Bestand hatte in dieser sich immer schneller drehenden, komplizierten Welt, in der sie seit kurzem lebte. Etwas, das ihr Halt gab. Oder vielmehr: jemand.

Die Nummer von Zuhause kannte sie auswendig. Ihr Vater hatte zwar ein Handy, aber das war zum einen uralt und lag zum anderen immer in irgendeiner Schublade herum, weil er es für unwichtig erachtete. Es klingelte siebenmal, dann nahm er ab.

»Süßkind?«

»Papa, ich bin's«, sagte sie und spürte schon, wie sich ein Kloß im Hals bildete.

»Ach, das ist ja nett«, erwiderte er, als wäre es keine große Sache, dass sie sich seit Wochen nicht bei ihm gemeldet hatte. War es eigentlich auch nicht. Vermutlich brauchte Henriette ihren Vater doch mehr als er sie. »Wie geht es dir? Was macht die Arbeit?«

»Die Arbeit, ja, also …«, fing sie zögerlich an. »Ehrlich gesagt habe ich meinen Job verloren, Papa.«

»Du hast … was?«

»Mach dir keine Sorgen«, sagte Henriette schnell, weil sie wusste, dass er sich genau das machen würde. »Ich finde sicher bald etwas Neues.«

»Wie konnte das denn passieren? Geht es deiner Firma so schlecht? Du bist ja wohl nicht gekündigt worden.« Er lachte auf. »Nein, natürlich nicht. Dafür bist du viel zu gut.« Dann hörte Henriette, wie der Vater etwas vor sich hinmurmelte, anscheinend suchte er nach den richtigen Worten, und sagte dann eindeutig lauter als üblich:

»Du wurdest von einer Entlassungswelle erfasst. So ist es doch, oder? Und du hast eine stattliche Abfindung bekommen. Die wird übrigens nicht aufs Arbeitslosengeld angerechnet. Du bekommst doch Arbeitslosengeld?«

Sie brachte es nicht über sich, ihrem Vater die Wahrheit zu erzählen. Von der Torte, die sie ihrem neuen Vorgesetzten ins Gesicht gedonnert hatte. Oder davon, dass man sie einfach ersetzt hatte durch so eine Schnepfe, als wäre Henriette ein in die Jahre gekommener Gummibaum.

»Mach dir wirklich keine Sorgen«, wiederholte sie mit einer möglichst ruhigen Stimme. »Ich bin versorgt.« Dann wechselte sie schnell das Thema. »Ich bin übrigens gerade bei Charly. In Frankreich.«

Die Stimme ihres Vaters wurde schriller. »Charlotte ist in Frankreich? Was macht sie denn *da* wieder?« Es war ihm anzuhören, dass die Gedanken in seinem Kopf Achterbahn fuhren. »Hat sie den Bürgermeister von Paris dazu überredet, den Eiffelturm orange anzumalen?«

Henriette musste lachen. »Nein.« Sie räusperte sich. »Charly hat eine Patisserie eröffnet.«

Für einen Moment wurde es ganz still in der Leitung. »Sie hat ... was?«

»Eine Patisserie eröffnet. In Frankreich.«

»Ich glaube, ich kriege einen Herzinfarkt«, stammelte ihr Vater und fing an, panisch zu schnaufen. »Eine Tochter arbeitslos, die andere auf dem Weg in ihren finanziellen Ruin. Was hab ich nur falsch gemacht?«

»Papa, beruhige dich!«, mahnte Henriette.

»Sag mir bitte, dass du ihr das irgendwie wieder ausredest«, rief er mit einem Stöhnen.

»Ähm …« Sie zögerte. »Dafür ist es zu spät. Wir hatten heute Eröffnung. Und ich habe ihr das Geld geliehen, um den Laden zu renovieren.«

Wieder wurde es sehr still in der Leitung.

»Du kannst doch Charlotte kein Geld leihen«, sagte ihr Vater schließlich mit einem fassungslosen Unterton in der Stimme. »Das bekommst du nie wieder. Hast du einen Darlehensvertrag gemacht?«

Mist. Hatte sie nicht.

»Hmhm«, murmelte sie und wechselte erneut das Thema. »Sag mal, wie läuft es denn bei dir?«

»Lenk nicht ab. Du darfst Charlotte auf keinen Fall allein mit diesem Kuchendings lassen. Versprich mir, dass du bei ihr bleibst, bis du jemanden eingestellt hast, der den Laden führt. Oder noch besser: übernimmt.«

»Aber Papa«, setzte Henriette an, doch er redete einfach weiter.

»Vielleicht ist es gar nicht so schlecht, dass du momentan nicht in Frankfurt bist. So kannst du schön ein Auge auf Charlotte haben. Die braucht jemanden wie dich, der ihr Struktur gibt und sagt, wo es langgeht. Da ist sie wie Mama. Die hätte auch am liebsten ihr Leben lang nur Marmeladen eingekocht.«

Henriette hörte ein tiefes Ausatmen und wusste, dass ihr Vater jeden Moment das Gespräch beenden würde. Immer, wenn er von ihrer Mutter sprach, wurde er so sentimental, dass er sich zurückzog.

»Ich muss dann mal wieder weiter«, murmelte er fahrig. »Heute Abend kommt der Tatort, und ich muss noch die Hundehaare in die Hügel stopfen.«

»Was musst du machen?«

»Ich habe einen Maulwurf im Garten«, erklärte er, als wäre es das Normalste der Welt. »Es ist ein Kampf Mann gegen Mann. Auge um Auge, wenn du verstehst, was ich meine. Dieses Mistvieh buddelt mir den ganzen Rasen um. Und jetzt habe ich gelesen, dass Hundehaare helfen sollen. Also habe ich die Köter aus der Nachbarschaft gekämmt und einen schönen Batzen Haare zusammenbekommen, mit dem ich dem Maulwurf heute auf den Leib rücke.«

»Ach so«, sagte Henriette matt. »Dann will ich dich mal nicht aufhalten.«

»Tust du nicht. Aber ich muss jetzt«, antwortete er und wirkte dabei ausgesprochen unkonzentriert. »Und, Henriette?«

»Ja?«

»Lass Charlotte nicht allein. Sie kriegt das ohne dich nie auf die Reihe.«

Er legte auf, und Henriette starrte auf ihr Telefon. Sie hatte sich alles Mögliche von ihrem Papa gewünscht. Zuspruch, Trost, vielleicht auch ein paar Worte, in denen er seinen Stolz zum Ausdruck brachte. Aber wieder einmal hatte sie nur Ermahnungen erhalten, dass sie sich um ihre kleine Schwester kümmern sollte. Als wäre sie ein Kindermädchen. Oder Charlys Erziehungsberechtigte. Gleichzeitig merkte sie, dass es sie ein wenig wütend machte, dass er seiner jüngeren Tochter offenbar so absolut gar nichts zutraute. Obwohl Henriette bis vor kurzem exakt so reagiert hätte wie er, störte es sie ein klitzekleines bisschen, wenn sie ehrlich war. Immerhin hatte Charly in den vergangenen Wochen mehr auf die Beine gestellt, als sie ihr je zugetraut hatte. Die Patisserie sah einladend aus, ihr Vater würde staunen, wenn er sie mit eigenen Augen sehen würde. Die von Charly gestalteten Räume gaben der Backkunst von Julien das perfekte Zuhause.

Durcheinander und aufgewühlt wandte sie sich ab und trat in die Backstube. Immerhin hier sah es tipptopp aus, man merkte eben, dass Julien ein Profi war, der seine Arbeitsstätte niemals unaufgeräumt verließ.

Eigentlich sollte sie jetzt im Ladenlokal für Ordnung sorgen, das würde ihr auch helfen, die Nerven zu beruhigen. Doch im selben Moment, in dem sie überlegte, wo die Mülltüten waren, entschied sie sich um. Putzen war okay, aber noch besser war Backen. Etwas mit den Händen herstellen, sich völlig dem Flow überlassen und vom köstlichen Duft eingehüllt werden, von Zimt und Zucker, von herrlichen Backaromen.

Henriette trat an den Kühlschrank und holte Butter, Eier, eine Zitrone und Äpfel heraus, aus der Vorratskammer nahm sie Mehl und Zucker. Ein einfacher Apfelkuchen, das war jetzt genau das Richtige, um sie abzulenken. Henriette kannte das Rezept mittlerweile auswendig und schüttete die Zutaten für den Teig zusammen, um sie anschließend mit dem Rührgerät zu vermischen. Wäre das ihr Laden, würde sie natürlich nicht nur einen Apfelkuchen backen, sondern gleich zwei oder drei, damit die Theke gut bestückt war und morgen keine Hektik ausbrach, weil der Nachschub ausging. Aber es war ja nur auf dem Papier ihr Laden, deshalb war es eigentlich Charlys Aufgabe, sich um eine möglichst gute Auswahl an Kuchen, Tartes und Backwaren zu kümmern.

Charly. Während Henriette damit anfing, Butter in die Form zu streichen, dachte sie wieder an ihre Schwester. Warum hatte sie vorhin so heftig reagiert? Würde sie Charly nicht gönnen, wenn sie sich in Julien verliebte – wo Henriette sich doch selbst immer wieder sagte, dass sie nichts von ihm wollte?

Sie nahm die Form und stellte sie beiseite, um sich den Äpfeln zuzuwenden. Es waren mehlige, süße, genau die, die Julien ihr empfohlen hatte. Als sie an ihn dachte, musste sie kurz lächeln. Sie mochte, mit welcher Präzision und Liebe zum Detail er backte, wie umsichtig er die Zutaten behandelte, jedes Obst oder Ei zärtlich berührte, als wäre es eine große Kostbarkeit. Wenn er in der Küche arbeitete, sah es immer so elegant aus, als führten seine Finger ein Ballett auf.

Henriette nahm einen Apfel zur Hand und begann, ihn zu schälen. In einer perfekten Welt, in der sie nicht all diese Verpflichtungen hätte, in der sie ihr Herz nicht mit dicken Mauern vor der Enttäuschung schützte und in der sie sich häufiger trauen würde, dem Bauchgefühl zu folgen, würde sie einen Mann wie Julien niemand anderem überlassen. Im Gegenteil, sie würde auf seine vorsichtigen Versuche eingehen und ihm zeigen, was in ihr steckte. Sie wusste, dass die meisten Leute sie für ein bisschen langweilig und bieder halten mussten, so wenig Spontanität und Enthusiasmus, wie sie die meiste Zeit des Tages ausstrahlte. Aber er hatte sie trotzdem gemocht, vielleicht sogar gesehen, dass sie mehr war als das wie geölt laufende Uhrwerk, die zuverlässige, die immer perfekte Henriette. Und dann? Dann war sie nie auf seine Flirtversuche eingegangen. War ihm ausgewichen, wenn er ihr zu nahe gekommen war, hatte den Blick abgewandt oder das Thema gewechselt. Gut möglich, dass es ihm einfach gereicht hatte. Warum sich die Zähne an der unterkühlten Henriette ausbeißen, wenn da auch noch Charly war, die es jedem Menschen auf der Welt leichtmachte, sie zu mögen?

Geschieht dir recht, hörte sie eine tadelnde Stimme im Innenohr. Du hast dich ganz schön bitten lassen, kein Wunder, wenn er das Weite sucht.

Henriette schüttelte die Stimme ab und konzentrierte sich wieder auf die Früchte, als sie ein Klopfen von der Ladentür vernahm. Sie legte Messer und Apfel beiseite und eilte nach vorn, spürte eine winzige Hoffnung in sich erwachen und verlangsamte die Schritte, als sie sah, wer da vor der Patisserie stand.

»Wo ist dein Schlüssel?«, wollte sie von Charly wissen, als sie ihr die Tür geöffnet hatte.

»Hab ich irgendwo liegenlassen. Ist das jetzt wichtig?«

Henriette unterdrückte den Impuls, die Augen zu verdrehen. Nicht dein Problem ab morgen, wiederholte sie ihr Mantra.

»Wir müssen reden«, nahm ihre Schwester den Faden von vorhin wieder auf.

»Ich wüsste nicht, worüber.«

»Über Julien«, antwortete Charly und drängte sich ins Innere der Patisserie. »Nun hör mir doch mal zu, Hetty. Da ist nichts zwischen ihm und mir.«

»Wenn du das so sagst«, erwiderte Henriette spitz und lief zurück in die Backstube, wobei sie Charly einfach stehen ließ. Sie wollte dieses Gespräch nicht führen. Nein,

nein und noch mal nein. Am Arbeitstisch schnappte sie sich wieder das Messer und den Apfel und fuhr mit dem Schälen fort.

»Was denkst du eigentlich von mir?« Charly war ihr gefolgt und stellte sich vor den Tisch, an dem Henriette arbeitete, die Hände stemmte sie dabei in die Hüften und sah ziemlich furchteinflößend aus.

Henriette schwieg. Wenn sie schwieg, konnte sie auch nichts von sich geben, für das sie sich später entschuldigen musste. Eine einfache Regel, die es ihr im Leben schon ein paarmal recht leicht gemacht hatte, sich für ein Verhalten zu entscheiden.

»Henriette. Ich rede mit dir!«

Charly wurde wütend, das konnte Henriette spüren. Sie kannte die kleine Schwester nun schon so lange … und sie wusste, dass es nicht mehr viel brauchte, bis Charly explodierte.

Nur zu, dachte sie grimmig. Wenn du wütend bist, erzählst du mir wenigstens die Wahrheit.

»Es ist alles in Ordnung«, entgegnete Henriette so ruhig, wie es ihr möglich war, und griff nach dem nächsten Apfel, den sie schälen und in Spalten schneiden würde. Ganz gelassen. Ganz kontrolliert. Einatmen, ausatmen. »Du machst, was du für richtig hältst. Wie immer.«

Charly knirschte so sehr mit den Zähnen, dass Henriette die Kieferknochen mahlen sehen konnte. »Ich bin es langsam leid! Du unterstellst mir hier alle möglichen Sachen. Und dann dieser passiv-aggressive Scheiß. Nun sag endlich, was du zu sagen hast!«

Henriette verzog den Mund zu einem schmalen Strich.

»Nichts, Charlotte«, entgegnete sie, wohlweißlich, dass Charly ihren vollen Namen hasste wie die Pest und dass Henriette sie damit zur Weißglut bringen konnte. Und: Bingo. Es war der Tropfen, der das Fass, ergo Charly, zum Überlaufen brachte.

»Dann will *ich* dir jetzt mal was sagen«, fing ihre Schwester in voller Lautstärke an, »ich hab die Schnauze voll davon, mich von dir wie eine Versagerin behandeln zu lassen. Nur weil ich keinen Bausparvertrag und keine Riester-Rente hab, bin ich kein schlechterer Mensch als du! Und mal im Ernst, schau dich doch mal an. Wie unglücklich können Geld und Karriere einen Menschen bitte machen? Dir steht die Unzufriedenheit doch ins Gesicht geschrieben!«

Henriette musste die Augen für einen Moment schließen und sich arg am Riemen reißen, um nicht ebenfalls all das zu sagen, was sie über ihre Schwester dachte. Sie hatte ja Charlys Wut schüren wollen, nicht die eigene. Aber wenn die so weitermachte, konnte Henriette für nichts garantieren.

»Und nicht nur die Unzufriedenheit liest man dir von der Nase ab«, fuhr Charly erbarmungslos fort. »Dein allergrößtes Problem, liebe Henriette, ist nämlich, dass du schon viel zu lange nicht mehr flachgelegt wurdest.«

Henriette ließ den Apfel sinken. »Wie bitte?«

»Genau. Machst du eigentlich irgendwas aus Vergnügen? Oder ist Sex bei dir auch im Kalender eingetragen? Als Sporteinheit vielleicht? Nun, dann solltest du wohl nacharbeiten. Du bist so was von untervögelt, es ist nicht auszuhalten!«

Henriette legte das Messer weg. Aus Sicherheitsgründen. Und weil sie alle Äpfel geschält und in Spalten geschnitten hatte. Tatsächlich hatte sie sich damals, als das mit Kai, dem Kollegen aus Berlin, gewesen war, seine Anwesenheiten in Frankfurt in den Kalender eingetragen – und meist direkt davor ein Bikini-Waxing vereinbart. Selbstverständlich hatte sie an den Tagen, an denen er im Büro gewesen war, die beste Unterwäsche getragen, auch deshalb, weil sie nach dem späten Feierabend oft direkt in sein Hotel gegangen waren, und da hatte sie ja schlecht mit Alltagsschlüpfern aufschlagen können.

Aber erstens wusste Charly nichts von Kai. Und zweitens bedeutete der Umstand, dass sie sich auf die Affäre vorbereitete, noch lange nicht, dass sie Sex plante. Und was hatte das überhaupt mit der ganzen Sache zu tun?

»Ich wette, du lässt das Licht dabei aus«, legte Charly nach, und in ihren Augen funkelte es. Es war offensichtlich, sie hatte Lust auf Streit und wollte Henriette provozieren. »Würde mich nicht wundern, so verklemmt, wie du bist.«

»Es reicht«, sagte Henriette mindestens ebenso ruhig, wie sie wütend war, und griff nach der gefetteten Tarteform. Ohne zu wissen, was sie tat, begann sie damit, die Äpfel hineinzulegen. Schön ordentlich und reihum, genau wie es Julien ihr gezeigt hatte, von innen nach außen. »Mein Liebesleben geht dich nichts an.«

»Welches Liebesleben? Du würdest ja erst kapieren, dass jemand auf dich steht, wenn er es dir schriftlich mitteilt, am besten in einem offiziellen Dating-Antrag mit vierfachem Durchschlag.«

Henriettes Hände arbeiteten immer schneller und legten die Apfelspalten fein säuberlich in die Tarteform. Das gab ihr das Gefühl, die Kontrolle zu behalten, und sie musste Charly zudem nicht in die Augen blicken. Beides war von Vorteil.

»Hör auf, mich zu provozieren, Charlotte.«

»Dann hör auf, dich wie meine Mutter aufzuführen, Hetty! Die bist du nämlich nicht. Du könntest Mama niemals ersetzen. Niemals, hörst du? Egal, wie erwachsen und schlau du immer tust. Mama hatte ein Herz. Ein Herz! Aber bei dir ist an dieser Stelle vermutlich nur ein ... Taschenrechner.«

Für einen sehr, sehr kurzen Moment zog Henriette die Möglichkeit in Betracht, ihrer Schwester eine Ohrfeige zu verpassen, damit sie endlich aufhörte zu reden. Zum Glück tat sie nichts dergleichen.

Doch Charlys Sätze hatten sie verletzt, jeder einzelne fühlte sich wie eine in Säure getränkte Klinge an, die sich tief in ihr Fleisch eingrub. Ihre Augen füllten sich mit Tränen. So dachte Charly also über sie? Dass sie verklemmt war, schön – aber dass sie kein Herz hatte? Sie? Die der vermurksten Schwester gerade eine eigene Patisserie ermöglicht hatte, mit Geld, das sie im Schweiße des Angesichts verdient hatte und vermutlich nie wiedersah. Sie sollte also kein Herz haben?

Konzentrier dich auf die Tarte, sagte die innere Stimme, die vorhin noch blöd geklungen hatte, jetzt aber eine besänftigende Wirkung auf Henriette hatte. Halt dich an dem fest, was du kannst.

Und da fiel es ihr auf. Sie hatte die Apfelspalten direkt

in die Form gelegt. Ohne den Teig vorher hineinzugeben. Der befand sich immer noch in der Schüssel daneben. Und aus irgendeinem Grund machte sie das noch viel, viel wütender als alles, was ihr Charly gerade an den Kopf geworfen hatte.

»Scheiße!«, rief sie laut und beherrschte sich gerade noch rechtzeitig, bevor sie Schüssel, Tarteform und Apfelschalen mit einem beherzten Armwischen vom Tisch fegte. »Deinetwegen habe ich jetzt die Tarte versaut. Du bringst echt alles durcheinander, Charlotte. Alles! Vor allem mein Leben.«

Charly schaute fassungslos auf die Form hinunter. »Das ist in diesem Moment dein größtes Problem? Ist das dein Ernst?« Dann trat sie um den Tisch herum, schubste Henriette beiseite und nahm die Teigschüssel.

»Was machst du da?«, wollte Henriette atemlos wissen. »Du machst es nur noch schlimmer! Hör auf damit.«

»Ich hör mit gar nichts mehr auf. Ich gehöre hierher, genau wie du übrigens, und genau wie diese Äpfel in diese Kuchenform«, stieß Charly knurrend aus und schüttete den ganzen Teig einfach auf die Äpfel drauf.

»Das ist falsch herum. Die Äpfel müssen obendrauf liegen!«, rief Henriette und spürte, wie sie immer verzweifelter wurde. Ihre Schwester brachte einfach alles in Unordnung, es war kaum zu ertragen. Wo sie auch hinging, sie zog eine Schneise der Verwüstung hinter sich her, das Chaos war ihr ständiger Begleiter. Henriette hatte genug davon. So oft hatte sie hinter Charly schon hergeräumt, nicht nur im Kinderzimmer, auch in der Schule oder bei den Eltern. Als Charly mit siebzehn heimlich mit

Papas Auto gefahren war und bei dem, was sie Einparken nannte, den Bordstein unterschätzte, wer hatte da die Schuld auf sich genommen? Henriette. Oder als die Silberne Hochzeit der Eltern angestanden hatte und Charly sich unbedingt um den DJ hatte kümmern wollen – was sie natürlich vergessen hatte. Wer hatte dafür gesorgt, dass am Ende wirklich jemand an der Heimorgel stand? Henriette. Auch bei der Beerdigung der Mutter war es Henriette gewesen, die nicht nur ihre Aufgaben erledigte, sondern auch noch hinter Charly herkehrte, der man einfach keine Verantwortung übertragen konnte. Vom Kümmern um den älter und schrulliger werdenden Vater ganz zu schweigen. O Gott, diese Patisserie war dem Untergang geweiht! Was hatte Henriette sich nur dabei gedacht, als sie den Mietvertrag unterschrieben hatte? Was zur Hölle war los mit ihr? Warum warf Henriette ihr Geld nicht gleich zum Fenster raus oder schenkte es Barbara oder dem Roten Kreuz? Da wäre es sicher besser aufgehoben.

Charly schabte mit dem Spatel die Teigreste in die Form, wobei einige Kleckser im Eifer des Gefechts danebengingen, und pfefferte die leere Schüssel anschließend auf den Tisch. »Wenn sich in deinem Universum nicht immer nur alles um dich drehen würde, würdest du vielleicht ab und an den Menschen in deinem Leben zuhören«, schnauzte sie Henriette an.

Obwohl sie immer noch stinksauer war, hielt Henriette verblüfft inne. Sie sollte der Mittelpunkt des Universums sein? Es war doch genau andersherum. Charly war die Sonne, um die alle kreisten. Sie, Henriette, war nur irgendein Planet in ihrer Umlaufbahn, kalt und ein wenig unwirtlich, darauf angewiesen, dass er etwas von den wärmenden Strahlen der Schwester abbekam. »Was redest du da?«

»Das hier, liebe Henriette«, ätzte Charly, und ihre Stimme troff nur so vor Ironie, während sie auf die Backform deutete, »ist eine Tarte Tatin. Die ihren Ursprung in einem kleinen Ort namens Lamotte-Beuvron hat. Hast du vielleicht schon mal gehört, den Namen.« Sie schnaubte. »*Bof!* Von der Musterschülerin in Juliens Backkurs hätte ich eigentlich erwartet, dass sie das weiß.« Dann wirbelte sie herum und rannte aus der Backstube, nur um eine Sekunde später wieder im Türrahmen zu erscheinen. »Ist wohl doch nicht alles so perfekt in deinem ach so tollen Leben, was?«

Und dann war sie weg, und Henriette brach endlich in Tränen aus.

28

Henriette schlug die Augen auf und drehte den Kopf zur Seite. Aber die andere Hälfte des Bettes war leer.

Sofort bekam sie ein schlechtes Gewissen. Wo hatte Charly heute Nacht geschlafen? War sie überhaupt nach Hause gekommen? Als Henriette nach dem fürchterlichen Streit in die Rue des Roses gekommen war, waren alle Lichter bereits erloschen gewesen. Auf Zehenspitzen hatte sie sich ins Obergeschoss geschlichen, um niemanden zu wecken, und hatte fest damit gerechnet, Charly beleidigt und zur wütenden Kugel zusammengerollt im gemeinsamen Schlafzimmer vorzufinden.

Aber ihre Schwester war nicht da gewesen, genau wie ihre Klamotten. Zwei Stunden lang hatte Henriette da gelegen und im matten Schein des hereinfallenden Mondlichts überlegt, ob sie Charly anrufen sollte. Oder suchen? Vielleicht war ihr etwas zugestoßen ... Dann jedoch hatte sie sich gesagt: Charly ist eine erwachsene Frau. Die kann mal eine Nacht woanders schlafen, ohne dass die Helikopterschwester gleich die Polizei anruft. Über diesen Gedanken waren Henriette irgendwann die Augen zugefallen.

Nun, eine unruhige Nacht später, fing Henriette an,

sich Sorgen zu machen. Sie rieb sich die Augen, setzte sich im Bett auf und überlegte. Da sowohl Charlys Tasche als auch ihre Sachen aus dem Zimmer verschwunden waren, hatte sie vermutlich direkt nach dem Streit gepackt und das Haus verlassen. Wo könnte sie hingegangen sein? Ein Auto hatte sie nicht, und auch wenn sie viele der Einwohner Lamotte-Beuvrons kannte, niemandem war sie so vertraut, dass sie an einem Sonntagabend gegen zehn oder elf dort auftauchen und nach einem Schlafplatz fragen konnte. Nicht dass Henriette bezweifelte, dass Raj oder Ravi nicht liebend gern Platz auf ihren Matratzen gemacht hätten, um der schillernden Charly eine Unterkunft zu gewähren. Aber was würde ihr Onkel dazu sagen? Und überhaupt, wusste ihre Schwester, wo die ganzen Menschen wohnten, die in den vergangenen Wochen so fleißig bei der Renovierung des Ladens mitgeholfen hatten?

Sie könnte auch in eine Bar gegangen sein und jemanden aufgerissen haben, spekulierte Henriette weiter. Auch das würde zu Charly passen – allerdings gab es in Lamotte-Beuvron keine Bars, und ganz besonders keine, die am Sonntagabend geöffnet hatten.

Zu Barbara war es zu weit, ohne Auto völlig unmöglich. Das könnte sie sich theoretisch von François geliehen haben. Oder sie war bei ihm untergekrochen?

Ist doch auch völlig egal!, sagte die Stimme in Henriettes Kopf. Fakt ist, Charly hat sich verkrümelt, und ich gehe jede Wette ein, dass sie so schnell auch nicht zurückkommt.

Das wiederum wäre eine mittlere Katastrophe. Denn Henriette würde heute nach Frankfurt fahren, koste es, was es wolle. Spätestens wenn sie abgereist war, würde Charly schon wieder auftauchen und das tun, was man als, haha, frischgebackene Patisseriebesitzerin eben so machte: den Laden morgens öffnen, Tartes backen, Gäste bedienen, zum Großmarkt fahren, Milch schäumen, Kaffee kochen ... und die drei Milliarden anderen Dinge, die Henriette sich nicht mal vorstellen wollte.

Und wenn sie sich doch so richtig aus dem Staub gemacht hat, also nicht nur für eine Nacht?, nörgelte die Stimme weiter. Was machst du dann? Du kannst Gabriel und Julien mit den Zuckerschwestern ja schlecht alleinlassen.

Henriette vergrub das Gesicht in den Händen und stöhnte laut. Damit die Stimme endlich Ruhe gab, warf sie die dünne Bettdecke zur Seite und schwang die Beine über die Matratze. Hastig schlüpfte sie in das hellblaue Sommerkleid, das Charly ihr vor ein paar Tagen von irgendeinem Markt mitgebracht hatte und das Henriette nicht nur perfekt passte, sondern auch ausgesprochen gut stand, band sich die Haare zum Zopf und eilte, ausnahmsweise ohne Zähneputzen, die Treppe hinunter in die Küche.

Dort saß Gabriel am Tisch in seinem Rollstuhl und starrte die Holzmaserung an. Caramelle lag zu seinen Füßen und winselte leise.

»Gabriel?« Henriette trat zögernd auf ihn zu, doch er zeigte keine Regung. Sie blieb wie vom Donner gerührt stehen. Scheiße. Hatte er einen weiteren Schlaganfall? War er ... tot? »Gabriel!« Sie machte einen Sprung nach vorn und rüttelte ihn an der Schulter.

Die Berührung schien Gabriel aus der Trance zu holen.

Er drehte langsam sein Gesicht in ihre Richtung. Zum ersten Mal sah er so alt aus, wie er wirklich war. Wenn das Lächeln aus seinen Zügen verschwunden war und die Wangen eingefallen wirkten, erkannte man sein wahres Alter. Henriette erschrak bei seinem Anblick.

»Sie ...«, begann er mit krächzender Stimme und musste nach einem Räuspern neu ansetzen. »Sie ... ist ... «

»O Gott, ist was mit Charly?« Henriettes Herz begann heftig zu schlagen. Egal, wie sauer sie gestern Abend gewesen war und wie enttäuscht und beleidigt heute Morgen, die Vorstellung, dass ihrer Schwester etwas zugestoßen sein könnte, ließ ihren Puls in die Höhe schnellen. »Nun sag es schon, Gabriel! Was ist passiert?«

»Weg«, antwortete er tonlos. »Charly ist weg.«

»Was soll das heißen?« Henriette spürte, wie ihr die Knie weich wurden. Sie musste sich an der Stuhllehne festhalten, um nicht umzukippen.

»Sie hat uns verlassen.«

»Was?«, kreischte Henriette laut. »Ist sie tot?«

Gabriel blinzelte verwirrt. »Was? Nein. Nicht tot. Aber weg. Sie ist nicht mehr da.«

Henriette sank langsam auf den Stuhl. »Was heißt das?«

»Sie hat sich heute Morgen von mir verabschiedet.« Gabriel ließ den Kopf sinken.

»Aber Moment mal, sie fährt doch sicher nur Einkaufen. Charly wird doch in ein paar Stunden die Patisserie eröffnen. Oder?«

Der alte Mann seufzte schwer und schüttelte dann langsam den Kopf.

In Henriettes Bauch wurde es flau. Das war doch völliger Quatsch. Was redete Gabriel da? Hatte er doch einen Schlaganfall?

»Das kann nicht sein. Sie hat es mir versprochen«, stammelte Henriette, obwohl sich die Gewissheit bereits tief in ihren Verstand eingegraben hatte.

Es war wie immer. Auf Charly war kein Verlass. Das war schon immer so gewesen, und das würde für immer so sein. Egal wie sehr sich Henriette etwas anderes wünschte.

Scheiße. Sie hatte eine Patisserie am Bein. Und ihre Ersparnisse waren futsch.

Ihr wurde schlecht.

»Du weißt es also schon.« Julien stand in der Tür, Henriette hatte ihn nicht kommen sehen. »Wie geht es jetzt weiter?«

Henriette sah ihn an. Sie wusste nicht, was sie sagen sollte. Ein hysterisches Kichern drängte sich ihre Kehle hinauf, und sie schlug sich die Hand vor den Mund, um nicht in panisches Lachen auszubrechen.

»Wo ist sie hin?«

Gabriel zuckte mit den Schultern. »Sie wollte es nicht sagen.«

»Mein Handy. Ich muss sie anrufen. Vielleicht kann ich sie aufhalten.«

Julien schüttelte langsam den Kopf. »Das glaube ich nicht. Sie wirkte ziemlich entschlossen.«

Henriette sprang vom Stuhl auf und raste die Treppe nach oben. »Das werden wir ja noch sehen«, rief sie zornig, denn nach dem ersten Schock kam auch die Wut wieder. Was bildete sich Charlotte eigentlich ein? Erst schwatzte sie ihr eine Patisserie auf, und dann verpisste sie sich? Na warte, das würde Henriette nicht auf sich sitzenlassen. Sie hatte Charly vertraut. Mal wieder. Und das war der Dank?

Ja, der Streit gestern war gemein gewesen, und Henriette war nicht stolz auf das, was sie gesagt und getan hatte. Aber im Ernst, das war doch noch lange kein Grund, um das Handtuch zu werfen! So sprang man doch nicht mit Menschen um, besonders nicht mit denen, mit denen man verwandt war. Da musste man doch …

Aber musste man das?

Egal. Mit hektischen Fingern nahm sie das Smartphone vom Nachttisch und entsperrte das Display. Die Anrufe der Headhunter, die in den ersten Tagen nach der Kündigung noch regelmäßig reingekommen waren, die Henriette spätestens nach dem Unterzeichnen des Mietvertrags aber völlig ignoriert hatte, hatten mittlerweile aufgehört. Offenbar war ihre nonverbale Weigerung, mit einem von denen zu reden, deutlich genug gewesen. Darauf verschwendete sie jetzt aber keinen Gedanken. Sie suchte Charlys Nummer heraus und drückte auf das grüne Hörersymbol.

Es klingelte. Und klingelte. Aber niemand hob ab.

Henriette versuchte es ein weiteres Mal. Wieder ging ihr Anruf ins Leere. Nicht mal eine Mailbox hatte ihre Schwester, und selbst wenn, sie hätte sie doch nicht abgehört.

Sie öffnete das WhatsApp-Fenster und sprach Charly eine Sprachnachricht auf. »Komm sofort zurück, Charlotte. S-O-F-O-R-T! Du kannst mich mit dem Laden nicht hängenlassen. Ich habe ihn für dich angemietet,

verdammt noch mal! Also schaff deinen Hintern hierher. Hörst du?« Sie merkte, wie ihre Stimme ins Wackeln
kam. Jetzt nicht anfangen zu heulen! »Charly«, fügte sie
eindringlich hinzu. »Du musst zurückkommen. Bitte. Ich
entschuldige mich für das, was ich gestern Abend gesagt
habe. Von mir aus auch für alles, was ich in den vergangenen drei Wochen gesagt habe. Und auch für das, als
du sechs Jahre alt warst und ich dich bei Mama verpetzt
habe, weil du die Schlammbälle an die Hauswand der
Nachbarn geschmissen hast.« Sie verstummte. Wartete
einen Moment. Und sagte schließlich: »Wenn du nicht bis
morgen früh wieder hier bist, brauchst du dich nie wieder
bei mir blicken lassen.«

Dann schickte sie die Nachricht ab. Unüberlegt, impulsiv und voller Widersprüche, wie sie war. Na und? Charly
durfte ruhig merken, dass Henriette die Nerven verlor.
Umso besser, dann wusste sie wenigstens, dass gerade
nicht nur der Laden, sondern auch ihre Geschwisterliebe
auf dem Spiel stand.

Henriette erhob sich und ging die Stufen hinunter ins
Erdgeschoss. In der Küche fand sie Julien vor, allein. Den
Kopf hatte er auf die ineinander verschränkten Arme auf
der Tischplatte gelegt. Er wirkte so müde, wie Henriette
sich fühlte.

»Wo ist Gabriel?«

»Hat sich wieder hingelegt. Er ist … Er verkraftet es
nicht gut, dass sie gegangen ist.«

Henriette ließ sich auf den Stuhl Julien gegenüber
sinken. Natürlich tat er das nicht. Das hatte sie damals
schon vorhergesehen, als sie Gabriel kennengelernt hatte.

Sie wusste, wie leichtfertig ihre Schwester Herzen brach, und normalerweise war es ihr egal, wie viele an Liebeskummer leidende Männer ihren Lebensweg pflasterten. Doch um den alten Mann tat es ihr leid. Er war einsam gewesen, und dann war Charly in sein Leben geschneit und hatte ihn leuchten lassen ... bis sie ihn wieder verlassen hatte. Wie jeden vor ihm.

Henriette fuhr sich mit der Hand über die Stirn. Wann war ihr Leben so verdammt kompliziert geworden?

»Hetty, ich muss dir noch etwas sagen.«

Sie blickte auf und sah direkt in Juliens grüne Augen. »Keine weiteren Hiobsbotschaften, bitte.«

Er zuckte verlegen mit den Schultern. »Das kannst nur du entscheiden, was für eine Botschaft das ist.«

Henriette stöhnte. »Na gut. Spuck es aus. Musst du heute zurück nach Paris? Lässt du mich auch sitzen?«

Er blinzelte, fuhr sich mit der Hand durchs dunkle Haar. »Nein. Im Gegenteil. Ich ... Du hast das gestern ganz falsch verstanden, Henriette. Ich bin nicht an Charly interessiert. Ganz und gar nicht. Ihre Haare waren im Ohrring verheddert, das ist alles, das *war* alles, ich schwöre.«

Henriette blickte ihn eindringlich an und merkte, wie ihr die Hitze ins Gesicht stieg. »Das kann und muss mir egal sein, Julien. Ich habe keinen Anspruch auf dich. Du hast mir doch nichts versprochen.«

Was Julien dann tat, konnte Henriette kaum glauben: Er stand auf, machte drei Schritte um den Tisch herum, sank vor ihr auf die Knie, ergriff ihre Hände und schaute sie beinahe flehentlich an. »Aber genau darum geht es doch, Henriette. Ich will es dir versprechen. Es gibt niemanden, mit dem ich lieber meine Zeit verbringe, niemanden, mit dem ich lieber in der Backstube stehen möchte. Niemanden sonst, dem ich nah sein will.«

Sie starrte ihn an und kam sich vor wie ein Goldfisch. Ihr Mund klappte auf und wieder zu, aber sie wusste einfach nicht, was sie sagen sollte. Natürlich, sie freute sich. Unendlich. In ihrem Inneren wurde es ganz leicht, ihr Magen machte einen Salto mortale. Und gleichzeitig kam dieses Geständnis zu einem verdammt schlechten Zeitpunkt. Dem schlechtesten überhaupt, um ehrlich zu sein. Sie saß auf einem Berg voller Probleme, die sich kein bisschen wie Herausforderungen, sondern nur wie riesige, stinkende Kackhaufen anfühlten.

»Julien, ich glaube … das ist … ich muss …« Henriette wollte ihm klarmachen, wie unglaublich kompliziert die Lage und warum das alles hier zum Scheitern verurteilt war, als Julien wieder ansetzte.

»Henriette, ich möchte nicht mehr ohne dich sein. Ich begehre nur dich. Ich will nur dich! Dich ganz allein. Und wenn du mich auch willst, dann kannst du mich haben«, murmelte Julien leise in die Stille hinein.

Henriette war so gerührt, dass sie beinahe angefangen hätte zu heulen. Nicht nur ob der Worte, die Julien zu ihr gesagt hatte. Auch weil es offenbar doch einen Mann auf dieser Welt gab, der mehr in ihr sah als die karriereorientierte, pflichtbewusste und fleißige Henriette – und in den sie auch verliebt war. Das wurde ihr in dem Moment klar, in dem Julien sich vom Boden erhob, Henriette an den Händen nahm und auf die Füße zog. Er legte seine Hände um ihr Gesicht, die Daumen auf ihr Kinn, dann sah er sie lange an und beugte den Kopf nach vorn, ganz langsam, ganz zärtlich, und kam ihr näher, bis seine Lippen ihre berührten.

Henriette stand stocksteif da, das Einzige, was in Bewegung war, schien ihr Herz zu sein, das schlug dafür aber in einem Tempo, als hätte sie gerade einen 100-Meter-Lauf absolviert. Sie ließ zu, dass Julien sie küsste, versank in diesem Kuss, genoss die sanfte Berührung seiner Zunge, das Knabbern an ihren Lippen, die streichelnden Hände, die sie nicht loslassen wollten.

»Bleib bei mir«, hauchte er schließlich, nach Minuten, vielleicht auch Stunden, »in Frankreich. Ich kann nach Lamotte-Beuvron ziehen, und wir führen die *Sœurs du sucre* zusammen. Ich helfe dir. Ich lasse dich nicht allein.«

Henriette erstarrte und machte sich von ihm los. Auch wenn ihr Herz gerade auf der Überholspur gewesen war, Julien war in Überschallgeschwindigkeit an ihr vorbeigerauscht. Nach Frankreich kommen? Mit ihm zusammenziehen? Die Patisserie zusammen führen? Moment. Moment! Das war doch alles völlig irre. Und ging für ihren Geschmack auch viel zu schnell. Sie kannten sich doch fast gar nicht, und dazu erst seit ein paar Wochen. Wie konnte er ihr da anbieten, das Leben mit ihr zu verbringen? Ihr zu helfen? Sie zu begleiten?

Henriette hob abwehrend die Hände und ging einen Schritt nach hinten. »Ich muss mich erst mal sammeln, Julien. Und sortieren. Eins nach dem anderen. Das überwältigt mich alles gerade ein wenig.«

Er nickte. »Das verstehe ich. Aber ich konnte dir nicht

länger verschweigen, was ich fühle. Du hast gestern so verletzt ausgesehen in der Patisserie, da ist mir bewusst geworden, dass du möglicherweise auch etwas für mich empfinden könntest. Ich dachte die ganze Zeit, dass ich nur irgendjemand für dich wäre und dass du nur die Stunden zählst, um endlich zurück nach Frankfurt zu können. Gestern habe ich noch nicht gewagt, es dir zu sagen. Du warst so aufgebracht, du hättest mir wahrscheinlich kein Wort geglaubt.«

Henriette schaute Julien mit großen Augen an. Jetzt wurde ihr einiges klar. Ihre kalte Schulter war einfach kein Ort, an den man sich gern anlehnte. Das wiederum verstand sie. Vermutlich würde es ihr nicht anders ergehen.

Dann fiel ihr Blick auf Juliens Handy, das auf dem Tisch lag. Charly kam ihr wieder in den Sinn. Wo sie jetzt wohl gerade war? Da sie kein Auto hatte, musste sie wohl den Zug genommen haben … obwohl jemand wie ihre Schwester auch trampen würde. Oder auf Händen laufen. Charly konnte fast alles.

»Sag mal, weißt du, wo Charly letzte Nacht geschlafen hat? Sie muss ja noch mal nach Hause gekommen sein, bevor sie abgereist ist.«

Julien sah sie an, der plötzliche Themenwechsel überraschte ihn sichtlich. »Sie war nirgendwo anders. Sie hat hier geschlafen.«

»Hä? Wo denn? Auf dem Sofa kann kein Mensch schlafen, so schmal wie das ist. Und Gabriel hat nur ein Einzelbett. Wenn sie also nicht bei dir im Bett gelegen hat, wo war sie dann?«

Julien wollte antworten, sein Mund öffnete sich, er war

bereits im Begriff, etwas zu sagen, überlegte es sich dann jedoch anders und schlug die Augen nieder.

Und da verstand Henriette, was sich zugetragen hatte.

»Sie war bei dir? Sie hat bei dir geschlafen? Ihr habt das Bett geteilt?«, fragte sie fassungslos.

»Ja, aber doch nur platonisch. Da ist nichts passiert, Henriette. Charly und ich, wir sind nur Freunde.«

Sie torkelte nach hinten, bis sie mit dem Rücken gegen den Türrahmen stieß, hielt inne, immer noch Julien anstarrend, konnte es einfach nicht glauben.

Nach allem, was sie und Charly sich gestern Abend an den Kopf geworfen hatten, hatte ihre Schwester ausgerechnet bei Julien einen Platz zum Übernachten gefunden – im Bett? Obwohl sie doch ahnte, vermutete oder vielleicht sogar wusste, was Henriette für ihn empfand, es ihr fast zum Vorwurf gemacht hatte?

Und Julien? Der fand es offenbar ganz normal, mit Frauen, an denen er *kein bisschen interessiert* war, *rein platonisch* ein Bett zu teilen.

Es war eigentlich nicht ihre Art, die Fassung zu verlieren. Aber an diesem Morgen, in der Gegenwart dieses Mannes und in Anbetracht der gewaltigen Enttäuschung, mit der sich Henriette von allen Seiten konfrontiert sah, konnte sie nicht anders, als nach dem erstbesten Teller zu greifen und ihn Julien mit Nachdruck vor die Füße zu donnern.

29

*B*onjour.«

Henriette sah auf. Vor dem Tresen standen die beiden Duchamps-Schwestern. Es war eine Premiere, denn bislang hatten sie dem *Sœurs du sucre* noch keinen Besuch abgestattet. Ehrlich gesagt war Henriette sogar davon ausgegangen, dass sie es niemals tun würden. Umso überraschter war sie, als sie den beiden Damen nun gegenüberstand. Und noch viel überraschender war, dass die Gesichter der Frauen nicht griesgrämig wirkten, sondern im Gegenteil: offen und neugierig.

»*Bonjour*«, stammelte Henriette etwas verlegen. »Was darf ich Ihnen Gutes tun?«

Das Lächeln der Frau, die ein winziges Stück kleiner war als die andere, ihr aber sehr ähnlich sah, wurde breiter. »Wir würden so gern Ihre Croissants probieren, Madame. Von denen schwärmt ja der ganze Ort.«

Henriette errötete und konnte sich nur wundern. Von Gabriel hatte sie gehört, dass die Duchamps-Schwestern angeblich seit mehr als dreißig Jahren nicht miteinander sprachen, obwohl man sie niemals ohneeinander durch Lamotte-Beuvron laufen sah. Und nun tauchten sie hier auf. Das war ja kurios.

»Da haben Sie Glück, es sind die letzten, die ich habe. Wollen Sie die Croissants mitnehmen oder hier bei einem Café au Lait kosten?«

Die Frau, die bis jetzt das Sprechen übernommen hatte, antwortete: »Gern hier, wenn es keine Umstände macht.«

»Aber gar nicht«, sagte Henriette schnell. »Suchen Sie sich doch einen Platz aus. Oder wollen Sie draußen sitzen?«

»Nein, gern drinnen«, gab die Frau zurück. »Meine Schwester verträgt die Sonne nicht so gut.«

Das klang nun nicht so, als ob die beiden Frauen seit drei Jahrzehnten nicht miteinander sprachen. Im Gegenteil. Die Sache wurde immer merkwürdiger.

»Dann setzen Sie sich doch dort ans Fenster. Da können Sie den ganzen Marktplatz sehen«, schlug Henriette vor und machte sich an der Kaffeemaschine zu schaffen.

Die Schwestern nahmen schweigend Platz und ließen den Blick durch den Laden schweifen.

»Schön haben Sie es hergerichtet«, sagte die eine Schwester, als Henriette die beiden Croissants und die Cafés au Lait an den Tisch brachte. »Wir kennen dieses Geschäft ja schon lange, aber so hübsch war es noch nie. Wir wünschen Ihnen viel Erfolg damit.«

»Danke.« Henriette fühlte sich ein wenig peinlich berührt. Nicht, weil sie die Komplimente nicht freuten, eher weil sie nicht wusste, wie sie mit der plötzlichen Redseligkeit der Frau umgehen sollte.

»Leben Sie ... schon lange in Lamotte-Beuvron?«, fing sie ein möglichst unverfängliches Thema an, auch weil sie momentan keine anderen Gäste hatte. Der Vormittag war trubelig gewesen, und wenn Ravi nicht ausgeholfen hätte, hätte Henriette gegen Mittag zumachen müssen. Die Theke war beinahe leer gefuttert gewesen, in der Küche hatte sich das Geschirr gestapelt – Henriette hatte dringend Nachschub backen müssen, und zum Glück hatte Ravi gerade Semesterferien, und sein Onkel brauchte ihn nur am Morgen, für den Großmarkt und das Auffüllen der Regale. Jetzt, eine Stunde vor Ladenschluss, wurde es ruhiger in der Patisserie, was jedoch nicht bedeutete, dass es auch für Henriette bald in den Feierabend ging. Sie musste noch allerlei für morgen vorbereiten, die Vorräte überprüfen, eine Einkaufsliste schreiben, die Backstube putzen und natürlich: backen. Wobei ihr das Letztere die größte Freude bereitete. Und das, wo sie doch immer von sich gedacht hatte, das besonders das Organisieren ihr Metier sei.

Die Schwester nickte. »Wir sind hier geboren. Und aufgewachsen. Und ich glaube nicht, dass wir noch einmal wegziehen werden auf unsere alten Tage. Nicht wahr, Magali?«

Die andere Frau schmunzelte. Sie hatte noch kein Wort gesagt, und doch schienen die Schwestern ununterbrochen miteinander zu kommunizieren – mit Blicken, Gesten, kleinen Augenzwinkern. Henriette wunderte sich, dass man sich in Lamotte-Beuvron erzählte, die Duchamps-Schwestern würden nicht miteinander sprechen. Sie sprachen die ganze Zeit, nur eben ohne Worte.

»Magali«, sagte Henriette. »Das ist ein schöner Name.«
Die Angesprochene lächelte dankbar.

»Und ich bin Margot«, erklärte die andere und nickte.

»Henriette. Süßkind«, stellte Henriette sich vor.

»Das wissen wir doch. Und Ihre Schwester heißt Charlotte. Nicht wahr?«

Henriette nickte unbestimmt und knetete die Hände.

»Wo ist Charlotte denn eigentlich?«, wollte Margot wissen. »Wir haben sie schon eine Weile nicht mehr gesehen. Sie war immer so ... originell.«

Das war sie, in der Tat. Wie sollte Henriette das nun am besten erklären? Dass Charlotte vor über eine Woche verschwunden war und Henriette und den Laden einfach alleingelassen hatte?

»Sie musste verreisen«, entschloss sich Henriette für eine Notlüge.

»Aha. Ist Julien denn mitgefahren? Der ist doch auch nicht mehr in Lamotte-Beuvron. Oder?«, hakte Margot nach.

Meine Güte. An diesen Buschfunk im Ort musste man sich erst einmal gewöhnen. Es war klar gewesen, dass allen auffallen würde, dass sowohl Charly als auch Julien von einem Tag auf den anderen wie vom Erdboden verschluckt waren. Denn nachdem Henriette einen beachtlichen Teil von Gabriels Service auf dem Boden seiner Küche zerschellen lassen und Julien lautstark zum Mond gewünscht hatte, war dieser in sein Schlafzimmer gestürmt, hatte seine Sachen gepackt und war ebenfalls »abgereist«. Was nichts anderes hieß als: Henriette, Gabriel und Caramelle waren die Einzigen, die noch die Stellung hielten, und die ganze Arbeit blieb an ihr allein hängen. Denn Caramelle konnte keinen Beitrag leisten, sah man vom Ausschlecken der Teigschüsseln einmal ab, und Gabriel war mit der einen gesunden Hand nun keine große Hilfe beim Backen, Putzen oder Einkaufen. Beide waren eher ein moralischer Support, vor allem seitdem Henriette komplett auf sich allein gestellt war mit den vielen Aufgaben, die in der Patisserie so anstanden.

Doch in dieser Funktion waren sie grandios. Nachdem Julien die Rue des Roses verlassen hatte und Gabriel etwas sprachlos das Chaos in der Küche betrachtet hatte (denn natürlich war er vom Zerschellen der Teller geweckt worden), setzte er sich hin und entwickelte mit Henriette einen Schlachtplan. Nach Frankfurt konnte sie bis auf weiteres nicht zurück, das war beiden klar, dann wäre das *Sœurs du sucre* dem Untergang geweiht. Und es war ja zu erwarten, dass Charly wieder zurückkam, nach ein paar Tagen. Oder einer Woche. Für Julien galt das selbstverständlich nicht, der hatte ein Leben in Paris, und Henriette wollte ihn sowieso nicht sehen, egal wie oft Gabriel sagte, dass sie da bestimmt etwas missverstanden habe. Irgendwann gab er sich geschlagen und kam zurück zum Wesentlichen: der Patisserie.

»Es gibt viel zu tun. Und du kannst das nicht alles allein stemmen, backen und bedienen, einkaufen und dafür sorgen, dass der Laden läuft. Daher schlage ich verkürzte Öffnungszeiten vor, von zehn Uhr morgens bis drei am Mittag. Danach hast du Zeit, dich um das Backen zu kümmern. Yathavan fragen wir, ob er dir Ravi ausleiht, der kann dir bestimmt zur Hand gehen. Und François soll die Einkäufe erledigen. Der hat doch eh nichts anderes zu tun.«

Es behagte Henriette nicht, dass Gabriel so viele andere Leute einspannte, um ihr zu helfen, das Geschäft am Laufen zu halten. Ihr war jedoch klar, dass sie es allein unmöglich schaffen würde, deswegen wartete sie schweigend ab, wie Yathavan und François reagierten, als Gabriel sie kurzerhand anrief, und war froh, als beide ihre Unterstützung zusagten.

»Julien ist wieder in Paris.« Henriette wollte so schnell wie möglich das Kreuzverhör der Schwestern beenden und sich zurück hinter die Theke schleichen, besonders weil sie schon wieder dieses nervige Stechen in der Brustgegend spürte, wie immer, wenn sie an ihn dachte oder von ihm sprach.

»Warum denn?«, bohrte Margot weiter. »Er könnte doch auch hierbleiben und mit Ihnen backen. Sie beide waren doch so ein hübsches Paar.«

Henriette merkte, dass ihre Wangen heiß wurden, und wollte sich gerade unter einem Vorwand abwenden, als sie den 2CV erblickte, der die Straße entlangfuhr und mit quietschenden Reifen vor der Patisserie zum Stehen kam. François sprang aus dem Wagen und öffnete die Tür hinter dem Fahrersitz, um die Körbe mit den frischen Früchten, der Milch, der Sahne, der Butter und allem, was Henriette ihm auf den Zettel geschrieben hatte, auszuladen.

»Einen wunderschönen guten Tag!«, rief er fröhlich, als er den Laden betrat, und brachte seine Einkäufe direkt in die Backstube.

»François, wie schön, dich zu sehen.« Henriette eilte ihm nach. »Wie geht es dir? Du hast gute Laune.«

»In der Tat. Die habe ich«, antwortete François und

fiel Henriette überraschend um den Hals. »Das ist nicht nur gute Laune, das ist die beste Laune!«

Ach du liebe Zeit. Was war denn in den gefahren?

»Was ist denn passiert?«, wollte sie wissen und malte sich schon im Kopf aus, was vorgefallen sein könnte. Möglicherweise hatte er nach Jahren endlich den Mut aufgebracht, einen seiner Briefe in ein Kuvert zu stecken und an seine Angebetete zu schicken. Vielleicht hatte sie, diese Frau, die er seit so langer Zeit begehrte, schon ewig auf diese Kontaktaufnahme gewartet und sich sofort zurückgemeldet. So musste es sein. Die Liebe hatte gesiegt. Henriette wünschte es ihm, selbst wenn sie mit der Liebe erst einmal nichts mehr zu tun haben wollte.

»Du wirst es nicht glauben, aber ein bedeutender Verlag hat sich gemeldet. Sie wollen meinen Roman verlegen!«

»Deinen ... Roman?« Henriette blinzelte verwirrt. »Ich dachte, du schreibst die ganze Zeit Briefe.«

»Briefe?« Nun sah François ausgesprochen verwirrt aus. »Wieso denn Briefe? Nein, ich habe in den letzten Jahren meinen Roman verfasst. Die Geschichte eines Mannes, der schrecklichen Liebeskummer hat und einen Brief an seine Herzensdame schreibt, dann aber entscheidet, dass er den Brief nicht abschickt und ... ach, ich will dich nicht langweilen. Wichtig ist, dass die Geschichte verlegt wird! Nächstes Jahr. Ist das nicht wunderbar?«

Henriette staunte nicht schlecht. Jeder in Lamotte-Beuvron hatte ihr von François und seinem Liebeskummer erzählt – jeder. Und wenn sie den unglücklichen Poeten so an seinem wackligen Tischchen bei Hugo gesehen hatte, war ihr nie in den Sinn gekommen, dass er vielleicht etwas anderes als Briefe an die Frau schrieb, die ihm das Herz gebrochen hatte. Jedenfalls nicht mit dem leidenden Gesichtsausdruck, den er immer an den Tag gelegt hatte. Sie hatte ja keine Ahnung gehabt, dass das Verfassen eines Romans eine so schmerzhafte Angelegenheit war. Im Grunde hatte sie sowieso keine Ahnung vom Schreiben. Nur dass es nicht leicht war, Verlage für die eigenen Werke zu finden, das war ihr auch ohne viele Kenntnisse klar, weshalb sie sich umso mehr für François freute.

»Das sind phantastische Neuigkeiten! Ich freue mich wahnsinnig für dich.«

Er nickte entschieden. »Die Premierenlesung machen wir hier. Keine Widerrede! Hugo wird nicht begeistert sein, aber er hat in den vergangenen Jahren schon genug an mir verdient, da darf er sich nicht beschweren. Ich lade alle ein, die ich kenne. Und du backst mir eine riesige Torte, oder noch besser, *La magie d'Henriette*. Der war zum Niederknien gut. Was meinst du?«

Henriette spürte einen Kloß im Hals. Nicht nur, weil sie an Juliens wundervolle Kuchenkreation dachte, die er sich für sie ausgedacht hatte. Sie dachte auch an die Zukunft des Ladens: François plante nächstes Jahr seine Feier hier, und Henriette wartete eigentlich nur darauf, dass Charly zurückkam und sie ablöste. Obwohl sie sich mittlerweile schon sehr an den Rhythmus der Tage gewöhnt hatte, und dafür hatte es nur eine Woche gebraucht. Aufstehen, Frühstück mit Gabriel, eine kurze Morgenrunde mit Caramelle, anschließend in den Laden. Dort alles vorbereiten, um zehn öffnen, bis drei alles verkaufen, was man essen und trinken konnte, dann backen bis in den Abend hinein, und am nächsten Tag dasselbe Spiel. Montag war Ruhetag, am Sonntag öffneten sie nur bis eins. So blieb wenigstens ein bisschen vom Wochenende übrig, das Henriette auf der Liege im Garten von Gabriel verbracht hatte. Verglichen mit dem vorherigen Job fühlte sich ihr Tagesablauf wie ein Urlaub an, insbesondere weil das Backen für sie keine Arbeit war, sondern Entspannung und der perfekte Abschluss des Tages.

François riss sie aus den Gedanken. »Es tut mir leid, *ma chère*, ich muss weiter. Das dritte Kapitel braucht noch eine Überarbeitung, mein Verleger wartet.« Er hielt kurz inne. »Mein Verleger. Ist das nicht irre?« François lachte laut und glücklich, hüpfte an ihr vorbei und verließ die Patisserie, wobei er draußen auf der Straße noch einmal kurz in die Luft sprang, die Füße zusammenschlug und dabei fast auf die Nase flog, was die Duchamps-Schwestern mit einem Lachen kommentierten.

»Was ist denn mit dem passiert?«, wollte Margot wissen und drehte sich dann zu Henriette. »Und bevor ich es vergesse, das Croissant war ein Gedicht!«

Henriette lächelte. »Vielen Dank.« Sie sah aus dem Fenster der davonfahrenden Ente hinterher. »Er hat einen Verlag gefunden. Wussten Sie, dass er gar keine Liebesbriefe geschrieben hat, sondern einen Roman?«

Die beiden Schwestern sahen sich an, und Margot antwortete: »Das wussten wir nicht. Wir dachten dasselbe wie alle anderen, diese Sache mit den Briefen an eine Frau, die ihn nicht will. Verrückt, wie Gerüchte entstehen, oder?« Sie blickte Magali an. »Über uns sagen die

Leute, dass wir seit mehr als dreißig Jahren nicht miteinander sprechen.« Margot schlug sich kichernd die Hand vor den Mund. »So ein Unsinn.«

Henriette sah verwundert rüber zum Tisch, an dem die Schwestern saßen. »Ach. Sie reden also miteinander?«

»Ja, natürlich. Was glauben Sie denn?« Die Duchamps-Schwestern lachten beide. »Also, ich rede. Magali hat ...« Sie sah ihre Schwester an. »Darf ich es erzählen, meine Liebe?«

Magali nickte lächelnd.

»Nun, meine Schwester leidet an einer Krankheit, die selektiver Mutismus heißt. Das ist eine Angststörung, die meist im Kindesalter oder in der Jugend auftritt. Sie spricht in der Öffentlichkeit kein Wort, aber zu Hause ist sie ein richtiger Wasserfall, da hört sie gar nicht auf zu plappern, Sie sollten das mal erleben.« Margot lachte laut, und Magali grinste in sich hinein.

»Selektiver Mutismus? Meine Güte. Davon habe ich ja noch nie gehört.«

»Die meisten Menschen kennen die Krankheit nicht. Ist ja auch nichts, womit man bei einer Party gut unterhalten kann.« Sie kicherte erneut, und Magali fiel mit ein.

»Und warum erzählen sich die Leute dann, dass Sie ... entschuldigen Sie, ich will nicht indiskret sein, aber dass Sie beide sich um einen Mann gestritten haben und deshalb nicht mehr miteinander sprechen?«

Margot zuckte mit den Schultern. »Das weiß ich wirklich nicht.«

»Wieso stellen Sie es denn nicht klar? Und erklären den Leuten, was los ist?«

Margot seufzte. »Wissen Sie, das würde ich ja. Aber bislang hat uns noch nie jemand gefragt. Außerdem …« Sie wirkte ein wenig verlegen. »Ich möchte nicht, dass Magali sich schlecht fühlt, wenn wir draußen sind, daher rede ich ebenfalls nicht sehr viel. Ich will sie nicht in Verlegenheit bringen. Und wir haben zu Hause ja genug zu besprechen, nicht wahr, meine Liebe?« Sie tätschelte die Hand von Magali, die ihr dankbar zuzwinkerte.

Die Schwestern erhoben sich, und Margot deutete auf die Uhr am Handgelenk. »Schon drei Uhr durch. Sie sollten den Laden schließen, den Badeanzug anziehen und sich an den See legen. Bei diesem Kaiserwetter ist es doch eine Schande, wenn man den ganzen Tag drinnen verbringt.«

Magali und Margot traten an die Theke, um zu bezahlen.

»Sie kennen das wohltätige Konzept unseres Ladens?«, fragte Henriette, während sie die zwei Croissants und die Kaffees zusammenrechnete.

Die Schwestern schüttelten den Kopf.

»Bei jeder Bestellung können Sie entscheiden, welcher sozialen Einrichtung wir zwanzig Prozent unseres Erlöses spenden«, erklärte Henriette. »Sie können sich für Barbaras Streuner entscheiden, das Flüchtlingsheim, das Rote Kreuz, die Initiative für Lesen oder das Frauenhaus.«

»Magali?« Margot drehte sich zu ihr um. »Ich vermute, du willst für die Leseinitiative spenden?«

Ihre Schwester nickte.

»Dachte ich es mir doch.« Margot beugte sich noch einmal nach vorn und sagte zu Henriette: »Meine Schwes-

340

ter liest mir jeden Abend aus den großen Werken der Weltliteratur vor. Unglaublich, wie viele Wörter da am Ende des Tages noch übrig sind, wenn man sie über den Tag aufspart.«

Sie lachte wieder, Magali fiel ein, und auch Henriette konnte nicht anders. Wie merkwürdig es doch war, dass sie die Duchamps-Schwestern für eigenbrötlerisch und unfreundlich gehalten hatte, ohne jemals in Betracht zu ziehen, dass Margot und Magali möglicherweise ganz andere Gründe für ihr Verhalten hatten, als das, was der Ort sich erzählte.

»Bis bald, 'enriette. Und schön hierbleiben. Nicht, dass Sie uns auch noch verlassen«, sagte Margot zum Abschied, und Magali winkte Henriette zu, die hinter den Schwestern die Ladentür abschloss und das Schild umdrehte.

Während sie die Stühle auf die Tische stellte, um anschließend den Holzboden einmal abzusaugen und dann die Theke zu wischen, hing sie ihren Gedanken nach. Seit einer Woche war sie nun Besitzerin einer Patisserie, die sie nie hatte haben wollen. Die sie für ihre Schwester angemietet und eingerichtet hatte, und die sie nun selbst führte, weil Charly weg war. So war das nicht geplant gewesen. Ganz und gar nicht. Gleichwohl spürte Henriette, dass mit jedem Tag, den sie hinter der Theke oder in der Backstube verbrachte, ihr Groll sich legte und ein anderes Gefühl sich ihrer bemächtigte – eines, das sie schon länger nicht mehr gefühlt hatte: Zufriedenheit.

Wenn sie backte, machte sich eine innere Ruhe in ihr breit, so sicher und behaglich, dass Henriette sich unweigerlich fragte, warum sie nicht schon viel früher darauf gekommen war. Das genaue Abwiegen, die präzisen Handgriffe, die köstlichen Aromen, und dann erst die leckeren Erzeugnisse, die sie da Tag für Tag aus dem Backofen holte. Immerzu war die Luft erfüllt von den Düften der Tartes, Kuchen, Croissants und Blätterteige, und allein der Gedanke, auf diese feine Zuckernote in der Nase zu verzichten, ließ sie traurig werden.

Auch das wohltätige Konzept gefiel ihr mittlerweile richtig gut. Es machte sie auf eine merkwürdige Art glücklich zu wissen, dass jeder Euro, den sie verdiente, nicht nur in ihre eigene Tasche wanderte, sondern auch dazu beitragen würde, dass Hunde wie Caramelle ein Zuhause fanden, Kinder besser lesen lernten oder Flüchtlinge Hilfe bei der Integration bekamen. Irgendwie half das, ihrer Arbeit noch mehr Sinn zu verleihen. Nicht, dass die Leckereien einen tieferen Sinn gebraucht hätten ... aber dass sie ihn zusätzlich hatten, war ein schöner Gedanke.

Wenn ich wieder zu Hause bin, werde ich nicht mehr für so einen Krake wie Pflockinger Immobilien arbeiten, sagte sie sich gerade – und bemerkte ein unangenehmes Ziehen im Magen. Huch? Was war denn das? Sie legte sich die Hand auf den Bauch und spürte in sich hinein. Hatte sie etwas Falsches gegessen? Nein. Was bedeutete das Gefühl dann? Sie bekam doch nicht ihre Tage. Und schwanger konnte sie auch nicht sein, wenn die Sache mit der unbefleckten Empfängnis nicht doch stimmte.

Dann hat es vielleicht mit deiner Rückkehr nach Frankfurt zu tun und mit dem neuen Job, den du dir suchen wirst, sagte die altbekannte und leider auch etwas altkluge Stimme in ihrem Kopf, und prompt wurde das Ziehen wieder stärker.

Henriette ließ sich auf den letzten Stuhl, den sie gerade hatte aufstuhlen wollen, sinken und spürte in sich rein. Das war doch albern. Sie konnte doch nicht hier bleiben und das *Sœurs du sucre* übernehmen. Das war doch ... geisteskrank. Und völlig verrückt! Sie, die immer im Angestelltenverhältnis gearbeitet hatte, konnte doch nicht plötzlich ihr eigener Chef sein. Und überhaupt. Sie wollte doch zurück. Nach Frankfurt. In ihr Apartment. Zwischen Hochhäusern, Coffeeshops und Sushi-Restaurants fühlte sie sich wohl, nicht in einem Kaff in der französischen Walachei, hinter einer mintfarbenen Theke, auf der sie ihre selbstgebackenen Kuchen verkaufte.

Oder?

Henriette schaute sich im Raum um, atmete einmal tief ein und überprüfte dabei die Reaktion in ihrem Inneren. Aber weder der Bauch noch die Stimme im Kopf gaben irgendeinen Laut von sich. Nicht mal ein Gluckern aus dem Darm war zu hören. Da war nichts als ein warmes, wohliges Gefühl.

Sie stand irritiert vom Stuhl auf und stellte ihn kopfschüttelnd verkehrt herum auf den Tisch. Dieser ganze Zucker machte sie noch völlig wuschig im Kopf.

30

Hat Charly sich gemeldet?«
Es war stets dieselbe Frage, an jedem Abend, an dem Henriette in das Haus in der Rue des Roses trat und die Tür hinter sich schloss. Wie immer kam Caramelle mit wedelndem Schwanz und nach oben gezogenen Lefzen auf sie zu und ließ sich von ihr den Kopf streicheln, und wie immer saß Gabriel in seinem Rollstuhl vor dem stumm geschalteten Fernseher, den er nicht zu beachten schien, und blätterte in einem Buch. In letzter Zeit hatte sie beobachtet, dass er vor allem das kleine Heft mit sich herumtrug, das er während der Ausräumarbeiten in der Patisserie gefunden hatte. Sie wusste nicht, warum ihm dieses Buch so wichtig war. Es schien mit handbeschriebenen Notizen befüllt zu sein, in steilen Lettern, die Henriette kaum hatte entziffern können, als sie das Buch vor einigen Tagen auf dem Küchentisch hatte liegen sehen. Agnieszka war gerade da und badete Gabriel, und Henriette nutzte die Gelegenheit und warf einen Blick hinein, konnte aber kaum ein Wort verstehen. Nicht nur deshalb, weil es in einem altertümlichen Französisch verfasst war, sondern vor allem, weil die Schrift so eng war, dass es ihr schwerfiel, überhaupt die einzelnen Worte auszumachen.

Heute Abend werde ich Gabriel mal darauf ansprechen, hatte sie sich vorgenommen, das schmale Heft wieder zugeklappt und war in die Patisserie geeilt, und im Trubel des Tages hatte sie das Ding vergessen.

Jetzt fiel es ihr wieder ein. Es lag auf Gabriels Oberschenkeln, seine unbrauchbare Hand ruhte darauf.

»Nein«, antwortete Henriette, »hat sie nicht. Da sie auch meine Anrufe bislang ignoriert hat, gehe ich davon aus, dass sie vorerst nicht zurückkommt.« Sie ließ sich auf das Sofa sinken, das neben Gabriels Rollstuhl stand, und strich sich die blonden Haare aus der Stirn. »Ich denke, wir müssen uns mit dem Gedanken anfreunden. Charly kommt nicht wieder. Und selbst wenn sie wiederkommt, wird sie nicht bleiben. So ist das mit meiner Schwester.«

Gabriel schloss ergeben die Augen und atmete tief durch. »Und du? Was ist mit dir? Du wirst doch bleiben.«

Henriette senkte den Blick. Sie wusste nicht, was sie sagen, geschweige denn tun sollte. Seitdem Charly weg war, hatte sie, auch wenn es ganz und gar untypisch für sie war, nur von Tag zu Tag gedacht und das Morgen einfach ausgeblendet. So war es ihr leichter gefallen, nicht bei jedem kleinen Problem, das sich auftat, in Tränen auszubrechen, sondern sich auf die Lösung zu konzentrieren. Nur spät am Abend und in den Minuten vor dem Aufstehen, wenn die Welt stillstand und die Gedanken kreisten, dann fragte sie sich: Was zur Hölle mache ich eigentlich hier?

Wie konnte sich etwas zur selben Zeit so unglaublich falsch und absolut richtig anfühlen? Warum empfand sie dieses warme, angenehme Gefühl in sich, wenn sie den

Schlüssel in die Ladentür steckte, ihn umdrehte, die Tür aufstieß und die feinen Düfte der Patisserie in sich aufsog? Wie war es möglich, dass sie Glück verspürte, wenn sie das Mehl auf der Backfläche zu einem Krater aufschichtete, eine Mulde formte und dann Eier hineinschlug, um sie anschließend mit Zucker, Gewürzen, einem Schuss warmer Milch und trockener Hefe zu einem Teig zu verarbeiten? Und wenn es doch stimmte, was die Leute, die Ratgeberliteratur und die Gurus sagten, dass man seinem Bauchgefühl mehr trauen sollte, weshalb fiel es ihr dann trotzdem so schwer, eine Entscheidung zu treffen?

»Du solltest dich mit ihr aussprechen.« Gabriel sah sie eindringlich an. »Den Streit aus der Welt schaffen. Ihr seid doch Schwestern. Die Wahrscheinlichkeit, dass ihr das wieder hinbekommt, liegt bei mehr als 68 Prozent.«

Henriette lächelte matt. »Dafür müsste ich sie erst mal erreichen, Gabriel. Und was soll ich dann sagen? ›Entschuldige bitte, was ich gesagt habe, und jetzt beweg deinen verdammten Hintern hierher und mach deinen Job, damit ich wieder nach Frankfurt gehen kann‹?«

Gabriel legte den Kopf schief. »Das wäre eine Option. Vielleicht nicht die beste.« Er wartete einen Augenblick, dann fragte er: »Und Julien?«

»Was soll mit ihm sein?«, tat Henriette die Frage ab und schaute aus dem Fenster.

»Warum sagst du ihm nicht, dass du dich in ihn verliebt hast und dir mehr vorstellen kannst?«

Ganz langsam drehte Henriette das Gesicht in Gabriels Richtung. »Ich bin nicht ... Wie kannst du ...« Sie sammelte sich einen Moment. »Ist das so offensichtlich?«

Er hob entschuldigend den Arm.

Henriette seufzte tief. »Das ist alles nicht so einfach, Gabriel.«

Caramelle stand vom Boden auf, streckte sich und machte dann einen Satz aufs Sofa, um sich neben Henriette zu einer kleinen Zimtschnecke zusammenzurollen, die man einem Hund ihrer Größe gar nicht zugetraut hätte.

»Eigentlich schon. Er liebt dich, du liebst ihn. Ende der Geschichte.«

»Das stimmt doch gar nicht!«, fuhr Henriette hoch, so dass Caramelle den Kopf hob und sie verwundert ansah. »Ich liebe ihn nicht. Und er mich erst recht nicht. Außerdem ist er in Paris, und ich bin in Frankfurt. Und wir kennen uns doch im Grunde gar nicht.«

Gabriel rollte mit den Augen. »Du liebe Güte. Wie gut willst du ihn denn kennenlernen, bevor du ihm eine Chance gibst? Ihr müsst ja nicht gleich heiraten.«

»Gabriel!«, fauchte Henriette. »Ich will nicht darüber reden.«

»Gut, reden wir über Charly.«

»Nein, darüber erst recht nicht.«

»Die Zukunft des *Sœurs du sucre*?«

Sie erhob sich. »Deine Themenvorschläge sind beschissen.«

Gabriel blickte sie streng an. »Setz dich!«

»Wie bitte?« Vor Erstaunen über seinen Tonfall sank sie wieder aufs Sofa.

»Hör mir zu. Die besten Dinge im Leben sind die, die wir nicht geplant haben.«

Henriette zog die Augenbrauen zusammen. »Das ist doch Blödsinn.«

»Ganz und gar nicht. Wie groß war vor einem Monat die Wahrscheinlichkeit, dass du in Frankreich eine Patisserie eröffnest?«

Sie dachte an ihr Leben vor vier Wochen. Auch da hatte eine Torte eine Rolle gespielt, allerdings war die Sache für Henriette nicht gut ausgegangen. Und wenn das ein Zeichen war, sollte sie den Laden am besten gleich dichtmachen.

»Die Wahrscheinlichkeit lag bei null Prozent«, sagte sie schließlich und fügte hinzu: »Aus gutem Grund. Ich bin dafür nicht gemacht. Es ist nicht mein Lebenstraum.«

»Bist du dir da sicher?« Gabriel schaute ihr tief in die Augen.

»Ja.«

»Ganz, ganz sicher?«

»Ja!«

»Nun, ich nicht. Ich glaube, du machst dir etwas vor.« Gabriel richtete sich auf und machte eine besserwisserische Miene, die sie noch nie bei ihm gesehen hatte. »Und ich glaube außerdem, dass dein Leben ein bisschen mehr Zuckerguss vertragen kann.«

»Wie bitte?«

»Henriette, nun stell dich nicht dümmer, als du bist. Das beleidigt mich.«

»Ich habe keine Ahnung, wovon du sprichst«, sagte sie, obwohl das gelogen war. Denn natürlich wusste sie, was Gabriel meinte. Sie wollte es nur nicht zugeben, vor allem nicht vor sich selbst.

»Du warst wie ein Zombie, als du hier angekommen bist. Ein Arbeitszombie. Du hast nur von Altersvorsorge und Rentenversicherung gesprochen, es war wie ein Fluch, jedes Wort aus deinem Mund hatte was mit der Zukunft zu tun, und die hast du kohlrabenschwarz gemalt.«

»Nur Charlys«, erwiderte Henriette und verschränkte beleidigt die Arme vor der Brust.

»Aber deine eigene Zukunft war doch genauso düster!«, ereiferte sich der alte Mann und wirkte mit einem Mal geradezu aufgebracht. »Wo war denn da bitte Lebensfreude? Oder Spaß? Vergnügen? Genuss? Die Worte gab es gar nicht in deinem Vokabular.«

Henriette schwieg. Die Gardinenpredigt von Gabriel konnte sie gerade überhaupt nicht gebrauchen. Es war doch alles schon kompliziert genug. Oder war es das eben gerade nicht? War es vielleicht sogar sehr einfach, aber sie sah es nicht? Egal. Er klang gerade viel zu sehr wie ihre Schwester.

»Und dann hast du angefangen zu backen. Mit jeder Tarte, mit jedem Croissant wurdest du … wärmer. Als wärst du selbst ein Mürbteig, den man aus dem Kühlschrank holt und erst mal weich kneten muss.«

Ohne es zu wollen, schmunzelte sie. Dass er sie ausgerechnet damit verglich und nicht etwa mit einem vielschichtigen, aber zerbrechlichen Blätterteig sprach Bände. Auch einen fluffigen Biskuit hatte er nicht gewählt, um sie zu beschreiben. Sondern Mürbteig. Ehrlicherweise mochte sie den am liebsten. Er war im Grunde kinderleicht herzustellen, mit wenigen Zutaten, musste dann aber erst mal ruhen, um seine ganze Pracht zu entfalten. Er war die perfekte Grundlage für Früchte, und wenn er gelang, zerfiel er geradezu im Mund und verband sich mit dem Belag zu einer wunderbaren Komposition.

»Weißt du eigentlich, wie gut dir das steht? Die Patisserie, das Backen? Du bist ein völlig anderer Mensch, seitdem du den Laden gemietet hast.«

»Ich will aber kein anderer Mensch sein!«, fuhr Henriette hoch. »Ich will Henriette sein. Mein Leben im Griff haben. Ich will, dass alles wieder in geregelten Bahnen verläuft. Nicht das ganze … Chaos.«

»Im Chaos zeigt sich erst die wahre Schönheit«, philosophierte Gabriel.

»Papperlapapp. Hör mir auf mit deinen Abreißkalendersprüchen. Chaos ist gefährlich. Alles gerät durcheinander«, gab Henriette zurück. »Im Chaos trifft man schlechte Entscheidungen. Man ist ständig mit Schadensbegrenzung beschäftigt.«

Gabriel hob die Augenbrauen. »Oder man kommt auf eine grandiose Idee.«

»Was?«

Er tippte auf das alte Heft aus dem Laden auf seinen Oberschenkeln. »Da steht es drin.«

»Sag mal, hast du heute eigentlich schon deine Tabletten genommen?«

Henriette legte den Kopf schief. War Gabriel von allen guten Geistern verlassen? Oder setzte ihm die Abreise von Charly und Julien mehr zu, als sie bislang gedacht hatte? Vielleicht waren das auch die ersten Anzeichen von Demenz.

Gabriel warf den gesunden Arm in den Himmel und sagte laut: »Wieso ist diese Frau bloß so stur?« Dann wurde er schlagartig wieder ernst. »Ich werde dir eine Geschichte erzählen, Henriette.«

Sie verzog das Gesicht.

»Ich wollte dir das schon vor einiger Zeit erzählen, habe aber nie den richtigen Moment gefunden.«

Henriette dachte an die Eröffnung des *Sœurs du sucre*. Da hatte Gabriel sie angesprochen, aber sie war zu aufgewühlt gewesen, um ihm zuzuhören, und danach war es ihr einfach durchgerutscht. Wohl auch, weil ihr die Sache nicht wichtig gewesen war.

Sie lehnte sich im Sofa zurück. »Also gut. Dann schieß mal los.«

Gabriel seufzte erleichtert und machte ein zufriedenes Gesicht. »Ich werde dir jetzt die Geschichte von zwei Schwestern erzählen und von einem Malheur, das ihnen passiert ist. Und am Ende der Geschichte wirst du wissen, warum du Charly dankbar sein solltest.«

»Das ist jetzt schon die blödeste Geschichte, die ich je gehört habe!«, murmelte Henriette und drehte den Kopf zur Seite.

Doch Gabriel hob nur den Zeigefinger, machte eine lange, dramatische Pause, bis Henriette sich ihm wieder zuwandte, und holte tief Luft.

31

GABRIEL

Wenn man ein alter Mann ist und sich der obere Teil des Stundenglases, in dem das Zeitalter des eigenen Lebens bemessen wird, immer mehr leert, wohingegen sich der untere Teil zunehmend füllt, wenn sich die Sandkörner von Tag zu Tag schneller der Erdanziehung zu unterwerfen scheinen und man beinahe dabei zusehen kann, wie das eigene Licht erlischt, dann, ja spätestens dann, wird die Vergangenheit zum liebsten Ort, an dem man sich aufhält. Denn eine Zukunft gibt es nicht mehr, und die Gegenwart wird vom eigenen Gebrechen und der unleugbaren Vergänglichkeit bestimmt. Wo also könnte man sich besser aufhalten als in der weichgezeichneten, in Sepiatönen gehaltenen, liebevoll verklärten Geschichte? Ich bin mir sicher, dass dies der Grund ist, warum ich mich inzwischen so viel lieber mit alldem beschäftige, was bereits passiert ist, als mit dem, was noch geschehen wird.

Vielleicht kommt daher auch meine Liebe zu den Büchern. Ein Buch ist, selbst wenn es gerade aus der Druckpresse kommt, bereits vergangen. Jedes Wort wurde schon geschrieben, die Geschichte ist längst erzählt. Ein Buch ist ein Zeugnis der Vergangenheit, das im Kopf des Lesers noch einmal aufflackert, aber keine Gegenwart und keine Zukunft mehr hat.

Gleichwohl kann es einige Geheimnisse bergen, vor allem dann, wenn es nicht redigiert, verbessert und von vielen Menschen gegengelesen wurde, bevor man es veröffentlichte, sondern es sich um nicht mehr als die handschriftlichen Notizen in einem kleinen, unscheinbaren Büchlein handelt. Ein Büchlein, das beinahe in der Müllpresse gelandet wäre, weil es zwischen Unrat und Schutt in einem längst vergessenen Ladenlokal unter Staub begraben wurde und nur durch sehr viel Glück in die Hände eines Mannes fiel, der eine Schwäche für Wahrscheinlichkeitsrechnung hat.

Wie wahrscheinlich ist es, dass aus einem Unglück eine Fügung wird? Aus einem Malheur ein Erfolg? Aus einem Fluch ein Segen? Es ist keine mathematische, sondern eine philosophische Frage, auf die es eben deshalb auch keine einfache Antwort gibt.

Vermutlich hätte auch Caroline nicht damit gerechnet, dass es einmal ein großes Glück sein sollte, dass ihre Schwester Stéphanie in der Küche ein wenig, nun ja, ungeschickt war. Die Demoiselles hatten in einem kleinen, unbedeutenden Ort mit nicht mehr als viertausend Einwohnern in der französischen Provinz südlich von Orléans ein Hotel mit angrenzendem Restaurant geerbt, das sie gemeinsam betrieben. Es war das Jahr 1899, der Walzerkönig Johann Strauss war gerade in Wien gestorben, Spanien hatte die Inselgruppe der Karolinen und Marianen an das Deutsche Reich veräußert, und Guglielmo Marconi, ein italienischer Ingenieur, stellte die erste drahtlose Telegraphenverbindung zwischen Frankreich und England her, wofür er eine Dekade später den Nobelpreis für Physik erhielt. Der Ort, in dem die Schwestern lebten und den sie, wie damals üblich, noch nie verlassen hatten, war seit einigen Monaten stolz auf den Bahnhof, der das unbedeutende Städtchen über eine gerade eingeweihte Eisenbahnverbindung mit der glanzvollen Hauptstadt verband.

Allein, weder Caroline noch Stéphanie hatten die Zeit, um sich in die Bahn zu setzen und auf den Champs-Élysées flanieren zu gehen. Dafür hatten sie viel zu viel zu tun, denn am Wochenende fielen die Pariser Jagdgesellschaften in dem kleinen Ort ein, eine Flucht aus dem Moloch, der zwar in der Literatur oft zitiert und in den Liedern häufig besungen wurde, der aber in Wahrheit an vielen Ecken viel weniger glamourös war, als die Welt glauben wollte. Außerdem konnte man in Paris schlecht jagen.

Seit dem Tod des Vaters hatten sich die Schwestern die Arbeit aufgeteilt. Caroline, mit einem besseren Gedächtnis ausgestattet, stets zuvorkommend und mit besten Manieren, leitete den Service. Sie nahm die Bestellungen auf, empfahl gute Weine zum Menü, kümmerte sich um die Gäste und merkte sich sogar die Namen der jungen Dinger, die manche der Herren zum kleinen Abenteuer auf dem Land mitbrachten. Stéphanie hingegen, ein wenig schüchtern, manchmal geradezu menschenscheu, arbeitete lieber hinter den Kulissen und organisierte deshalb die Küche. Meist tat sie das sehr gewissenhaft, aber ausgerechnet an diesem Tag, der heute nicht mehr genau benannt werden kann, passierte ihr ein Missgeschick. Sie war bei den Gedanken nicht bei der Sache, also der Apfeltarte, die sie gerade zubereitete, sondern bei ihrem Verlobten Guillaume. Ex-Verlobten, müsste man eher sagen, denn Guillaume hatte ihr vor ein paar Stunden erst gesagt, dass er die Tochter des Schlachters geschwängert habe und nun leider für eine Heirat mit Stéphanie nicht mehr zur Verfügung stehe. Und während sie nun dastand, die Tarte auf einer Hand balancierend und im Begriff, die Klappe des Backofens zu öffnen, im verzweifelten Versuch, den Kuchen mit den Tränen nicht zu versalzen, die unaufhörlich über ihre Wangen kullerten, stieß Caroline die Tür zur Küche auf. Stéphanie erschrak und ließ die Form mit dem Kuchen darin fallen, die – so will es Murphys Gesetz – mit den Früchten voran auf die Fliesen fiel und die Form, weil wie damals üblich aus Porzellan, in zwei Teile brach.

Nun gab es kein Halten mehr. Stéphanie sank in die Knie, brach über der Tarteform zusammen, beklagte ihr gebrochenes Herz, den verunglückten Kuchen und das Schicksal gleich dazu.

Caroline, die in der Tür stehen geblieben war und das ganze Chaos mitangesehen hatte, fackelte nicht lang. Sie sprang nach vorn und schnappte sich eine leere Tarteform. Dann sammelte sie die karamellisierten Früchte vom Boden auf und legte sie hinein, als das passiert war, klaubte sie die Reste des Mürbteigs zusammen und legte ihn kurzerhand auf die Äpfel.

Stéphanie richtete sich auf und jammerte: »Aber das ist doch verkehrt herum! Die Früchte sind jetzt unten, der Teig ist oben. So kann das nichts werden, Caroline. Am besten, wir schicken alle nach Hause.«

»Es ist eine neue Kreation. Zumindest für heute Abend«, beschloss Caroline, während sie die Tarte in den Backofen schob. »Und jetzt putz dir die Nase, wir haben viel zu tun.«

Stéphanie fühlte sich nicht imstande, ihrer Schwester zu widersprechen. Erst als sie eine halbe Stunde später das Backwerk aus dem Ofen holte und mit einiger Überraschung feststellte, dass die Äpfel eine ganz wunderbar sämige Konsistenz bekommen hatten und der Mürbteig den Kopfüber-Kuchen gar nicht mal so übel aussehen ließ, fasste sie wieder neuen Lebensmut. Sie stürzte das Backwerk auf einen Teller, so dass die karamellisierte Apfelschicht wieder oben lag, griff zum Puderzucker, streute ihn großzügig auf die Früchte und begann dann, die Tarte zu portionieren und den Service zu rufen.

Weder sie noch Caroline konnten ja vorhersehen, dass ausgerechnet an diesem Abend ein Restaurantinhaber aus der Hauptstadt bei ihnen speiste. Louis Vaudable, Besitzer des Maxim's, war Anfang sechzig und hatte zu diesem Zeitpunkt noch keine Ahnung, dass er in vier Monaten und siebzehn Tagen an einem Herzinfarkt sterben würde. Er fühlte sich sogar bei ausgesprochen guter Gesundheit und war aus reinem Zufall an diesem Abend im Hotel Tatin. Ein Freund hatte ihn mitgeschleppt, weil er der Fasanenjagd verfallen war, die meisten Herren aus der Jagdgesellschaft jedoch nicht leiden konnte und so lange herumgenörgelt hatte, bis Louis schließlich den Widerstand aufgab und mit ihm aufs Land fuhr. Den heutigen Tag hatte er damit verbracht, Stadtmenschen dabei zuzusehen, wie sie in gedeckten Farben und mit gewichtigen Mienen durch die Botanik stiefelten, um Vögel zu schießen. Der Anblick hatte ihn dermaßen hungrig gemacht, dass er sich schon seit Stunden auf das Abendessen freute. Nicht, dass er viel erwartete von einem kleinen Landgasthof in der Pampa.

Doch er sollte überrascht werden. Nicht von der Vorspeise, eine Gänsestopfleber – solide, aber wenig überraschend, und auch nicht vom Hauptgang, der, wie könnte es anders sein, natürlich Fasan gewesen war. Doch beim Dessert fehlten Louis dann die Worte. So raffiniert, so köstlich, so einfach und gleichzeitig gewagt ... Er aß seinen Teller ratzeputz auf und ließ sich von der verblüfften Inhaberin des Hotels dann in die Küche führen. Dort traf er auf eine ziemlich verheult aussehende, etwas durchsichtig wirkende Frau, die, wie er erfuhr, mit seinem Loblied, das er auf die Tarte sang, gar nicht viel anfangen konnte. Er bat sie um das Rezept, was die geschäftstüchtige Schwester, die ihn in die Küche geleitet hatte, rundherum ablehnte.

»Aber kommen Sie doch einfach häufiger zu uns. Dann können Sie so viel von unserer Tarte essen, wie Sie wollen.«

Louis war verärgert, ließ sich das jedoch nicht anmerken und schickte am darauffolgenden Wochenende einen seiner Konditoren in den kleinen Ort. Der arme Mann mit dem Namen Roy Lamarque verstand beim besten Willen nicht, warum er sich als Gärtner tarnen und durch das Fenster in die Küche eines anderen Restaurants spähen sollte, um ein Kuchenrezept zu ergaunern. Aber Roy brauchte die Arbeit, und er brauchte das Geld, vor allem deshalb, weil seine Frau ein bisschen zu gern in die großen Kaufhäuser von Paris ging und feine Dame spielte. Also gab er sich Mühe, die Stockrosen vor dem Fenster von den Blattläusen zu befreien, und wie es der Zufall wollte, wurde er tatsächlich Zeuge, als Stéphanie erneut die ungewöhnliche Tarte backte, die am vergangenen Wochenende im Restaurant für so viel Begeisterung gesorgt hatte. Er beobachtete jeden Zubereitungsschritt und konnte sogar die gemurmelten Mengenangaben verstehen, die Stéphanie währenddessen von sich gab.

Als er einen Tag später wieder in Paris ins Maxim's kam, hatte er das Rezept in der Tasche, aber auch ein so ausgesprochen schlechtes Gewissen, dass er zu seinem Chef sagte: »Ich backe die Tarte nur, wenn wir sie nach den Schwestern Tatin benennen. Alles andere ist Frevel, Monsieur! Meine Berufsehre verbietet mir, dass ich von anderen Köchen stehle.«

Und so kam es, dass die »Tarte des Demoiselles Tatin« auf der Karte des Maxim's landete und kurz darauf vom berühmten Restaurantkritiker Maurice-Edmond Sailland, in der Hauptstadt besser bekannt als »Prinz der Gastronomen«, bestellt, verzehrt und in seiner Kolumne in den höchsten Tönen gelobt wurde. Sailland war so hingerissen von der Tarte Tatin, dass er Louis Vaudable ein Heidengeld für das Rezept anbot, was dieser nach zähen Verhandlungen und einigen Flaschen Wein aus dem Bordeaux schließlich annahm. Der Kritiker veröffentlichte es später sogar in einem Rezeptbuch und erzählte die Entstehungsgeschichte der Tarte unter Journalistenkollegen auf Dinnerpartys.

So kam es, dass nur wenige Wochen nachdem Stéphanie die Tarte aus der Hand gefallen war, das Hotel Tatin auf Monate ausgebucht war. Nicht mal das Zimmer, in dem sie seit Jahren den Wasserschaden hatten, war noch frei. Und alle wollten die berühmte »Tarte Tatin« von den Erfinderinnen selbst kosten, weshalb Stéphanie ihren Guillaume auch recht schnell vergaß, denn Erfolg kann einem zu Kopf steigen, und wenn er dort den Liebeskummer vertreibt, ist das doch kein Grund, um unglücklich zu sein.

Und die Moral von der Geschichte? Der Apfel fällt vielleicht nicht weit vom Stamm, aber im Leben immer auf die richtige Seite.

32

Es war eine echte Detektivarbeit gewesen, den Aufenthaltsort von Charly herauszufinden. Im Grunde hatte sie Glück, dass es »nur« Paris war und nicht etwa ein kleines Fischerdorf auf Bali oder eine Straußenfarm im Kongo. Bei ihrer Schwester war alles möglich, deshalb beschwerte sich Henriette nicht, als sie am Gare d'Austerlitz aus dem Zug stieg und sich mit dem Menschenstrom in Richtung Métro treiben ließ.

An der Haltestelle Pigalle verließ sie die Untergrundbahn und lief die Treppe hinauf, um an die Oberfläche zu gelangen. Sofort fühlte sie sich wie in einer anderen Welt, denn auch wenn man in der Hauptstadt Frankreichs nie den Eindruck hatte, dass sie überlaufen war – der Unterschied zu Lamotte-Beuvron war eklatant. Das lag an den eleganten Frauen, die in Sommerkleidern an Henriette vorbeieilten, aber auch an den wunderschönen Gebäuden um sie herum, mit Brasserien, Restaurants und kleinen Lädchen im Erdgeschoss. Henriette drehte sich langsam einmal um die eigene Achse, den Kopf in den Nacken gelegt, und sog die Atmosphäre in sich auf. Paris. Was für eine Stadt. Was für eine …

Sie wurde von hinten angerempelt, und ein französischer Fluch wehte über ihre Schulter. Henriette sah dem Mann hinterher, der sich immer noch ärgerlich schimpfend an ihr vorbeigeschoben hatte und im Eilschritt weiterlief.

Richtig. Sie hatte ja eine Mission.

Das Smartphone mit der geöffneten Navigations-App in der Hand, suchte sie den Weg in die Rue des Trois Frères. Was nicht einer gewissen Ironie entbehrte, dass sich die beiden Schwestern in einer Straße wiedersehen würden, die nach drei Brüdern benannt war. Wenn Charly überhaupt da war. Aber deren Freundin Mareille, mit der Henriette über Instagram Kontakt gehabt hatte, war sich sicher gewesen. »Sie wird am Vormittag in einem Café Probe arbeiten, aber am Nachmittag ist sie zu Hause.«

Dass Charly sich einen Nebenjob in einem Café in Paris gesucht hatte, machte Henriette ein wenig fassungslos. Sie hatte doch eine Patisserie in Lamotte-Beuvron! Warum sollte sie dann bitte ... Und dann hatte sie sich gesagt: Charly will Geld verdienen und übernimmt Verantwortung, wenn schon nicht für die *Sœurs du sucre*, dann doch wenigstens für sich selbst. Das ist ein Anfang.

Sie fand die richtige Hausnummer und suchte auf den Klingelschildern nach dem Namen, den Mareille ihr gesagt hatte. Als sie ihn gefunden hatte, hielt sie einen Augenblick inne und spürte in sich hinein. Ihr Herz schlug schnell, sie war aufgeregt. Hoffentlich würden sie sich vertragen, hoffentlich würde Charly überhaupt mit sich reden lassen. Henriette klingelte.

»*Oui?*« Charlys Stimme ließ sie noch nervöser werden.

»Ich bin's«, sagte Henriette mit belegter Stimme, räusperte sich und fügte hinzu: »Hetty.«

Für einen Moment wurde es ganz still. Henriette rechnete damit, dass ihre Schwester sie fragen würde, woher sie wisse, dass sie in Paris sei, wie sie die Adresse herausbekommen habe, was sie von ihr wolle. Stattdessen summte es einmal, die Tür sprang auf, und Henriette betrat den dunklen, kühlen Flur. Sie stieg die Treppe hinauf, vorbei am ersten, zweiten und dritten Stock. Im vierten angekommen, raste ihr Puls, und sie hechelte wie eine alte Dampflok. Warum hatte dieses Haus keinen verdammten Fahrstuhl? War das überhaupt erlaubt?

»Noch eine Etage«, hörte sie die Stimme Charlys und blickte durch den Lichtschacht nach oben.

Am Geländer zog sie sich weiter. Als sie oben ankam, war sie so außer Atem, dass sie kaum sprechen konnte.

»Es ... tut ... o Mann, diese Stufen.« Sie japste nach Luft. »Charly. Wir ... müssen ... reden.«

»Komm erst mal rein«, sagte ihre Schwester und öffnete die Tür, führte sie durch einen schmalen Flur bis in eine winzige Küche. »Ich hab gerade Kaffee aufgesetzt. Willst du eine Tasse?«

»Ein Sauerstoffzelt wäre mir lieber«, brachte Henriette stöhnend hervor und stützte sich auf der Arbeitsfläche ab.

»Mit Zucker?«, fragte Charly und lächelte kaum merklich, und in dieser Sekunde wusste Henriette, dass sie sich keine Sorgen machen musste. Sie würden sich wieder vertragen, und Charly konnte diesen Nebenjob sausenlassen und wieder nach Lamotte-Beuvron zurückkommen, um das *Sœurs du sucre* zu übernehmen, und sie, Henriette, würde nach Frankfurt fahren, mit ihrem Leben weitermachen und Julien vergessen …

»Wenn du versuchst, mich zur Rückkehr zu überreden, kannst du gleich wieder gehen«, ließ Charly Henriettes Gewissheit platzen wie eine Seifenblase, die es nicht weit geschafft hatte, und machte dabei ein so ernstes Gesicht, dass es schwerfiel, ihr nicht zu glauben.

»Zunächst einmal«, sagte Henriette und richtete sich auf, »möchte ich dir sagen, dass es mir leidtut. Ich habe da einige Dinge von mir gegeben, die nicht fair waren. Damit habe ich dich verletzt, und das bedaure ich sehr.«

»Entschuldigung angenommen«, erwiderte ihre Schwester, »und auch mir tut es leid. Ich war echt fies.«

»Stimmt«, sagte Henriette, »aber da haben wir uns beide nicht viel gegeben.«

Sie schwiegen einen Moment, bis die Espressokanne zu pfeifen anfing und Charly sich umdrehte, um zwei Tassen einzuschenken.

»Lass uns auf die Dachterrasse. Das Wetter ist so schön.«

Charly ging voran, durch ein bodentiefes Fenster ins Freie. So klein die Küche war, so groß war die Terrasse, die von Pflanzen gesäumt war und einen spektakulären Blick auf Sacré-Cœur bot.

»Dafür lohnt sich dann der Aufstieg, oder?« Charly ließ sich in einen Klappstuhl sinken und bot Henriette einen Platz in einer Hängematte an.

Die zögerte kurz, stellte dann aber die Tasse auf dem Boden ab und machte es sich in der Hängematte bequem, so gut es eben ging. Als sie einmal eine Position gefunden hatte, war es eigentlich ganz gemütlich. Hier oben war der Trubel der Stadt weit weg, nur mehr als Rauschen im Hintergrund zu hören.

»Was machst du hier, Charly?«, fing Henriette nach einigen Minuten der Stille an.

Ihre Schwester zuckte mit den Schultern. »Ich mache weiter. Wie immer. Ein Neuanfang.«

Henriette schwieg. Dann sagte sie: »Aber wieso denn ein Neuanfang? Du hast doch gerade erst in Lamotte-Beuvron neu angefangen.«

Charly nickte. »Ja. Und jetzt wird es Zeit für eine Veränderung.«

»Aber was ist mit der Patisserie? Was ist mit Gabriel?« Und meinem Geld, wollte sie hinzufügen, verkniff es sich aber.

»Gabriel kommt klar. Der hat Agnieszka, Caramelle und seinen Neffen. Und dich.«

»Mich? Nein. Ihr habt doch die besondere Beziehung, Charly.«

»Aber du bist zuverlässiger. Ich … muss weiterziehen.«

Henriette starrte ihre Schwester an. »Charly, wir haben einen Mietvertrag unterschrieben. Über Jahre! Du kannst doch nicht einfach abhauen.«

Charly räusperte sich. »Es tut mir leid.«

»O nein. Nein!«, begehrte Henriette auf und versuchte, sich aus der Hängematte zu kämpfen, aber das blöde Ding hielt sie umklammert wie ein Krake. »Eine Entschuldigung reicht da nicht. Ich habe Geld investiert, echtes Geld. Geld, das ich verdient und gespart habe. Und das habe ich in deinen Traum gesteckt, von deiner Patisserie.«

»Unserer Patisserie. *Sœurs du sucre*, erinnerst du dich? Mehrzahl.«

»Genau! Aber momentan kümmere ich mich ganz allein um den Laden.«

»Wir wissen beide, dass ich nicht dafür geeignet bin, einen eigenen Laden zu schmeißen«, sagte Charly.

Henriette schnaubte. »Na, das hörte sich in den vergangenen Wochen aber anders an. Da hast du mir das Blaue vom Himmel versprochen, damit wir den Laden aufhübschen und eröffnen.«

Charly nickte betreten. »Vielleicht hättest du nicht auf mich hören sollen.«

Henriette konnte es nicht glauben. War es wirklich so einfach für Charly? Hab mich geirrt, will doch was anderes. Sorry. Und dann machte sie sich aus dem Staub?

»Wir können den Mietvertrag doch bestimmt früher auflösen. Und das Geld, das du investiert hast, zahle ich dir zurück«, schlug Charly vor.

»Wie denn? Du kommst doch selbst grad so über die Runden! Und außerdem ... Ich will das *Sœurs du sucre* nicht wieder dichtmachen. Es läuft super, die Leute sind begeistert. Wir sind jeden Tag vor Feierabend fast leergekauft. Und ich konnte nach der ersten Woche schon mehr als vierhundert Euro an Barbara, das Flüchtlingsheim und die anderen Organisationen spenden. Das Konzept funktioniert, Charly! Dein Konzept.«

»Das freut mich«, erwiderte die knapp. »Aber ...« Sie zögerte einen Moment, schloss die Augen und sagte schließlich: »Okay, es sieht folgendermaßen aus. Ich hasse das Backen. Ich hasse das Abwiegen, die Zubereitung, das lange Warten, ob es gut geworden ist. Ich finde das alles unglaublich frustrierend. Es ist nichts für mich.«

Henriette konnte nicht anders. Sie fing an zu lachen. Warum hatte sie sich auf diesen Unsinn überhaupt eingelassen? Sie hatte doch gewusst, wie ihre Schwester war. Es war doch keine Neuigkeit gewesen, dass Charly sich nicht gern festlegte. Warum hatte Henriette dann geholfen, diesen kurzfristigen Traum zu realisieren? Es kam ihr einfach nur noch absurd vor.

Es sei denn … Ein Gedanke schoss in ihren Kopf, der so merkwürdig, fremd und ungehörig war, dass sie ihn direkt wieder verwarf. Blöderweise war Charly im Gedankenlesen besser als im Tortenbacken, denn sie sprach aus, was Henriette gerade gedacht hatte.

»Die Patisserie war doch eigentlich von Anfang an dein Ding. Du bist nicht nur die bessere Bäckerin, du hast auch alles mit der Buchhaltung und der Organisation drauf. Du weißt, wie man Vorräte anlegt und plant. Wie man mit Angestellten umgeht und Kunden bedient. Du kannst das alles, Henriette. Ich nicht.«

Sie wollte etwas erwidern, wollte widersprechen. Doch tief in ihrem Herzen wusste Henriette, dass Charly recht hatte.

»Wie so vieles mehr. Hetty, du kannst einfach alles. Du bist schlau und fleißig und hast immer eine Idee, wie man ein Problem lösen kann. Und du machst die besten Croissants, die ich je gegessen habe.«

Henriette lächelte kurz. Dass sie die besten Croissants mache, war ein wirklich schönes Kompliment, und es fühlte sich wie eine ganz besondere Ehre an. Trotzdem, sie musste vernünftig bleiben. Sie richtete sich auf und sah ihrer Schwester in die Augen. »Charly, ohne dich habe ich keine Chance. Ich bin aufgeschmissen ohne dein Improvisationstalent. Ja, ich kann Listen schreiben und Planungen machen. Aber ich brauche dich! Selbst wenn ich den Laden übernehme, ich schaffe das nicht ohne deine Hilfe.«

Charly nickte bestimmt. »Doch. Auf mich kannst du verzichten. Das war schon immer so und wird auch immer so bleiben. Ich bin … schmückendes Beiwerk. Aber kein Fundament, auf das man sich verlassen sollte.«

Plötzlich hatte Henriette das Gefühl, dass ihre Schwester nicht mehr über die Patisserie sprach. Sie nahm Schwung, rappelte sich aus der Hängematte hoch und trat auf den Klappstuhl zu, zog ihre Schwester an den Händen nach oben und umarmte sie fest.

»Charly. Du bist toll so, wie du bist. Ein bisschen ausgeflippt, das schon. Und vielleicht nicht so zuverlässig, wie ich mir das manchmal wünsche. Aber du bist richtig. Du bist großartig. Und ich kann mir nicht vorstellen, wie es wäre, wenn du eine andere wärst. So eine Langweilerin, die beim Finanzamt arbeitet oder bei der Stadtverwaltung.«

»Nichts gegen Menschen, die beim Finanzamt oder bei der Stadtverwaltung arbeiten«, nuschelte Charly an Henriettes Schulter gepresst, und dann schwiegen beide und hielten sich fest umarmt.

»Ich vermisse Mama«, flüsterte Henriette irgendwann und konnte nicht verhindern, dass ihre Stimme dabei wackelte.

»Ich auch. Ganz schlimm sogar«, gab Charly zu,

machte sich aus der Umarmung los und blickte Henriette an. Ihre Augen waren glasig. »Aber wenn du in der Backstube stehst und backst, dann sehe ich ganz viel von ihr in dir. Ihr seid euch in vielem so ähnlich.«

»Mama und ich? Quatsch. Ich bin doch wie Papa. Verschroben und … einsam«, gab Henriette zu.

Charly drückte sich wieder an sie. »Du bist nicht einsam. Du hast halt in den letzten Jahren nur für deine Arbeit gelebt. Und das ist auch okay, wenn diese Arbeit dich wirklich glücklich macht und vielleicht sogar die Welt ein kleines bisschen besser.«

Henriette dachte über Charlys Worte nach. Da war was dran. Bei all dem Stress mit der Patisserie und der riesigen Verantwortung, die sie Tag für Tag spürte: Noch nie war sie so glücklich abends ins Bett gefallen und am nächsten Tag wieder aufgestanden. Noch nie hatte sie sich so gefühlt, nicht nur nützlich, sondern sinnerfüllt. Sie wusste, dass jedes Eclair, das sie verkaufte, einen guten Zweck hatte. Das war ein vollkommen neues Gefühl, das sie nicht gekannt hatte, aber sehr mochte. Dass das, womit sie die Tage füllte, einen Sinn hatte. Dass es einen Unterschied machte.

»Gib das *Sœurs du sucre* nicht auf, nur weil ich so ein Hallodri bin«, fügte Charly hinzu. »Du bist dafür geschaffen. Versuch es wenigstens. Einen langweiligen, überbezahlten Job in Frankfurt findest du doch in fünf Minuten, wenn du es willst.«

Henriette nagte an der Unterlippe. Verdammt, die Vorstellung, vorerst in Lamotte-Beuvron zu bleiben und die Patisserie weiterzuführen, war verlockend. Beängstigend, das ja, aber eben auch verlockend. Vor ein paar Wochen war ihr der Schreibtischjob noch wie ein sicherer Ort vorgekommen, doch jetzt nahm sie beinahe ein Gefühl der Beklemmung in sich wahr, wenn sie daran dachte, den ganzen Tag auf einen Monitor zu starren oder in irgendwelchen Meetings zu sitzen, in denen zwar alle redeten, aber niemand etwas sagte.

War es wirklich so einfach? Musste man es nur probieren? Durfte man das denn? Und gleichzeitig: Wer sollte es einem verbieten?

»Was ist das Schlimmste, was passieren kann?«, wollte Charly in diesem Moment wissen, die offenbar wirklich telepathische Fähigkeiten hatte.

»Ich stelle fest, dass es doch nicht so viel Spaß macht, wie ich dachte. Oder dass der Laden nach der ersten Begeisterung im Ort nicht mehr läuft. Oder dass ich eine Glutenintoleranz entwickele.«

Charly musste lachen. »Okay. Aber damit kann man doch umgehen. Oder?«

»Wie denn?«

Ihre Schwester zuckte mit den Schultern. »Du stellst jemanden ein oder machst den Laden zu.«

»Hm«, machte Henriette. Dann fiel ihr etwas ein. Ein Satz, den ihre Mutter immer gesagt hatte. »Man bereut im Leben nur die Dinge ...«

»... die man nicht gemacht hat«, vervollständigte Charly. »Versuch es. Wenigstens für eine Weile. Was hast du zu verlieren?«

*

Was hatte sie zu verlieren?

Sie starrte auf das Haus auf der gegenüberliegenden Straßenseite und lauschte dem Rhythmus ihres Herzens, das in ihrer Brust galoppierte, auch ohne dass sie dafür unzählige Treppen hatte erklimmen müssen. Die Adresse hatte sie von Gabriel bekommen.

»Wenn du schon nach Paris fährst, musst du bei ihm vorbeigehen. Ich bestehe darauf.«

Aber was sollte sie Julien sagen? Es war anders als mit ihrer Schwester. Die kannte sie schon lange und … in die war sie ja nicht … verliebt. Henriette atmete tief durch und versuchte, die Nerven zu beruhigen. Sie würde ihm einfach sagen, was sie für ihn empfand. Und dann ihm die Entscheidung überlassen, wie es mit ihnen weiterging. Ob es überhaupt beginnen würde oder zu Ende war, bevor es angefangen hatte.

»Hab Vertrauen, Henriette. Das Leben meint es gut mit dir«, hatte Charly ihr zum Abschied ins Ohr geflüstert.

Henriette gab sich selbst einen Schubs und setzte einen entschlossenen Schritt auf die Straße. Ein Fahrradfahrer, der angesaust kam, musste ihr ausweichen, Henriette sprang zur Seite, er schnauzte ihr etwas auf Französisch zu, das sie nicht verstand. Zu ihrem Glück wahrscheinlich.

Sie trat vor die Haustür, fand seinen Namen sofort auf der Klingel, und bevor sie es sich anders überlegen konnte, drückte sie auf den Knopf und wartete.

Im Geiste ging sie Sätze durch, die sie zur Begrüßung sagen könnte. ›Hey, Julien, ich war zufällig in der Gegend …‹ – zu lapidar. ›Ich liebe dich‹ – zu groß. ›Möchtest du mit mir backen?‹ – sie war doch keine fünf Jahre alt!

Weil niemand öffnete, klingelte sie noch mal, aber wieder blieb es in der Gegensprechanlage still.

Denk nach!, sagte sich Henriette. Was kannst du tun?

Sie überlegte, dann drückte sie kurzerhand auf eine der anderen Klingeln und musste nicht lange warten. Im ersten Stock ging ein Fenster auf, und der Kopf einer Frau erschien.

»*Oui?*«

»*Salut*, ich will eigentlich zu Julien«, sagte Henriette, ohne eine Idee zu haben, wie die Frau ihr dabei helfen konnte. Sie würde sicher nicht im Treppenhaus auf ihn warten. Das war nicht romantisch, das war das, was Stalkerinnen taten.

»Ah, Julien. Du hast ihn knapp verpasst. Er ist vor einer Stunde los, wollte verreisen, glaube ich.«

Henriette sank das Herz bis in die Kniekehlen. So ein Mist!

»Wissen Sie, wann er wiederkommt?«, wollte sie von der Nachbarin wissen.

Die blies die Backen auf. »Hat er nicht gesagt. Aber er hatte einen großen Koffer dabei. Ich glaube nicht, dass er so schnell zurückkehrt.«

In Henriettes Magen formte sich ein Knoten. Sie war zu spät. Julien war weg.

»Alles klar. Danke«, sagte sie und bemühte sich, nicht allzu traurig zu wirken. Dann wandte sie sich ab und lief mit hängenden Schultern zur Métrostation.

In der Liebe war es wie beim Backen: Wenn man zu spät dran war, verbrannte entweder alles – oder fiel einfach in sich zusammen.

33

Auf den ersten Blick unterschied sich der Gare d'Austerlitz nur unwesentlich vom Frankfurter Hauptbahnhof. Beide waren Sackbahnhöfe mit historischem Hauptgebäude, durch das die Passagiere eilten oder trödelten. Es gab Zeitschriftenläden und Kioske, aber auch Schnellimbisse, deren Auslagen sich ähnelten.

Henriette blieb vor der riesigen Anzeigetafel stehen, schaute hoch und suchte nach ihrer Verbindung. Der Zug nach Orléans würde erst in zehn Minuten fahren. Eigentlich hatte sie ja vorgehabt, eine spätere Verbindung zu nehmen, um vorher noch mit Julien zu reden. Sie hatte die Hoffnung in sich gespürt, dass er sich freuen würde, sie zu sehen. Vielleicht sogar, dass er sie in den Arm nahm, sie küsste, dass er sie noch wollte, so, wie er es ihr gestanden hatte. Sie dachte an den Moment, wie er vor ihr gekniet und ihre Hand gehalten hatte und wie sie ihre Schutzmauer in Windeseile hochgefahren und mit Tellern geworfen hatte. Warum musste sie eigentlich immer etwas werfen, wenn sie verletzt war? Torten oder Teller ... Sie hatte es versaut, keine Frage. Aber jetzt hatte sie zumindest Klarheit, und die tat tatsächlich mehr weh als die Kündigung ihres Jobs: Julien lebte sein Leben weiter, und sie und die Patisserie waren Vergangenheit für ihn.

Henriette fragte sich, ob es eine dumme Idee gewesen war, nach Paris zu reisen. Zwar hatten Charly und sie sich vertragen, aber ihre Schwester hatte auch sehr deutlich gemacht, dass sie nicht wieder zurückkehren würde. Das wiederum ließ Henriette im Grunde gar keine andere Wahl: Sie musste in Lamotte-Beuvron bleiben, zumindest vorerst, und sich eine Lösung für die Wohnung in Frankfurt suchen. Vielleicht wäre eine Untervermietung die einfachste Sache. Sie würde an einem der nächsten Wochenenden nach Hause fahren, die persönlichen Gegenstände aus dem Apartment räumen und die Bude dann inserieren. Oder sie räumte gleich alles aus und lagerte es ein, bis sie wusste, wie es weiterging? Ach, das würde sie noch entscheiden. Das Gute war, dass es in der Wohnung nicht mal ein Basilikum gab, das sie durch ihre Abwesenheit um die Ecke bringen konnte, und den Kühlschrank hatte sie vor der Abfahrt nach Frankreich nicht leeren müssen, da saure Gurken, eine Tube Tomatenmark und diverse Nagellacke in Pastellfarben nun mal ewig hielten.

Henriette schloss für einen Moment die Augen und spürte die Menschen an sich vorbeilaufen. Kofferrollen klackerten über den Steinfußboden, eine weibliche Stimme sagte eine Gleisänderung an, von irgendwoher erklang eine einsame Gitarre, vermutlich von einem Straßenmusiker, der irgendwo vor dem Gebäude Stellung bezogen hatte. Henriette atmete tief durch. Vor einigen Wochen war sie selbst eine Reisende gewesen, die kurzatmig durch ihr eigenes Leben gehastet war, immer auf der

Suche nach der kommenden Verbindung, der nächsten optimalen Anschlussmöglichkeit, immer unterwegs, in Bewegung, ohne Pause, ohne Rast.

Und nun? Ob sie wirklich ihr Glück in der Patisserie finden würde? Sie wusste es nicht. Das war momentan aber gar nicht ihre größte Sorge. Sie wollte, dass der Laden lief, dass sich das *Sœurs du sucre* etablierte und trug und dass es genug abwarf, um den gemeinnützigen Organisationen etwas abzugeben. Wenn das erreicht war, würde sie die nächsten Entscheidungen treffen können. Und bis dahin ... machte sie einfach weiter. Zerbrach sich nicht den Kopf über Dinge, die in der Zukunft lagen, die sie weder ändern noch beeinflussen konnte, sondern tat das, was ihr in diesem Augenblick am meisten Freude bereitete: backen. Sie wollte noch so viel mehr lernen. In Paris gab es einige Wochenendfortbildungen für Hobbybäcker, hatte sie im Internet herausgefunden. Nicht ganz billig, aber eine gute Investition. Zwar in keine Fonds und in kein Haus, in das man mit der Familie zog, gleichwohl in etwas, das doch eigentlich noch viel wichtiger war: in die eigene Zufriedenheit.

Henriette öffnete die Augen, drehte den Kopf, und das Erste, was sie sah, war ein antiker, hellgelb gestrichener Verkaufswagen, vor dem ein Mann mit ausladendem Bauch stand und seine köstlich aussehenden Backwaren verkaufte. Auf der Seite des mobilen Standes stand in geschwungenen Buchstaben: *p'tit plaisir*. Henriette leckte sich über die Lippen. Sie hatte unglaublichen Appetit auf ein Croissant. Das würde sie, zumindest für ein paar Minuten, davon ablenken, dass sie heute nicht alles erreicht hatte, was sie sich vorgenommen hatte. Charly würde in Paris bleiben. Und Julien war nicht mehr da.

Kein Wunder, dass er das Weite suchte. Sie hatte sich nicht gerade nett verhalten und ihm keine Chance gegeben, sich zu erklären. Stattdessen hatte sie das geglaubt, was sie hatte glauben wollen, und ihn fortgeschickt. Und weil Julien sie ernst nahm – etwas, das sie sehr an ihm mochte, übrigens –, war er eben auch weggegangen, genau wie sie es von ihm verlangt hatte.

Henriette konnte es nicht verhindern, dass ihr die Tränen in die Augen stiegen bei dem Gedanken daran, wie sehr sie ihm weh getan haben musste. Ich hoffe, dass er mir eines Tages die Möglichkeit gibt, mich ihm zu erklären, dachte sie, während sie auf den kleinen Stand zusteuerte, in der Hoffnung, dass keiner um sie herum bemerkte, dass sie kurz vorm Heulen war. Dann kann ich ihm sagen, dass ich ihn wahnsinnig mochte, aber dass ich mich einfach nicht getraut habe, mir das einzugestehen.

Sie stellte sich an, wartete, bis sie an der Reihe war, und kaufte das Croissant. Dann trat sie einen Schritt zur Seite, öffnete die Papiertüte und schnupperte. Es roch appetitanregend gut, war aber nicht mehr warm. Sie zog es aus der Tüte, drückte es an der dicksten Stelle zusammen und war ein wenig enttäuscht, dass es nicht so knusprig und fluffig war wie die Croissants, die Julien ihr beigebracht hatte zu backen. Henriette schmunzelte. Vor einigen Wochen hätte sie den Unterschied zwischen einem guten und einem sehr guten Croissant gar nicht erkannt. Und heute überprüfte sie den Teig wie ein Sommelier das Bouquet eines Weins.

Ihr Blick fiel auf die Uhr. Sie musste sich sputen. Mit zügigen Schritten lief sie an ihr Gleis, wo der Zug bereits zur Abfahrt bereitstand. Sie stieg in den Waggon, suchte sich einen freien Platz und setzte sich, keine zwei Minuten später fuhr der Zug los.

Während Paris vor dem Fenster langsam vorbeizog, dachte Henriette wieder an Julien. Sie würde die Patisserie wirklich ohne ihn führen müssen, war jetzt auf das angewiesen, was sie von ihm gelernt hatte. Und das war nicht wenig, denn Julien war ein hervorragender Lehrer. Doch ihr war klar: Seine Anwesenheit würde ihr fehlen, diese ruhige, gelassene Präsenz, mit der er den Raum erfüllte. Wie er beim Backen an ihrer Seite gestanden, immer mal ihre Hand genommen und geführt hatte, jeden einzelnen Schritt begleitet, mit aufmerksamem Blick und dieser unbändigen Freude, wenn ihr das Rezept gelang, wie bei einem Kind, das die ersten Schritte ging.

Der Zug hatte die Stadt verlassen, nach den Vororten wurde die Landschaft grüner. Riesige Felder, auf denen der Weizen in der Sommersonne sanft wie ein Meer wogte, wechselten sich mit kleinen Wäldern ab.

Sie nahm eine Bewegung neben sich wahr und kramte nach ihrem Zugticket. »*Un moment*«, murmelte sie, während sie in die Tiefen der Handtasche abtauchte, um nach dem Portemonnaie zu kramen.

»Lass dir alle Zeit, die du brauchst«, sagte die Stimme neben ihr.

Henriette hielt inne. Das Herz in ihrer Brust fing an, wie wild zu galoppieren. Sie kannte die Stimme, sie kannte sie sehr gut.

Dann sah sie auf und blickte in seine wunderschönen grünen Augen. Julien trug ein weißes Leinenhemd und eine Jeans, in der Hand hielt er eine riesige Tasche aus Leder.

»Ist der Platz noch frei?«

Sie konnte nicht anders, als ihn anzuglotzen, wie eine Erscheinung, eine Fata Morgana in der Wüste. Kein Wort kam ihr über die Lippen, sie starrte nur Julien an und wurde sich in diesem Augenblick bewusst, wie sehr sie ihn vermisst hatte und wie sehr sie ihn begehrte.

»'enriette?« Er lächelte. »Ist der Platz noch frei?« Julien wartete noch eine Sekunde, aber als sie immer noch nicht reagierte, verstaute er die Reisetasche in der Ablage über ihren Köpfen und ließ sich auf den Sitz ihr gegenüber sinken. Er lehnte sich nach vorn, ergriff ihre Hände und hielt sie fest. »Du bist gekommen. Nach Paris.«

Henriette blinzelte, versuchte die Gedanken zu sortieren. »Ja. Ich wollte mit Charly sprechen und sie überzeugen, wieder nach Lamotte-Beuvron zu kommen.«

Ein Anflug von Enttäuschung machte sich in Juliens Gesicht breit, und der Druck seiner Finger ließ etwas nach. Henriette umgriff die Hände fester.

»Und ich war bei dir. Aber du bist verreist, hat deine Nachbarin gesagt. Fährst du in den Urlaub?«

Er lächelte schief. »Ich war auf dem Weg in den Urlaub. Ich wollte an die Küste. Zwei Wochen den Kopf ausschalten, überlegen, wie es weitergeht.«

»Dieser Zug fährt nicht an den Atlantik«, stellte Henriette fest.

Julien nickte. »Nein. Genauso wenig wie ich.« Er sah

ihr in die Augen. »Ich war am Gare d'Austerlitz, da habe ich dich plötzlich gesehen. Du standst da, inmitten der Menschen. Ich habe mich gefragt, ob du vielleicht auf dem Weg zu mir warst.«

Sie schlug die Augen nieder. »Auch. Ich wollte mich bei dir entschuldigen. Mein Verhalten war nicht richtig.«

»Schon vergessen«, murmelte er, ohne sie aus den Augen zu lassen. Seine Daumen streichelten über die Haut ihrer Hände. »Der Atlantik kann warten. Als ich gesehen habe, dass du in den Zug nach Orléans einsteigst, habe ich mich entschieden, dir zu folgen. Ich bin extra ganz hinten eingestiegen, damit du mich nicht gleich siehst, und durch den ganzen Zug gelaufen, bis ich dich gefunden habe.«

Henriette spürte, wie ihr ganzer Körper warm wurde. Das war so unglaublich und hinreißend, dass ihr die Worte fehlten. Dann fiel ihr etwas ein. »Aber …« Sie hob den Kopf, drehte sich um und sah einen Schaffner am anderen Ende des Waggons kommen, der die Tickets der Reisenden überprüfte. »Du hast keine Fahrkarte!«

Er brach in Lachen aus. »Ist es das, worum du dich am meisten sorgst?«

Henriette wurde ernst. »Nein. Am meisten Sorgen mache ich mir, dass ich mir deine Gefühle nur eingebildet habe. Dass du mich vielleicht gar nicht willst.« Sie beugte sich nach vorn. »Aber ich will dich, Julien. Ich will mit dir zusammen sein. In Paris, in Frankfurt, in Kopenhagen oder in Lamotte-Beuvron.«

Für einen Moment wurde es ganz still zwischen ihnen beiden. Dann lehnte sich Julien noch weiter nach vorn, ließ ihre Hände los und legte seine auf ihre Wangen, zog ihr Gesicht zu sich heran und küsste sie. Der Kuss war süßer als jedes Eclair, das Henriette jemals probiert hatte, ein bisschen herb wie Bitterschokolade, warm wie eine Tarte, die sie frisch aus dem Ofen geholt hatte, und zart wie ein perfekter Biskuit.

Als Julien sich wieder von ihr löste, ließ Henriette für eine Sekunde die Augen geschlossen, bevor sie fragte: »Und jetzt?«

Julien hob den Kopf, räusperte sich und sagte: »Jetzt nehmen wir unsere Sachen und springen im nächsten Bahnhof aus dem Zug, damit ich mir ein Ticket kaufen kann. Ich glaube nicht, dass du mit einem vorbestraften *und* arbeitslosen Patissier zusammen sein möchtest.«

»Du bist doch nicht arbeitslos. Du bist doch an der Schule angestellt.«

Er machte ein verlegenes Gesicht. »Nicht mehr. Ich habe vor drei Tagen gekündigt.«

»Gekündigt?«

Julien räusperte sich. »Na ja, das ist ein großes Wort. Mein Vertrag ist ohnehin ausgelaufen. Der neue lag schon ein paar Wochen bei mir rum, aber ich habe ihn nicht unterschrieben. Weil … weil, na ja. Also wegen der Patisserie. Und dir. Ich bin also arbeitslos, könnte man sagen.« Er grinste, und seine Grübchen blitzten kurz hervor.

Henriette legte den Kopf schief. »Ist das so?«

Julien seufzte. »Ich fürchte, ja.«

»Dein Glück, dass ich gerade auf der Suche nach einem Patissier bin«, erwiderte sie schmunzelnd, sprang vom Sitz auf und zog Julien hoch. »Los, wir hauen ab!«

Er hob seine Tasche aus der Ablage, ergriff ihre Hand und eilte durch den Gang. »Du steckst wirklich voller Überraschungen, 'enriette Süßkind.«

Le fin.

Danksagung

Ein großes MERCI an …

… Petra Hermanns, ohne die die Idee zu diesem Buch vermutlich in der Schublade geblieben wäre,

… die Fischer Verlage, die der Tarte eine Heimat gegeben haben, allen voran Carla Grosch und Mareike Müller,

… Katrin Fillies, die wie immer mit so viel Feingefühl und Witz lektoriert hat,

… Kerstin, deren ruhige und gelassene Art sich in den vier gemeinsamen Wochen in der Toskana wie Balsam auf die zuweilen geschundene Autorenseele legte,

… meine liebste Co-Living- und Co-Working-Partnerin Grete, die all meine Launen während einer Manuskripterstellung mit einem verständnisvollen Lächeln erträgt,

… Lucie und Ella, meine sardischen Krawallbürsten, die mich zu Lucia und Caramelle inspirierten,

… meine Mama, die viel zu früh von uns gegangen ist, aber so unendlich viele Gläser Marmelade und zuckersüße Erinnerungen an sich hinterließ,

… und Oliver, der wie so oft meinen männlichen Protagonisten die Worte in den Mund legt: Je t'aime.

Quellenangabe

1 Frantz Wittkamp, Alle Tage ein Gedicht © 2002 Coppenrath Verlag GmbH & Co. KG, Hafenweg 30, 48155 Münster.

Lucia Barone
Übermorgen schreibe ich mein Happy End

Vera Renzis Leben wirkt wie aus dem Bilderbuch. Sie ist Anfang vierzig, hat zwei Kinder und ist seit über zwanzig Jahren mit Carlo verheiratet. Doch Carlos Mutter, Nonna Gina, hat den Renzi-Haushalt fest im Griff. Vera hat höchstens beim Staubwischen etwas zu melden. Ihr Zufluchtsort ist ihr kleiner Kiosk – und das Schreiben. Als ihr erster Roman überraschend ein Bestseller wird, steht alles kopf. Niemand darf wissen, dass sie hinter dem Namen Lucia Barone steckt und ein Buch verfasst hat, bei dessen Lektüre die streng katholische Nonna tot umfallen würde.

Roman
352 Seiten, Klappenbroschur
978-3-596-70843-7

Weitere Informationen finden Sie auf
www.fischerverlage.de